# L'ENCYCLO
# DES GARÇONS

Textes de
Marc AUMONT

# L'ENCYCLO DES GARÇONS

Illustrations, graphisme et direction artistique de
Wilfrid VERTUEUX

Collection dirigée par Sonia FEERTCHAK

Plon

ISBN : 978-2-259-20613-6

# AVERTISSEMENT AUX PARENTS

Comme son équivalent – *L'Encyclo des Filles* – qui connaît un succès croissant depuis cinq ans qu'elle existe, *L'Encyclo des Garçons* a pour but de répondre aux interrogations que peuvent se poser les adolescents.

Pour réaliser un tel ouvrage, la condition *sine qua non* était de réussir à coller au plus près de leurs préoccupations : amour, amitié, musique, sport, célébrité, apparence, violence, mort, estime de soi, relations à autrui, corps, sexualité... Partant, il nous a fallu comprendre la façon dont les garçons appréhendent l'univers dans lequel ils se construisent.

Or, notre société est plutôt exhibitionniste, matérialiste et consumériste, y compris et surtout en ce qui concerne la sexualité ; en la matière, les images et les messages que les adolescents reçoivent de notre part – nous, les adultes – sont loin d'être doux et sereins. Nous avons donc jugé indispensable de décrypter certains phénomènes (films X, image de la femme et de l'homme, apologie de la violence...). Car, d'une société qui montre tout, il serait aberrant de n'en rien dire.

Ainsi, à un âge où magazines, films et clips prônant l'hyper-virilité constituent les principales références en termes de masculinité, nous avons notamment voulu montrer qu'adolescence n'était pas nécessairement synonyme de violence.

Les garçons n'ont pas beaucoup d'interlocuteurs avec lesquels évoquer clairement, simplement et sans tabou, ces thèmes de la vie ; il nous a donc semblé fondamental de ne pas faire l'impasse sur certains sujets complexes, source d'angoisse pour les ados. Qu'on ne s'étonne donc pas de les trouver dans ce livre. Il ne s'agit pas d'articles racoleurs ou sulfureux. *L'Encyclo des garçons* essaie, au contraire, de faire réfléchir ses lecteurs sur la société, la place qu'ils y occupent et celle qu'ils y occuperont, plus tard, **en tant qu'hommes.**

# SOMMAIRE

# LES ENTRÉES DE L'ENCYCLO des GARÇONS

## A



## B



## C



## D

# LES ENTRÉES DE L'ENCYCLO des GARÇONS

# LES ENTRÉES DE L'ENCYCLO des GARÇONS



## S



## T



## V

LES ENTRÉES DE
L'ENCYCLO des GARÇONS

# ADOLESCENCE

**Toutes les entrées de ton *Encyclo* vont l'évoquer, cette période charnière que tu es en train de vivre et qui fait le lien entre deux rives : celle de l'enfance derrière toi, celle de l'âge adulte devant. Toi, tu nages au milieu des vagues.**

### LE COMPLEXE DU HOMARD

Derrière ce terme étrange, et pour rester dans le monde de la mer, se cache une métaphore qui retranscrit bien les enjeux de l'adolescence. La formule, inventée par la psychanalyste Françoise Dolto, compare cette période à celle que vit le crustacé lorsqu'il change de carapace. Il commence par perdre l'ancienne et, le temps que se forme la nouvelle, il est alors ballotté, tout mou et sans défense.

### COMBIEN DE TEMPS CELA DURE-T-IL ?

En fait, ça dépend de chaque individu. Il n'y a pas de jour ni de date précise qui marquent le début de l'adolescence. Comme tu t'en doutes, on ne se lève pas un matin en se disant devant son miroir : « Ça y est, je suis un ado ! » C'est un processus qui prend plusieurs années et dont on ne se rend pas forcément compte sur le moment. On sent juste

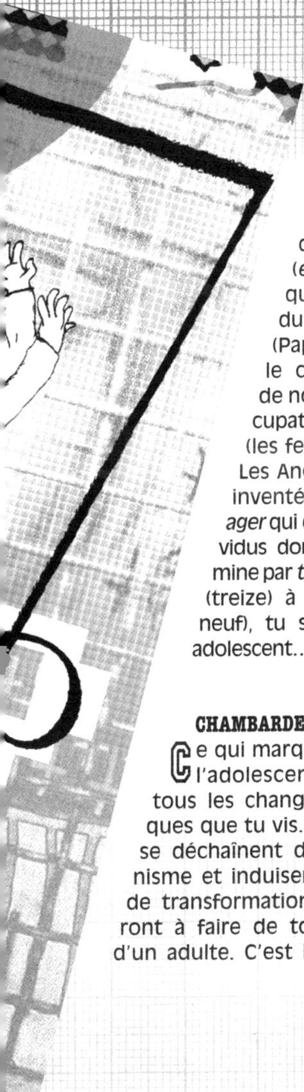

que l'on grandit (*exit* les Lego !), que notre vision du monde change (Papa n'en est plus le centre) et que de nouvelles préoccupations surgissent (les fesses des filles). Les Anglo-Saxons ont inventé le terme *teenager* qui désigne les individus dont l'âge se termine par *teen*. De *thirteen* (treize) à *nineteen* (dix-neuf), tu serais donc un adolescent… Pas si simple.

### UN GRAND CHAMBARDEMENT PHYSIQUE

Ce qui marque visiblement l'adolescence, ce sont tous les changements physiques que tu vis. Les hormones se déchaînent dans ton organisme et induisent tout un tas de transformations qui conduiront à faire de ton corps celui d'un adulte. C'est le début de la puberté : poils, mue, développement musculaire, pic de croissance, allongement du pénis, etc. Ce chamboulement physiologique suscite aussi de nombreux changements psychologiques, et il peut arriver que tu vives assez mal cette période. Ce sont les fameuses « crises » d'adolescence, expression assez moche d'ailleurs – un individu n'est pas « en crise » comme le serait un pays dans le domaine de l'économie !

### EN QUÊTE DE SOI

L'adolescence, enfin, est le temps du questionnement. Et, à force de changer, il y a de fortes chances que tu finisses par ne plus savoir qui tu es. Assailli par un milliard de questions, tu pars à la recherche de nouvelles certitudes, de nouveaux repères pour pouvoir te construire. À tâtons dans ta propre personnalité, à la découverte de toi-même et du monde qui t'entoure, tu joues avec les limites de ton corps et celles de la société – quitte à te mettre en danger. En tout cas, même si tu n'en as pas conscience, tu vis des années passionnées. C'est tout l'enjeu de cette période exaltante, que l'on peut comparer à une seconde naissance ; bienvenue dans le monde des (presque) adultes.

# AGRESSIVITÉ

**Qu'elle émane de toi ou que tu la subisses, l'agressivité est toujours difficile à vivre et mérite, à ce titre, que tu apprennes à la dompter.**

### UN COMPORTEMENT NATUREL...

L'agressivité, c'est un peu notre signal d'alarme intégré. Lorsque l'on est submergé par un sentiment ou une situation que l'on ne supporte pas, lorsque la colère, la tristesse, le stress, la fatigue ou la peur prennent le dessus, il est parfois dur de se contrôler et de rester zen... Et c'est normal ! Pour autant, si tu as déjà été victime de celle des autres, tu dois savoir que les injures, les coups et les menaces ne règlent – généralement – aucun problème !

### ... MAIS DESTRUCTEUR

Car l'énorme défaut de l'agressivité, c'est qu'elle détruit tout autour d'elle... Un peu comme une bombe. Lorsqu'on en est victime, le malaise nous envahit. L'agresseur sème l'incompréhension dans son entourage qui, à terme, risque de le fuir. Bref, couvrir d'injures un copain qui a oublié de nous rendre un jeu vidéo, ou se mettre en mode Bruce Lee dès lors qu'on nous pique notre place dans une file d'attente, c'est courir le risque de se retrouver seul au monde avec sa colère en guise de compagne... Sans aller jusqu'à de tels extrêmes, l'agressivité est un mauvais comportement qui, en outre, renvoie une image négative de soi.

### COMMENT Y FAIRE FACE ?

Si tu as une fâcheuse tendance à t'emporter facilement, commence par t'interroger sur la source de ce comportement. Remonte aussi loin que tu peux dans tes souvenirs et tente de trouver la cause ou l'événement déclencheur de ce comportement excessif. Te questionner te fera au moins prendre conscience que quelque chose ne va pas. Un conseil pratique en prime : pour évacuer tes mauvaises ondes et transformer cette tension permanente en énergie positive, lance-toi dans la pratique d'un sport à sensations fortes comme le squash, le bicross, ou un art martial !

Et si, malgré tout, il t'arrive de franchir la

ligne blanche de temps en temps, n'hésite pas à aller t'excuser. Cela demande du courage, mais il est presque sûr qu'alors tout te sera pardonné…

Enfin, si tu es toi-même victime de l'agressivité de quelqu'un d'autre, là, tu n'as qu'une seule solution : en parler. S'il s'agit d'un ami qui a du mal à se contrôler, explique-lui ce que tu ressens. Peut-être cela lui permettra-t-il de prendre conscience de son problème… Dans tous les cas, si tu te sens dépassé par cette situation et que la peur t'empêche de réagir, parles-en à un adulte, car personne n'a le droit de gâcher ton quotidien à coups d'intimidations, de menaces et de baffes !

VOIR AUSSI : **Critiques & injures, Violence**

# AIMER : M'AIME-T-ELLE ?

**Avant de se lancer, on aimerait bien être assuré de ne pas se ramasser le râteau du siècle…**

Autant te le dire tout de suite : tu ne pourras jamais être sûr à 100 % qu'une fille est amoureuse de toi sans lui en parler. Personne n'a encore inventé le détecteur de filles amoureuses. D'une certaine façon ce n'est pas plus mal, car cette part d'incertitude rend le tout excitant… Non ? D'accord, mais il y a quand même un moment où l'on a envie de savoir si nos sentiments sont partagés, c'est normal ! Dégaine alors l'arme secrète : l'Échelle des Probabilités Sentimentales (ou EPS). Graduée de 1 à 5, elle te permettra d'en savoir un peu plus sur les intentions de celle que tu courtises…

### Niveau 1. L'approche furtive.

Elle se fait de plus en plus présente… lors de tes sorties avec tes copains, à la pause entre deux cours ou à midi au self. Sans qu'elle soit tout à fait collée à tes baskets, mine de rien, vous vous voyez de plus en plus.

**Ce qu'il faut faire : rien. Ne change pas tes habitudes et laisse les choses venir. Si la tendance se confirme, attends le niveau 2 pour réagir.**

### Niveau 2. La prise de contact.

Elle t'envoie des textos du genre : « Vous avez prévu quoi pour ce week-end ? » ; autrement dit, chaque fois, c'est toi qu'elle contacte, histoire de savoir ce que « vous » faites, ta bande et toi. Elle peut ainsi te voir sans avoir l'air de te donner rendez-vous…

**Ce qu'il faut faire : si elle persiste c'est le moment de l'inviter à sortir avec toi.**

### Niveau 3. Naissance d'une complicité.

Elle glousse à toutes tes blagues (elle est d'ailleurs souvent la seule) et, de fait, vous passez beaucoup de temps à rire ensemble. D'ailleurs tu y prends un certain plaisir…

**Ce qu'il faut faire : profite de ces moments pour lui glisser discrètement que tu te sens bien avec elle et que tu l'apprécies. Quelques gestes tendres l'air de rien seront aussi les bienvenus (genre effleurer son poignet).**

### Niveau 4. Les signes révélateurs.

Elle rougit… et détourne le regard quand tu la fixes. Attention ! Elle peut aussi soutenir ton regard avec insistance. Tout dépend du degré d'intimité de votre relation. Les deux attitudes montrent que tu ne lui es plus du tout indifférent.

**Ce qu'il faut faire : multiplie ces tests ! Ce faisant, tu lui montres que tu es sensible à son charme.**

### Niveau 5. L'ultime étape.

Elle s'approprie… des petites choses à toi et te pique ta casquette, ton bonnet, ton porte-clés fétiche ou un crayon. Bref, elle te taquine et garde avec elle un objet qui vous lie un peu plus l'un à l'autre.

**Ce qu'il faut faire : jette-toi à l'eau ou sur elle ! Tu sembles avoir toutes tes chances !**

**LE TRUC (QUASI) INFAILLIBLE**

**Une bonne question à te poser pour savoir si une fille est amoureuse de toi : « Si elle ne s'intéressait pas à moi, agirait-elle de cette façon ? » Par exemple, au lieu d'essayer de trouver la raison pour laquelle elle t'appelle tout le temps pour les devoirs de français – alors que ta moyenne culmine à huit sur vingt – inverse la question : « Me téléphonerait-elle si je lui étais indifférent ? »**

VOIR AUSSI Séduire

# AIMER : QUAND ON S'AIME

A

**C'est une sensation unique et indicible que de savoir ses sentiments partagés, tant on se sent pousser des ailes ! On est galvanisé, on vit à cinq cents à l'heure. Mieux ! On découvre un nouveau « soi »... dans le regard de l'autre.**

### UNE NOUVELLE VIE...

Quand l'amour est là, c'est comme si la vie prenait une nouvelle dimension. On ne pense plus son existence quotidienne sous la forme du « je », mais du « nous ». Ça fait vieux couple ? Ben oui et, quand on est un jeune couple justement, c'est ça qui est bon ! On se donne des rendez-vous, on passe du temps avec celle qu'on aime, quitte à délaisser ses copains. D'ailleurs, on aménage son emploi du temps pour pouvoir la voir encore plus ! Sacré chambardement ! L'amour est comme un nuage qui flotte au sommet de notre crâne, orientant nos pensées plus sûrement qu'une boussole. Porte-clés, lettre, mèches de cheveux ou CD nous rappellent que, même quand elle est absente, l'amour, lui, est là...

### PRÊT À TOUT ?

On se sent prêt à tout pour elle ! Soudain, le temps, la faim, la pluie, le froid, le danger perdent de leur importance et l'on est prêt à tout braver pour la rejoindre... Comme ça, juste pour un baiser ou une étreinte.

### UN NOUVEAU GARÇON

Enfin, à travers les longues conversations et les divins silences, on découvre de nouvelles facettes de notre personnalité. On se surprend à devenir passionné, à s'enflammer, à ouvrir notre cœur, bref, c'est tout un pan de notre identité qui est mis au jour. Et qui nous plaît.

VOIR AUSSI Couple

# ALCOOL

**Comme la cigarette, l'alcool fait partie des drogues « autorisées ». La vente de boissons alcoolisées aux mineurs de moins de 16 ans est toutefois interdite.**

Évidemment, tous ceux qui consomment un petit verre de temps en temps au cours d'une soirée ne sont pas drogués à l'alcool, autrement dit ne sont pas des alcooliques.

### GARE AUX DÉPENDANCES

Tout d'abord, distingue bien la dépendance physique de la dépendance psychologique. Cette dernière peut apparaître très rapidement : elle est la recherche de l'effet bénéfique, apaisant, de l'alcool, même si on en boit peu ; à long terme, elle signe le risque de devenir alcoolique. Heureusement, la dépendance physique n'apparaît qu'à la suite d'une alcoolisation importante et quotidienne. Chez plus de 50 % de ces alcooliques, elle génère des tremblements, des maux de tête, une accélération du rythme cardiaque et une grande anxiété, autant de symptômes qui ne peuvent être calmés qu'en consommant de l'alcool, toujours plus. À long terme, cirrhose, cancers, maladies cardiovasculaires guettent. Rien de très rigolo, en somme...

### UN DANGER IMMÉDIAT

Sans en arriver là, l'alcool est dangereux car il peut générer des conduites à risque. Absorbé en quantité, il désinhibe et modifie la perception de la réalité, entraînant son lot de dangers : violence, chutes, trous de mémoire, agressivité et même carrément perte de conscience ! Bref, là où on pensait juste se « détendre » un peu, on peut vite se retrouver déconnecté de la réalité, en situation de danger. Une limite à ne pas franchir et qu'il est difficile de déterminer, d'autant que chacun réagit différemment face à l'alcool... Comme pour le cannabis, on ne peut pas savoir si on sera sensible à la substance active qui rend « accro », l'éthanol en l'occurrence.

### LES PREMIX

**Depuis quelques années, une nouvelle gamme de boissons alcoolisées a fait son apparition dans les rayons des supermarchés : les premix. Identifiables aux couleurs vives et « fashion » de leur packaging, les premix sont des boissons mêlant sodas (ou jus de fruits) et alcool. Leur cible ? TOI ! Moins forts que les boissons alcoolisées traditionnelles, les premix n'en sont pas moins dangereux car ils donnent la sensation de ne pas s'alcooliser. En effet, les industriels en masquent le goût et l'aspect à grand renfort de colorants et d'arômes ultrasucrés ! Difficile de faire plus pernicieux : l'accoutumance et l'absorption en grande quantité sont donc facilitées, alors que le danger, lui, reste le même.**

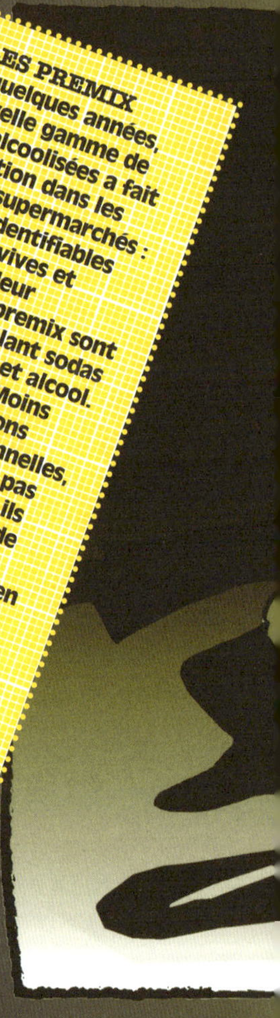

En revanche, ce qui est sûr pour tout le monde, c'est que boire quand on est déprimé, triste ou en colère est la pire des choses à faire si l'on veut régler ses problèmes ! Évidemment, il est presque certain que tu connaîtras l'ivresse. Juste un truc, alors : garde à l'esprit ces quelques lignes et prends garde à toi.

**STATISTIQUES**

- Entre 14 et 18 ans, la consommation régulière d'alcool des garçons passe de 4 à 22 %.
- 51 % des garçons de 16 à 17 ans déclarent avoir été ivres au moins une fois dans leur vie.
- À 18 ans, 57 % des garçons déclarent au moins une ivresse dans l'année, 11% en déclarent au moins 10 !

ADRESSES UTILES

Voir p. 244
Drogue Alcool Tabac Info Service
www.anpa.asso.fr

# ALIMENTATION

**Actuellement en pleine croissance, ton organisme a besoin chaque jour de faire le plein d'énergie, et même plus ! La difficulté étant de gloutonner équilibré. Attention au régime chips-chocolat-sodas-pizzas-pâtes !**

### J'AI ENCORE FAIM !

C'est normal ! Ne t'inquiète pas, ton appétit d'ogre n'a rien à voir avec la boulimie... Pour comprendre pourquoi tu manges comme quatre trolls au régime sec depuis deux siècles, lis ces trois lignes de physiologie : à partir de 12 ans environ (puberté oblige), tu vas grandir de plusieurs dizaines de centimètres et prendre entre 20 et 30 kilos, le tout en 4 ou 5 ans. Une croissance sans précédent pour ton organisme ! Ou plutôt si... La dernière fois, c'était lorsque tu étais bébé ! Résultat : aujourd'hui, tu te ressers deux fois des frites au self et vides les placards familiaux à la vitesse d'une nuée de sauterelles s'abattant sur un champ de blé. Tu l'as compris, il te faut de la quantité pour permettre à ton corps de se sentir bien. Mais attention, cette capacité à manger comme quatre ne doit pas te faire oublier que bien manger, c'est aussi manger varié pour pouvoir être attentif toute la journée en cours et garder ta bonne humeur.

### UN BRIN DE DIÉTÉTIQUE

Pour avoir une alimentation équilibrée, ton corps doit pouvoir compter chaque jour sur des aliments contenant des protides, des glucides, des lipides, des fibres, des sels minéraux et des vitamines. Voici comment ces éléments se répartissent dans les aliments.

**L'ÉQUATION ÉQUILIBRE**

**Pour garder la forme, les 2 000 calories que tu ingères quotidiennement doivent se répartir ainsi : 15 % de protides, 30 % de lipides, 55 % de glucides, ainsi qu'une pincée de vitamines et de sels minéraux.**

**Les protides** : tu les trouveras dans les viandes, les poissons, les œufs, les produits laitiers et les céréales (pain, pâtes...). Ils permettent à ton corps de fabriquer et d'entretenir tes tissus (os, muscles, etc.).

**Les glucides** : ils constituent ta principale source d'énergie et tu peux en trouver dans le riz, les biscottes, les pommes de terre, les fruits, les céréales, les pâtes, mais aussi dans les confiseries et les boissons sucrées. Attention à ne pas abuser de ces dernières...

**Les lipides :** même si ces graisses sont indispensables à ton corps pour stocker des réserves, les lipides, tu le sais, sont néfastes si ils sont absorbés en trop grande quantité. Tu les trouveras dans les chips, les pâtisseries, les beignets, les fromages, la charcuterie, etc.

**Les fibres alimentaires :** elles aident à la digestion. On les trouve dans les céréales complètes, les légumes et les fruits à pépins comme les pommes et les poires.

**Les sels minéraux :** c'est grâce à eux que tu peux faire fonctionner ton corps (contraction des muscles, mémoire, etc.). Le calcium est présent dans les laitages, le potassium et le magnésium, dans les céréales et les fruits, le phosphore, dans les fromages et les poissons, le fer, dans la viande et les légumes secs, le sodium, dans le sel.

**Les vitamines :** comme les sels minéraux, elles assurent les fonctions indispensables à la vie et sont présentes dans tous les aliments. La plus connue, la vitamine C, est surtout présente dans les agrumes et certains autres fruits.

**ET LE GOÛTER ?**

**Loin d'être un moment réservé aux enfants, c'est un repas comme les autres qui te permet de mieux répartir tes apports énergétiques dans la journée et de te détendre après les cours. Mais ce n'est pas une raison pour te goinfrer de Nutella à la cuiller devant la télé ! Jette-toi plutôt sur un bol de céréales dans du lait et un verre de jus de fruits !**

**ÉDUQUER SON PALAIS**

**Pour être en équilibre... alimentaire, il n'y a rien de mieux que de t'intéresser à ce qui se passe en cuisine... Faire le marché, confectionner un plat, aider tes parents à cuisiner et leur demander conseil est le meilleur moyen d'éduquer ton palais. Et, qui sait, peut-être de te découvrir une passion. D'autant que les filles adorent les hommes aux fourneaux, et que la cuisine est une activité plus « tendance » que jamais.**

AUSSI VOIR AUSSI Forme, Gros, Maigre, Régime

# ALLUMEUSE

**Où qu'elle soit, même au milieu de la foule, on ne voit qu'elle ; elle fait tout pour attirer les regards des garçons.**

### ATTIRANTE...

Comme un aimant, elle capte tous les regards et possède la panoplie complète de la femme fatale version lycée. Petits hauts moulants, jeans taille basse, mèche impeccable, elle ne se refuse rien et use de ses atouts pour faire tourner la tête de tout ce qui ressemble à un mâle. Bref, elle se démarque de ses copines parce qu'elle n'a pas peur de séduire. Au contraire ! Et même si elle est loin d'avoir la taille mannequin ou le physique de Beyoncé, elle n'hésite pas à s'habiller de façon sexy... Un comportement qui lui vaut d'ailleurs d'être assez souvent en mauvais termes avec les autres filles. Quant aux garçons, beaucoup la méprisent car elle joue avec eux sans jamais nouer de relation sérieuse...

### SON PORTRAIT-ROBOT

**À la différence de ses homologues féminines, lorsqu'elle semble s'intéresser à toi :**

- **Elle paraît sûre d'elle.**
- **Elle te regarde dans les yeux, te fait des sourires dignes d'une pub pour dentifrice et ne bafouille jamais. Bref, elle n'a peur de rien !**
- **Elle ne rougit jamais. Loin d'être mal à l'aise, toute situation de proximité masculine la renforce dans sa certitude de plaire.**
- **Elle va très vite. Elle se rapproche rapidement et déjà tu sens venir les premiers frôlements de ses mains.**
- **Elle regarde beaucoup autour d'elle. Malgré ta présence, elle ne cesse de se retourner et semble un peu ailleurs. Comme si elle voulait que d'autres la remarquent...**
- **Elle passe très vite à autre chose. Top ! En 10 minutes chrono, tu as vécu ton heure de gloire... Elle est déjà partie et pense sûrement à quelqu'un d'autre.**

VOIR AUSSI Délurée

**… ET ÉNERVANTE !**

Bien sûr, qu'elle est agaçante ! Il semble que l'allumeuse ne respecte rien : ni les autres qu'elle manipule, ni elle-même qui érige son corps en gros appât sexuel ! Dès lors pourquoi la respecter ? Parce qu'elle est humaine (quand même !) et que son besoin compulsif de plaire traduit son envie d'être aimée…

Quant à te sentir « victime » de ses charmes, c'est normal, mais tu t'en doutais un peu, non ?

Là, deux solutions : 1) tu te montres indifférent, 2) si le cœur t'en dit, essaie de t'en faire une amie et parle-lui normalement. Enfin, si, par hasard (!), tu étais juste amoureux d'elle, plutôt que de la flatter sur son corps, prends le temps d'atteindre son cœur. Sois gentil, mais pas mou.

# AMI AVEC UNE FILLE

**Pour beaucoup de garçons, c'est carrément mission impossible : s'ils s'intéressent à une fille, c'est forcément pour sortir avec elle ! Pourtant, il est parfois difficile de faire la part des choses entre une amitié très forte et les prémices d'une relation amoureuse.**

### VOUS ÊTES AMIS D'ENFANCE.

Vous avez grandi ensemble, enlevé les roulettes de vos vélos le même jour et expérimenté le « bisou sur la bouche » en maternelle. Le truc, c'est qu'à l'adolescence l'attirance pour l'autre sexe est de plus en plus forte. Quoi de plus normal donc que votre relation s'embrouille un peu et que tu ne saches plus trop où tu en es...

**Ce que vous risquez : si vous sortez ensemble, tout peut très bien se passer, mais cela peut aussi être une catastrophe et briser votre amitié de toujours. Plutôt dommage.**

**La solution : lui parler de ton embarras. Après tout, vous vous connaissez bien, non ? Si vos liens sont forts, tu n'as aucune raison de craindre cette conversation qui aura le mérite de mettre enfin les choses au clair. Un peu de courage...**

### L'UN DE VOUS AIME L'AUTRE.

Elle t'aime bien, mais toi tu l'AIMES (tout court) ! Ou inversement : tu es ami avec elle, mais elle est amoureuse de toi... Aïe ! Votre relation peut tenir comme ça jusqu'à ce qu'une tierce personne vienne pointer le bout de son cœur.

**Ce que vous risquez : le clash, quand celui qui est « simplement ami » tombera amoureux de quelqu'un d'autre ! La nouvelle conquête va forcément s'apercevoir que l'un aime l'autre et, inéluctablement, cela va mal se passer !**

**La solution : en parler entre vous ! Il n'y a aucun autre moyen de résoudre ce sac de nœuds sentimental.**

### VOUS ÊTES PRESQUE AMOUREUX.

Vous êtes amis, mais vous sentez bien que ce simple sentiment évolue vers quelque chose de plus fort... Bref, vous n'êtes pas loin d'être amoureux et pour l'instant aucun de vous deux n'en souffre.

**Ce que vous risquez : ... rien, à part le fait de rompre au bout de quelque temps, comme les couples « normaux ». Alors l'amitié s'effilochera aussi car, après une aventure amoureuse, il est difficile d'appuyer sur la touche « retour rapide ».**

**La solution : laisser faire les choses et profiter à fond de votre relation.**

VOIR AUSSI AUSSI
**Aimer (M'aime-t-elle ?), Amour secret, Déclaration, Séduire**

**Plus le temps passe, plus ils deviennent importants pour toi. Normal : maintenant que ton enfance est derrière toi, tes amis te permettent de t'accrocher à quelqu'un d'autre qu'à « papa-maman ». Ils sont ta seconde famille.**

Les liens d'amitié sont un peu comme les vieilles mécaniques : ça peut durer très longtemps à condition d'en prendre soin. Voici donc quelques conseils pour jouer les mécanos et entretenir des liens forts.

## MODE D'EMPLOI

**Prendre son temps.** À ton âge, tu passes de plus en plus de temps en dehors de chez toi et multiplies les occasions de faire des rencontres, de nouer sans cesse de nouvelles amitiés. C'est une formidable occasion qui ne doit pas te faire oublier qu'il faut que tu fasses la part des choses entre une connaissance avec qui tu as passé un bon moment et un ami potentiel avec qui tu établiras une relation forte. L'un n'est pas mieux que l'autre, mais l'amitié, la vraie, implique que tu t'investisses ! Alors prends bien le temps de connaître les gens avant de te donner à fond... et peut-être de le regretter.

**Se connaître.** C'est essentiel pour entretenir une amitié durable ! Et comme tu traverses une période où tu changes à la vitesse de la lumière, tu peux être tenté de te faire des « amis-miroirs », qui pensent comme toi, pratiquent les mêmes activités et ont les mêmes goûts... C'est rassurant et très loin d'être négatif, mais attention, tu risques de te lasser très vite et d'avoir envie d'en changer...

**Te respecter.** En tant qu'ami tu dois savoir dire « non » et ne pas te plier à toutes les exigences de tes copains sous prétexte de votre relation. Être capable de dire « non », c'est te respecter et montrer à tes amis que tu es une personne indépendante d'esprit. À coup sûr, ils éprouveront du respect à ton égard et votre relation n'en sera que plus forte.

**Les respecter.** Respecter ses amis, c'est aussi leur dire parfois que l'on n'est pas d'accord avec eux et leur expliquer pourquoi. Ce n'est pas parce que votre amitié est forte que cela te dispense de critiquer leur attitude quand cela te semble nécessaire. Au contraire, leur dire ta pensée est le meilleur moyen de leur montrer que tu es franc et que tu te soucies d'eux. Par ailleurs, les respecter, c'est aussi accepter qu'ils passent du temps avec d'autres personnes qu'avec toi. En clair, votre relation ne doit pas être une prison, et tu n'as pas le droit d'en vouloir à un ami qui s'éloigne – temporairement – de toi...

**Partager.** C'est probablement ce qu'il y a de meilleur dans l'amitié. Vivre ensemble des moments forts, drôles, excitants... Qu'il s'agisse d'un concert, d'une soirée jeux vidéo, d'un après-midi de skate ou d'un petit week-end entre garçons, tous ces moments passés ensemble s'imbriquent les uns dans les autres pour créer une armoire de souvenirs communs, bref, votre histoire.

# A AMOUR (MARRE D'ÊTRE SEUL)

**Il est partout autour de toi, dans la cour, à la télé, au cinéma, à la radio, dans les publicités. Tes copines ne parlent que de ça, tes copains préfèrent éviter le sujet ; et toi tu restes désespérément seul... Mais pourquoi l'amour ne veut-il pas de toi ?**

## POURQUOI EUX ET PAS MOI ?

À l'adolescence, rien que de très normal de te sentir seul : psychologiquement, tu te sens moins proche de tes parents et, physiquement, les câlins de l'enfance sont un lointain souvenir. Tu as envie de te sentir désiré, d'avoir quelqu'un à qui rêver le soir, de savoir qu'une autre pense à toi. Le fait de voir Cindy au bras de Ben, ton meilleur ami, et Thomas sortir avec Nolwenn ne facilite pas les choses. Ça aurait même tendance à te faire douter de ta capacité à séduire, avec à la clé la question fatidique : « Suis-je normal ? » Oui !

## L'AMOUR NE SE COMMANDE PAS

Problème : à force de te torturer l'esprit, tu diminues d'autant tes chances de rencontrer l'âme sœur. L'amour ne se commande pas ; il aurait même plutôt tendance à éviter de frapper à la porte de ceux qui passent leur temps 1) à maugréer contre le mauvais sort, 2) à jalouser les couples qui paradent dans la cour... Quant aux amateurs de statistiques qui multiplient les conquêtes éphémères dans le but de « tomber sur LA bonne », ils n'ont pas plus de chances de rencontrer la fille de leurs rêves ! Tenter de sortir avec Melinda, puis Charlotte, avant de « s'attaquer » à Zoé, est très loin d'être la solution. C'est peut-être même la pire, car à force d'accumuler les râteaux et les relations bancales, tu risques de perdre confiance en toi et de rater le coche quand Cupidon te fera signe pour de bon ! Mauvaise idée, non ?

## N'EN OUBLIE PAS DE VIVRE

Tout d'abord, sache que tu es (très) loin d'être le seul dans cette situation et que les individus des deux sexes connaissent des moments de solitude et de doute – contrairement à ce qu'ils laissent paraître. Ne change donc en rien tes habitudes et profite de la vie ! Ne tourne pas le dos aux expériences, pratique des activités, passe du temps avec ceux que tu aimes. C'est la meilleure façon d'enrichir ta personnalité, de devenir quelqu'un d'attirant et de rencontrer de nouveaux amis qui, peut-être, te présenteront ta future moitié...

# AMOUR SECRET

# A

**Tu as eu un coup de foudre pour une fille qui ne te connaît pas. Depuis, elle hante ton esprit et tu manques de t'évanouir dès que tu la croises... Comment transformer un amour secret en amour partagé ?**

### DIRE OU NE PAS DIRE

Les amours secrets ne tiennent qu'à une seule condition : que celui qui aime ne révèle jamais ses sentiments. Du coup de foudre le jour de la rentrée pour cette petite brune de terminale à cette voisine de classe pour qui tu as eu une révélation subite au cours d'une soirée, tout s'est engrangé de la même manière : tu as décidé de garder tes sentiments pour toi. Ou, plutôt, tu as juste préféré attendre un peu avant de te lancer... Le problème, c'est qu'à force d'attendre (et de repousser sans cesse) le jour J, le courage a fait place à la résignation et tes plans infaillibles pour la conquérir sont restés au placard...

### TON FILM D'AMOUR

Du coup, tu passes tes journées de cours à rêvasser à une improbable catastrophe naturelle qui te pousserait à voler à son secours et lui dévoiler tes sentiments... Hum ! Un vrai scénario hollywoodien ! En fait, cette belle histoire n'existant que dans ton imagination, il te semble impossible de la transposer dans la réalité !

### QUE FAIRE ?

Tu as deux solutions : 1) Si tu souffres trop quand tu es en sa présence, mais que tu ne te sens en aucun cas le courage de le lui dire, essaie de changer tes habitudes, histoire de la voir le moins souvent possible. Compte alors sur le temps qui passe – lentement – pour l'oublier. 2) Arme-toi de courage et entame sa conquête.

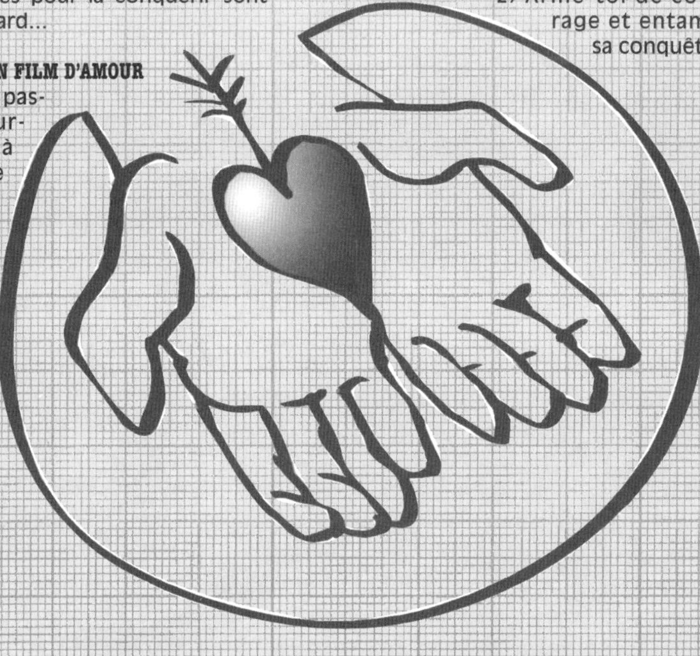

# AMOUR : LE FAIRE

**Pour tous les garçons c'est le moment tant attendu, mais aussi le grand saut vers l'inconnu...**

## I. QUAND ?

Le plus souvent – et très heureusement – en matière de sexualité, il n'y a pas de règle établie. En clair, il n'y a pas d'âge pour sa « première fois », pas de normalité. Le bon moment pour faire l'amour sera pour toi celui où tu te sentiras prêt. C'est maintenant, penses-tu illico. Mouais, pas si sûr. D'accord, tu en meurs d'envie. Mais pourquoi ? Comment ? Avec qui ? Journaux, affiches, télé déshabillent des filles sublimes à longueur de pages et toi, tu baves ! Et après ? Pas question non plus de céder à la pression de tes copains. La sexualité est une chose trop intime pour se laisser influencer. S'il ne doit y avoir qu'une seule règle, c'est celle d'une envie commune.

## II. COMMENT ?

### Le temps de la découverte

Les deux amants s'embrassent, se caressent et leurs corps se rapprochent petit à petit. Tout doucement l'homme et la femme partent à la découverte de l'autre. C'est le temps des caresses et de l'excitation. Les amants font monter le désir en stimulant leurs zones érogènes respectives par des effleurements ou des baisers. C'est un moment très important au cours duquel il faut prendre son temps et être très doux. Au cours de ces préliminaires, le

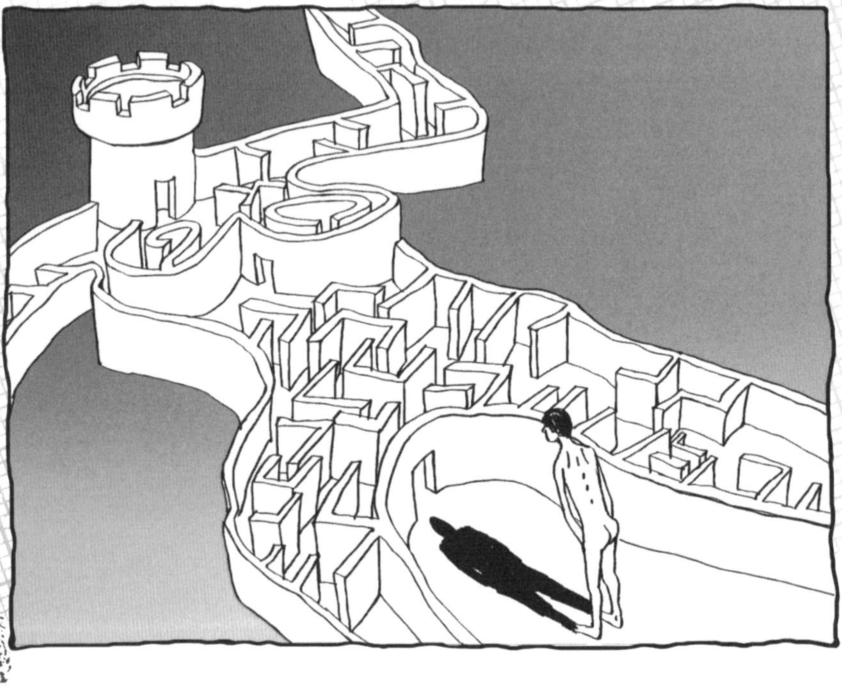

pénis de l'homme se gonfle et durcit : c'est l'érection. Le sexe de la femme gonfle légèrement et son vagin s'humidifie pour faciliter la pénétration. Dès qu'il sent le moment venu, l'homme introduit son sexe dans le vagin de sa partenaire. Pour s'aider, il peut en chercher l'entrée – très doucement – avec sa main.

### La recherche du plaisir

Ensuite, l'homme imprime des mouvements de va et vient dans le vagin de la femme. Celle-ci peut les accompagner, les accélérer ou les ralentir. C'est le moment au cours duquel les deux amants sont à la recherche du plaisir. Certains parlent, d'autres font de petits bruits, ou respirent de plus en plus fort... Cela vient naturellement et témoigne du plaisir, ou de la recherche du plaisir, ressenti par les amants.

### L'orgasme

Quand l'homme est suffisamment excité, son pénis se contracte à plusieurs reprises. Le sperme jaillit par l'urètre pour se déverser dans le vagin de la femme : c'est l'éjaculation. Elle s'accompagne d'un plaisir très intense. Chez la femme, on parle d'orgasme. Il se manifeste par des contractions qui partent de son clitoris et qui peuvent se propager à l'intérieur de son sexe, dans son vagin, jusqu'aux abords de l'anus, pour se terminer par un bien-être du corps tout entier. Contrairement aux scènes d'amour montrées dans les films, il est très rare que l'homme et la femme atteignent le plaisir en même temps. Le plus souvent, l'homme amène sa partenaire à l'orgasme, puis il jouit à son tour. En outre, l'un et l'autre ne ressentent pas le même type de plaisir : celui de l'amant est plus violent et plus intense, celui de l'amante plus réparti et plus long. C'est, pour chacun, la phase culminante de l'acte d'amour. Ils jouissent.

### Et après ?

Enfin, après le plaisir, la pression retombe. Les organes retrouvent leur état initial : chez l'homme, le pénis redevient mou, chez la femme, la vulve, les lèvres et le clitoris se décongestionnent. Ce peut être un moment de grande tendresse entre l'homme et la femme. C'est le repos des amants, plus divin encore quand c'est celui des amoureux.

## III. QUESTIONS

### Faire l'amour sans amour

On n'est pas obligé d'aimer sa partenaire pour faire l'amour. D'une manière générale, les garçons font plus facilement l'amour sans sentiment que les filles, qui semblent avoir davantage besoin d'aimer pour passer à l'acte.

### Les positions

Faire l'amour, ce n'est pas un concours de gym ! Imprime dans ton cerveau (la plus grande zone érogène du corps !) pour toujours que faire l'amour est davantage une question de plaisir que de performance ! D'autant que les positions les plus compliquées ne sont pas forcément les plus délicieuses. Le marathon du sexe n'est pas une obligation.

### L'éjaculation précoce

Lorsque l'on fait l'amour, les premières fois, on est à fleur de peau, et chaque caresse provoque une vague de frissons qui fait monter l'excitation très vite. Il est donc possible d'atteindre le plaisir très rapidement. Parfois même avant la pénétration ! C'est une situation très gênante, mais qui, rassure-toi, est tout à fait normale. Au fil du temps, on apprend à mieux contrôler son excitation et son éjaculation. Surtout, si cela t'arrive, parles-en à ta partenaire, rassure-la et... n'hésite pas à recommencer.

# ARGENT

## Quand on n'en a pas, on en souffre, et quand on en a, on en veut toujours plus !

### DE LA MASSUE...

Les hommes ont toujours entretenu un rapport particulier avec l'argent quelles que soient les époques. Du temps où Madame Cro-Magnon nettoyait la grotte en attendant que Monsieur Cro-Magnon ramène le mammouth du soir, la chasse était l'affaire des hommes – il n'était pas question alors de monnaie sonnante et trébuchante. Puis, gagner suffisamment d'argent – c'est-à-dire rapporter des mammouths – pour faire vivre sa famille est devenu une fierté, et le fait qu'il soit l'apanage quasi exclusif des messieurs a rendu la chose hautement symbolique. En clair, l'homme, LE VRAI, était celui qui avait assez d'argent pour faire « bouillir la marmite » !

### ... À LA VOITURE DE SPORT

Depuis la Première Guerre mondiale et, surtout, depuis l'émancipation féminine des années 1970, beaucoup de femmes travaillent..., concurrençant ainsi les hommes sur leur terrain ; *exit* le symbole viril ! Pourtant, cette vision primaire persiste, relayée par les films, la publicité, les clips, etc. La voiture de sport, les vêtements de marque, les gadgets à la mode et la montre de luxe ont remplacé le mammouth, et l'homme d'aujourd'hui est poussé par la société de consommation à arborer ces signes extérieurs de richesse sous peine de voir son pourcentage de masculinité chuter !

### ÊTRE ET (NE PAS) AVOIR

Plutôt effrayant non ? Comme si le fait de posséder beaucoup faisait subitement de toi un homme viril que s'arracheraient toutes les filles...

Heureusement, cette vision caricaturale est plutôt éloignée de la réalité et il n'est pas besoin de posséder le scooter dernier cri ou le jean (en lambeaux) de grande marque pour te prouver que tu existes. Alors, plutôt que te morfondre sur ton *Titanic* bancaire,

profites-en pour t'enrichir intellectuellement et développer tes talents ! Musique, sport, lecture, cuisine, bricolage, etc. À condition d'être bien informé, tout cela est gratuit ! Et beaucoup plus valorisant que de se pavaner vêtu de son nouveau survêtement Crocoste. À toi de voir.

**CITATION : Une bonne devise signée Montesquieu[1] : « Je dirai de l'argent [...] qu'il n'y a jamais eu un si bon esclave et un si méchant maître. »**

*1. Charles de son prénom, le baron de Montesquieu a été l'un des philosophes phares du siècle des Lumières, le XVIII^e.*

### (SE) FAIRE PLAISIR

Pour autant, rien ne t'empêche de te faire plaisir de temps en temps quand tu craques pour un nouveau jeu vidéo, un disque ou un sweat superclasse ! Tu as le droit d'être ultracontent en dépensant ! C'est justement ça qui est bien avec l'argent : on peut le gérer, c'est-à-dire être libre de le dépenser... en fonction de son budget. Tu es souvent conduit à faire des économies et quelques petits sacrifices pour obtenir ce que tu convoites, soit. Avoue que cela augmente d'autant ton plaisir et la valeur de l'objet désiré.

VOIR AUSSI Petits boulots

# ATTOUCHEMENTS

**Même si tu te sens moins menacé qu'une fille, sache que les attouchements sur les garçons sont une réalité tout aussi traumatisante pour ceux qui en sont les victimes.**

### QU'EST-CE QUE C'EST ?

Procéder à un attouchement consiste à toucher une partie du corps d'une personne sans que celle-ci le veuille. Autrement dit, c'est une question de limites qu'il appartient à chacun de fixer. Si certains aiment le contact physique, qu'il soit amoureux ou amical, d'autres non. C'est aussi simple que cela. Chacun a le droit de disposer de son corps comme il l'entend et de décider de ce qu'il tolère ou non. Par exemple, si tu te montres un peu trop pressant avec une fille et que celle-ci te repousse, le message est clair : STOP ! Au-delà, chacun de tes gestes sera considéré comme un attouchement !

### SAVOIR DIRE NON

Dire non quand les limites sont dépassées, c'est montrer à l'autre qu'il s'attaque à notre intégrité, c'est lui signifier qu'il doit s'arrêter... Et c'est essentiel, car personne n'a le droit de te forcer à faire quelque chose que tu ne veux pas ! En ce sens, il ne faut jamais avoir peur de dire non, de refuser de se laisser faire – même quand on est intimidé ou que l'on a peur. De fait, c'est hyperdur.

### QUE FAIRE ?

Il faut distinguer deux types d'attouchements : ceux qui sont le fait d'une personne (ou d'un groupe de personnes) de ton âge, et ceux qui sont le fait d'un adulte.

Dans le premier cas, le mieux est de signifier fermement à celui qui te poursuit et de lui expliquer que tu veux qu'il arrête. Si tu te sens un peu hésitant, entraîne-toi et répète seul ce que tu vas lui dire pour être sûr de ne pas te dégonfler. Dans cette situation, mieux vaut avoir l'air sûr de soi. Si ça ne suffit pas, tu dois en parler à un adulte de ton entourage : prof, infirmière, parent, médecin, etc. Ton but est clair : il faut que cela cesse, alors n'aie pas peur de demander de l'aide !

Si tu es victime d'attouchements de la part d'un adulte (homme ou femme), là, les choses doivent passer immédiatement à la vitesse supérieure. Informe au plus vite de ta situation un adulte en qui tu as confiance. Tu ne dois surtout pas garder ça pour toi, TU N'AS PAS À AVOIR HONTE ! Et ne te sens pas non plus gêné de demander de l'aide sous prétexte que tu es un garçon. Attoucher quelqu'un, un mineur de surcroît, est un crime, et est puni par la loi, en tant qu'atteinte ou agression sexuelle. À noter toutefois que, si la victime et son agresseur sont tous les deux mineurs, il n'y a rien au regard de la loi. Raison de plus pour se faire aider par un adulte.

**Plus tu grandis, moins tu l'acceptes. Pourtant, c'est grâce à elle que tu deviendras un homme...**

### LE TEMPS DE LA RÉBELLION

À mesure que tes sorties se multiplient, que tu passes de plus en plus de temps hors de chez toi, l'autorité de tes parents devient de plus en plus pesante. Interdictions et obligations te plombent les ailes, tu te sens un peu comme un oiseau qui ne demande qu'à s'envoler... sauf que les gardiens du nid ne sont pas de cet avis. Tes parents ne sont d'ailleurs pas les seuls à avoir autorité sur toi : profs, surveillants et même forces de l'ordre ! C'est simple : quoi que tu fasses, quel que soit le cadre dans lequel tu évolues, il y a un certain nombre de règles à respecter pour que chacun puisse vivre convenablement. C'est le rôle de l'autorité de les appliquer. Point. C'est comme cela et c'est vrai que, à l'adolescence, il n'est pas toujours facile de s'y plier...

### L'AUTORITÉ QUI RASSURE

**On l'oublie, l'autorité est aussi faite pour rassurer. Si, quand tes parents t'ont demandé de ne pas rentrer trop tard, tu débarques à 3 heures du matin et qu'ils dorment... d'accord, tu as évité le coup de semonce, mais, profondément, qu'est-ce que ça veut dire ? Qu'ils se moquaient bien de ce qui pourrait t'être arrivé... Repasse le film : tu rentres à 3 heures du matin, ta mère te hurle dessus, ton père te punit ; c'est qu'ils étaient très inquiets.**

### ELLE A FAIT DE TOI UN JEUNE HOMME...

Depuis tes premières années, c'est pourtant grâce à elle que tu as compris ce qui était permis ou pas, ce qui était dangereux pour toi, ce que tu avais le droit ou non de faire... Bref, l'autorité t'a structuré ; sans elle tu serais resté au stade du nourrisson ou du jeune sanglier. Ça n'est pas marrant à lire mais ça mérite pourtant d'être rappelé. Et même s'il n'est pas toujours agréable de s'y plier, le fait de te soumettre à l'autorité fait de toi quelqu'un de responsable en qui tes parents ont pu placer leur confiance... Aujourd'hui, dans ta conquête de liberté, c'est encore grâce à elle que tu pourras montrer que tu deviens chaque jour un peu plus adulte.

### ... ET FERA DE TOI UN HOMME

Pour autant, la contester est normal ! Et rien ne t'empêche de discuter le bien-fondé de telle ou telle obligation que l'on t'impose, au contraire. Car, tu t'en doutes, interdictions et obligations ont toujours une bonne raison d'être. Comprendre pourquoi tes parents t'interdisent de sortir tous les samedi soirs jusqu'à 5 heures du matin ou les raisons qui les poussent à t'obliger à enlever ta casquette à table, est aussi important que respecter leurs prescriptions. Autorité et respect sont des mots qui résonnent très bien ensemble, contrairement à ce que tu pourrais penser.

VOIR AUSSI **Conflits avec les parents, Rebelle, Respect**

# AVORTEMENT

A

**À l'annonce d'une grossesse non désirée, 30 000 adolescentes choisissent chaque année d'avorter. C'est une épreuve pour celle qui le subit, mais aussi parfois pour son compagnon. Quelle place pour nous, les garçons, dans cette situation ?**

## UNE DÉCISION À PRENDRE À DEUX

Si ta copine et toi vous retrouvez dans cette situation délicate de grossesse non désirée, la décision d'avorter ou non doit être prise en concertation. Ça n'est jamais facile et pas toujours très clair. Ainsi, il arrive souvent que celles qui tombent enceintes et prennent la décision d'avorter gardent grossesse et IVG pour elles, comme un secret. Donc, si ton amie te met au courant de cette situation, prends tes responsabilités. Question de

# AVORTEMENT

**A**

**QU'EST-CE QUE C'EST ?**
**L'avortement peut se faire de deux façons : mécanique ou chimique. L'aspiration, la méthode mécanique, est réalisée sous anesthésie générale ou locale par un médecin. Un tube, introduit dans le col de l'utérus par le vagin, est relié à une pompe qui aspire le contenu de l'utérus. La patiente entre à l'hôpital le matin, et ressort au cours de la journée. La seconde méthode, chimique, consiste à prendre un médicament qui empêche une hormone d'agir, hormone nécessaire au déroulement de la grossesse. Quarante-huit heures plus tard, celle-ci est interrompue. La jeune fille prend alors un second médicament qui déclenche les contractions de l'utérus. Celui-ci se vide de son contenu, comme si elle avait des règles beaucoup plus abondantes et douloureuses.**

### SOUTENIR ET COMPRENDRE

Les démarches pour avorter peuvent être effectuées même si l'on décide de ne pas prévenir ses parents. Dans tous les cas, il faut se rendre dans un centre du planning familial. Malgré tout, si administrativement et pratiquement, l'IVG est une intervention assez simple, physiquement et psychologiquement, pour la fille, ça n'est pas une partie de plaisir ! Très longtemps après, les femmes qui avortent peuvent se sentir coupables d'avoir mis un terme à cette vie qui grandissait en elles. En outre, continuer une histoire d'amour après une telle épreuve n'est pas toujours facile... Il faut d'autant plus être là, comprendre et soutenir ton amie, même si vous décidez de vous séparer après.

### TES SENTIMENTS À TOI

Les garçons aussi souffrent lorsque leur partenaire subit une IVG. Envie de paternité, culpabilité et/ou peur de faire souffrir l'autre sont des sentiments que l'on peut éprouver quand on comprend que l'on est en partie responsable de la situation vécue – et des souffrances subies – par sa copine.

### QUAND IL FAUT EN PARLER

Si tu les ressens, il faut absolument en parler et ne pas les garder pour toi. Dans un premier temps, tu peux consulter l'infirmière scolaire de ton établissement. Ton médecin de famille pourra t'être une oreille réconfortante aussi : si tu ne te sens pas le courage d'en parler à tes parents, lui pourra te conseiller sans te trahir. Secret médical oblige.

➡ respect envers elle... et envers toi : un enfant se conçoit à deux, même si ce sont les femmes qui les portent. À noter que la loi prévoit une semaine de réflexion entre la confirmation de la grossesse par un médecin et l'IVG proprement dite.

# BARBE

**Même si tu ne possèdes pas une barbe fournie façon grizzli, il est capital que tu prennes un soin tout particulier à l'entretenir. Le but ? Éviter les « trous », les coupures, les irritations et autres désagréments liés à un rasage approximatif.**

## LES STYLES

Comme les cheveux, la barbe permet toutes les fantaisies...

**Barbe de trois jours.**
Assez élégant, genre « James Bond de retour de mission », le style « barbe de trois jours » s'obtient par une absence de rasage prolongée. Impératif : il faut que la totalité des joues, du cou et du menton soit couverte. Pour la préserver : un coup de tondeuse (à cheveux) réglée sur une hauteur suffisante, ainsi qu'une hydratation régulière.

## MODE D'EMPLOI : LE RASAGE

**Le pré-rasage.**
Quand tu te réveilles, les poils de ta barbe sont trop durs pour être rasés. N'hésite donc pas à attendre une quinzaine de minutes, le temps que ta barbe se « réveille » et que tes poils s'assouplissent. Va tranquillement prendre ta douche, l'eau chaude va assouplir tes poils et faciliter le passage du rasoir. Il est aussi préférable de se raser le ventre vide, car l'afflux sanguin provoqué par les repas favorise les risques d'irritations. Mais bon, tout ça, c'est pour les puristes de la peau lisse.

**Le rasage.**
Avant de te lancer, humecte-toi le visage à l'eau chaude pour bien finir de préparer ta peau. C'est l'heure de dégainer la mousse ou le gel à raser ! Leur but est simple : faire gonfler le poil de façon qu'il se présente le mieux possible au passage du rasoir. Prends-en une noix dans la main et étale-la uniformément sur toute la surface à raser. Laisse reposer une minute, le temps de vérifier la propreté de ton rasoir et d'en passer la lame sous l'eau chaude.

Commence par raser les joues et le cou TOUJOURS DANS LE SENS DU POIL. Prends ton temps et n'hésite pas à multiplier les passages si nécessaire. Termine par le contour des lèvres et le menton. Comme le poil y est plus dur, il aura davantage eu le temps de s'assouplir.

**L'après-rasage.**
Aïeuuuu ! Ça brûle, tu es rouge comme une balise Argos et pourtant tu ne t'es pas coupé... Rassure-toi, tout est normal ! Le rasoir provoque une légère irritation de la peau qui procure cette désagréable sensation de brûlure. Pour y remédier et éviter à ta peau d'avoir l'aspect d'un sac en croco, prends le temps d'appliquer sur ton visage un baume ou une crème après-rasage. Ces produits calment la peau et l'hydratent de façon à éviter la formation d'une couche cornée. À n'utiliser sous aucun prétexte : l'eau de Cologne, les after-shave parfumés et autres eaux de toilette « lavande-jasmin-fleurs des îles ». Ces produits ne sont ni hydratants, ni apaisants, ni antibactériens !

**Le rasage total.**

C'est le lot commun de tous ceux dont la toison ne permet pas d'autre « coupe ». Rassure-toi, les filles adorent les peaux douces. Raison de plus pour en prendre soin et éviter la pousse de touffes sporadiques qui te donneront l'air d'un chat qui se serait battu avec un épilateur...

**Les pattes rock'n roll.**

Si tu as la chance d'avoir une barbe assez fournie en haut de la mâchoire, tu peux tenter la coupe rock'n roll. Il faut laisser pousser les poils de cette zone jusqu'à ce qu'ils se confondent avec la base de tes cheveux. Attention ! Il faut que les deux pattes soient parfaitement symétriques. Lors du rasage, aide-toi d'un crayon lavable à l'eau pour marquer la hauteur et la forme des pattes.

**Le bouc.**

Qu'on le porte soigné façon Barthez ou tribal comme Serj Tankian, le chanteur de *System of a Down*, le bouc est facile à obtenir et à entretenir. Laisse pousser la longueur qui te convient, puis rase autour. Un petit coup de tondeuse à cheveux régulièrement et, hop, le tour est joué !

**À ÉVITER**

S'il y a bien une chose que tu dois éviter par-dessus tout, c'est L'HORRIBLE DUVET ! Je veux parler de cette moustache naissante qui éloigne les filles aussi sûrement qu'une paire de baskets après une journée de skate... Cet embryon de barbe semble dire à tous : « Regardez ! Je commence à avoir de la barbe ! Je suis un homme !!! » Tu veux un conseil d'homme à homme ? Rase-toi.

VOIR AUSSI Peau

# BASKETS

**Elles t'accompagnent chaque jour, et tu ne les quittes jamais sauf pour dormir. Quelques conseils pour être basketto-top plutôt que basketto-nul.**

### UN PHÉNOMÈNE DE SOCIÉTÉ

Les baskets ont longtemps été réservées à la pratique d'un sport. Le truc qui a tout changé, c'est l'entrée des stars du basket US comme promoteurs de leurs chaussures. Un exemple ? Le modèle aujourd'hui cultissime *Air Jordan* de Nike, qui continue à se vendre à des millions d'exemplaires chaque année ! Depuis, les stars de la musique se sont engouffrées dans la brèche en éditant des modèles collector ou en se faisant sponsoriser par une marque. Ça marche : témoins de l'ampleur du phénomène, les « sneakers », consommateurs fous furieux, en possèdent plusieurs milliers de paires et ne les portent qu'une fois !

### CHAQUE CHAUSSURE A SON PIED

À chaque tribu sa basket ; mais, ne l'oublie pas : toutes ne sont pas faites pour le sport.

**La *skate shoe*.**

À l'origine, elle fut créée pour les skateurs qui passaient leur temps à user leurs paires de chaussures ordinaires sur les premiers skateboards. Caractéristiques de la *skate shoe* ? Ultra-large, sa semelle est épaisse, sa languette très large et rembourrée pour bien protéger le pied. À porter avec un *baggy* ou un pantacourt bien large.

**Marque emblème : Van's.**

**La vintage.**

La mode *vintage* a aussi ses baskets ; et les vieux modèles des années 1970 et 1980, hier ultra-ringards, sont aujourd'hui le « top de la coolitude ». Elles sont souvent plus fines que les autres et se marient à un jean ajusté, usé et délavé... pour avoir le total look *vintage* !

**Marque emblème : Converse.**

**La *fashion*.**

Pour les amateurs de luxe, de mode et de fringues pointues, les créateurs se sont mis à éditer les baskets adéquates. Parfois montantes, souvent brillantes ou colorées, mais toujours fines, elles se portent avec un jean dernier modèle savamment délavé...

**Marque emblème : Diesel.**

**La passe-partout.**

Elle remplace la chaussure de ville. Souvent de couleur sombre, en daim ou en cuir, elle est fine et se porte aussi bien avec un jean classique qu'avec un pantalon de costume.

**Marque emblème : Gola.**

**La hip-hop.**

C'est LA basket originelle, celle qui a fait fureur dans les années 1980 et 1990. Issue des modèles lancés par les basketteurs américains, elle est large, parfois montante et souvent très colorée... À porter avec un jogging bien large. *NYC style* !

**Marque emblème : Nike.**

**MODE D'EMPLOI**

**COMBATTRE LES ODEURS**

**Les odeurs sont le gros inconvénient des baskets... Un bouillon de culture potentiel, doublé d'un véritable répulsif antifilles ! Pour éviter l'apocalypse plantaire, voici quelques règles élémentaires d'hygiène et d'entretien qui devraient te permettre de faire tomber tes copines à tes pieds sans les asphyxier sur le coup.**

- **Règle n° 1 : se sécher mé-ti-cu-leu-se-ment les pieds en sortant de la douche.**
- **Règle n° 2 : marcher pieds nus dès que tu le peux, quand tu es chez toi ou dans ta chambre. Laisse tes pieds s'aérer un peu !**
- **Règle n° 3 : porter des chaussettes en fibres naturelles, car elles régulent mieux la transpiration que celles en fibres synthétiques.**
- **Règle n° 4 : aérer tes baskets chaque soir dans un endroit frais, sec et bien ventilé (rebord de fenêtre - s'il ne pleut pas).**
- **Règle n° 5 : changer de semelles régulièrement si tu en portes, et les aérer chaque soir en même temps que tes baskets.**
- **Règle n° 6 : consulter un médecin si les odeurs persistent. Pas de panique, la plupart du temps il s'agit d'une mycose passagère qui se résorbera avec l'application d'un traitement local indolore... et les quelques recommandations ci-dessus.**

VOIR AUSSI
**Look, Odeurs corporelles, Styles**

# BEAU GOSSE

**Il est beau, il a du style, il ne fait rien pour, mais il rend folles toutes tes copines. Il est insupportable, il t'énerve et pourtant il incarne la perfection. Lui, c'est le beau gosse. *Alias* ton cauchemar. Comment le côtoyer sans pâlir ?**

### INSUPPORTABLEMENT PARFAIT

Qu'il incarne le sportif athlétique sûr de lui, le surfeur cool jamais stressé ou l'hidalgo ténébreux dont l'aura mystérieuse agit sur les filles comme un irrésistible philtre envoûtant, le beau gosse est un modèle de perfection. Car dans « beau gosse », il y a d'abord « beau » et ça n'a échappé à personne... Surtout pas aux filles de ton entourage ! Résultat ? Alors que tu rames pour te faire remarquer de la belle Cindy, lui n'a même pas à lever le petit doigt pour transformer la cour en un parterre d'admiratrices hystériques ! Évidemment, c'est un petit peu énervant. Une injustice insupportable pour toi qui mises peut-être davantage sur ton « capital sympathie » et ton humour ravageur que sur ton physique pour te faire apprécier des dames... Hélas, quand il est là, tu te sens transparent.

### JALOUSIE, QUAND TU NOUS TIENS...

Une injustice qui a tôt fait de transformer ton agacement en jalousie... même si tu t'en défends. Pour autant, crois-tu avoir de bonnes raisons de lui en vouloir ? Après tout, il ne fait que miser sur ses plus gros atouts (son physique et son charme) pour séduire. Et, à sa place, je, tu, nous en ferions autant. Alors, plutôt que d'échafauder (en rêve) un plan machiavélique pour éliminer ce rival encombrant, tente de trouver des parades qui te permettront d'éviter la concurrence frontale.

### COMMENT RIVALISER ?

Commence par atterrir : TOUTES les filles ne sont pas folles amoureuses de ce pourfendeur de cœurs d'artichaut. Toutes ne sont pas prêtes à tomber amoureuses de la première caricature de série B qui exhibe ses biscoteaux en cours de gym. Et si nombre d'entre elles te semblent succomber à son charme, elles ne sont pas pour autant partantes pour vivre le grand amour avec lui... Du fantasme à la réalité, il y a un (énorme) fossé. Ensuite, interdis-toi de te plomber le moral avec ce complexe

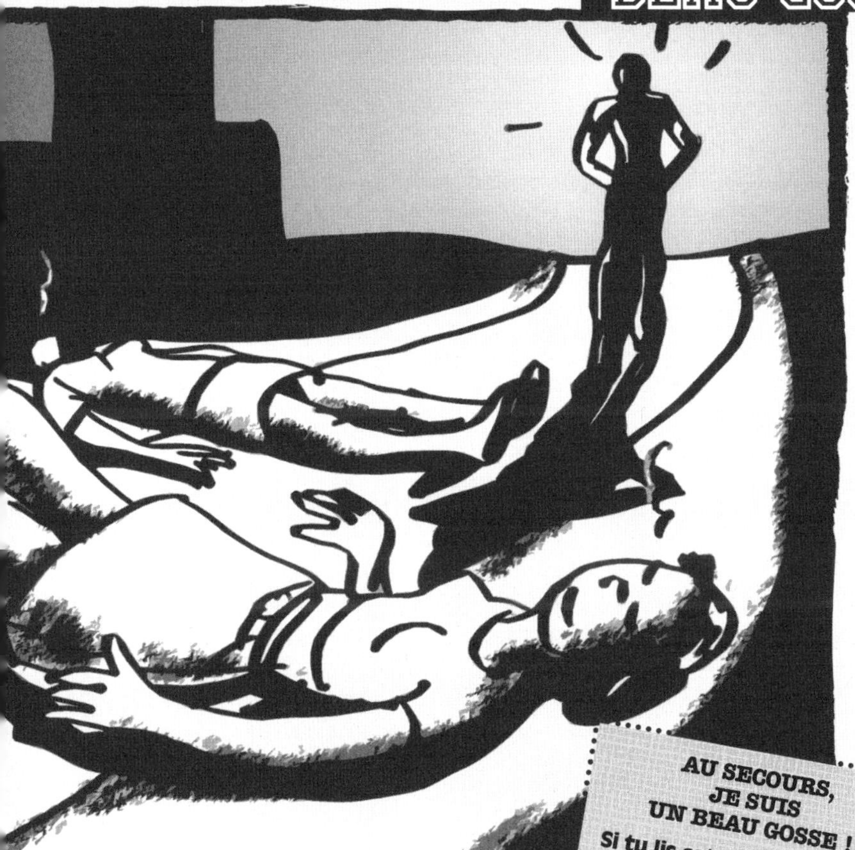

d'infériorité : oublie l'existence de ce bellâtre et tente d'agir comme s'il n'était pas là (c'est une question d'entraînement). Tu verras qu'à coup sûr tu sortiras de l'ombre imaginaire qui t'obscurcissait. Enfin, n'aie pas peur de lui emprunter deux ou trois de ses trucs qui marchent. Un style de pantalon, un accessoire ou un tee-shirt qui te plaisent te permettront de reprendre confiance en toi. L'important étant bien sûr de ne pas jouer les clones et de rester toi-même !

**AU SECOURS, JE SUIS UN BEAU GOSSE !**

**Si tu lis cet encadré, c'est que tu sais ce que tu vaux... Mon conseil est donc de ne pas en faire des tonnes et de laisser ton charme agir. Et si tes copains te jalousent, rappelle-leur régulièrement (et à d'autres occasions, ils feront le rapprochement) que c'est un peu facile de juger autrui sur son apparence plutôt que sur ce qu'il est vraiment...**

# BEAU-PÈRE

**Quand un parfait inconnu débarque dans la famille, il n'est pas toujours facile de l'accepter…**

### NI UN PÈRE…

À son arrivée, soyons lucide, il est normal que tu éprouves de l'hostilité à son égard. Au sein de votre famille, tu as certainement l'impression qu'en tant que « nouvel amoureux » de ta mère, il cherche à prendre la place de ton père. Et même s'il est gentil avec toi, il est logique que tu te montres méfiant. Pour autant, il faut que tu saches rester à ta place et prendre du recul sur cette situation inédite. Ta mère et lui savent parfaitement qu'il n'est pas là pour prendre la place de ton père. D'ailleurs, il n'en a sûrement pas l'intention ! Compte sur le temps pour clarifier la situation. Si elle est parfaitement compréhensible (dans ta tête), il est logique que tu aies du mal à l'accepter (dans ton cœur)…

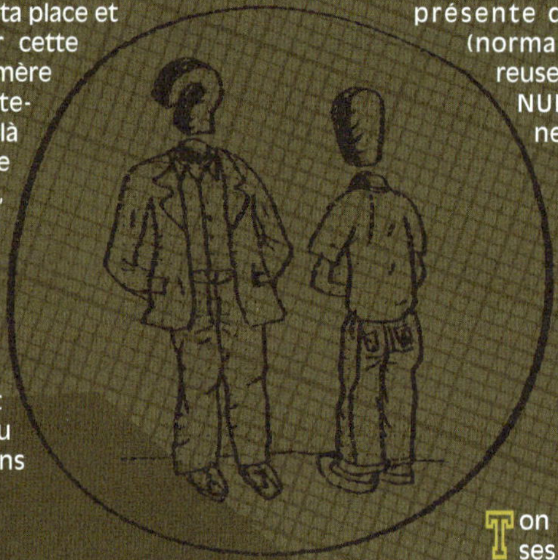

### NI UN RIVAL…

Si, à la suite de la séparation de tes parents, tu t'es retrouvé seul avec ta mère, irrémédiablement tu as pu jouer le rôle d'homme de la maison. Ensemble vous avez sûrement passé des moments difficiles qui vous ont rapprochés, soudés… et voilà que débarque un autre homme. Attention, ne le prends pas pour un rival ! Il n'est pas là pour te « voler » ta mère. D'ailleurs, tu n'as aucune crainte à avoir quant aux sentiments qu'elle éprouve pour toi. Même si, dans les premiers temps, elle est moins présente que d'habitude (normal, elle est amoureuse !), cela ne signifie NULLEMENT qu'elle ne t'aime plus.

### … MAIS UNE PERSONNE TOUT SIMPLEMENT.

Ton beau-père, avec ses goûts, ses opinions et ses façons de faire, peut t'apporter beaucoup en t'offrant des repères différents. Et ça, à l'adolescence, c'est plutôt une bonne chose. Un conseil : laissez-vous du temps pour mieux vous connaître et prendre vos marques. Trouver chacun votre place aux côtés de celle que vous chérissez tant est un beau cadeau à lui faire. Et si jamais, les années passant, tu continuais à ne pas pouvoir sentir ton beau-père, soit. Tu as juste l'obligation de le respecter.

AUSSI VOIR AUSSI Divorce

**Sans être une nouvelle maman, parce que ça, c'est impossible, ta belle-mère compte beaucoup pour ton père... Une bonne raison pour lui faire un peu de place dans ta famille, non ?**

### NE PAS EN VOULOIR À SON PÈRE

Sache d'abord que ton père ne cherche absolument pas à remplacer ta mère ! Autant que toi, il sait que c'est impossible et que, quoi qu'il arrive, ta mère le restera toujours. Alors, pas la peine de lui en vouloir. Après tout, il est comme tout le monde, il a le droit de tomber amoureux ; tu n'as pas ton mot à dire à ce sujet. Aie à l'esprit qu'en plus d'être ton père, il est aussi un homme, qui a besoin d'amour et d'affection – comme toi finalement. Il peut arriver que tu ne supportes pas de le voir faire des câlins à ta belle-mère, alors qu'il se montrait bien moins démonstratif avec ta mère. Tu peux lui exprimer ta tristesse (ne la garde jamais pour toi) et le fait que tu n'as pas envie de les voir se jeter l'un sur l'autre. Essaie néanmoins d'être compréhensif : tu es bien placé pour savoir que, lorsque l'on débute une relation amoureuse, on peut avoir tendance à jouer les moules collées au rocher. Normal...

### ÊTRE ATTIRÉ PAR ELLE...

**Il arrive que les pères tombent amoureux de femmes beaucoup plus jeunes que leur ex-épouse. Si ça n'est pas facile pour celles-ci, ce n'est pas un crime pour autant. Tu peux ainsi te retrouver à vivre sous le même toit qu'une jeune femme âgée seulement de quelques années de plus que toi, et trouver cela extrêmement perturbant. Tu peux même aller jusqu'à fantasmer sur elle. Rassure-toi, ce n'est pas grave... Tant que cela reste un fantasme et que tu te répètes : « Elle est la compagne de mon père – à ce titre, pas touche ! »**

### SAVOIR L'ACCEPTER

En outre, il est presque sûr que ta belle-mère fait tout pour se faire accepter dans ta famille : petits plats, soirées sympas, sorties qu'elle essaie de rendre joviales... Ces preuves de bonne volonté pour s'intégrer ne doivent pas te faire croire qu'elle cherche à « t'acheter », au contraire. N'oublie pas ce simple fait (quoique difficile à accepter) : c'est la femme que ton père aime. Il ne s'agit pas de la comparer à ta mère. Juste tâcher de la connaître mieux. Et la respecter, elle et l'amour qu'elle porte à ton père.

VOIR AUSSI Divorce

# BLOG

# B

**Depuis quelques années, le blog permet à chacun de s'approprier un peu de l'espace de liberté infini que représente Internet. Définitions, usages et mode d'emploi.**

### UN JOURNAL ~~INTIME~~ EN LIGNE

Un blog est une sorte de journal intime pas intime du tout, publié sur Internet, et donc accessible à tout le monde… À vrai dire, c'est plutôt un journal tout court – journalistique ou personnel – qui peut prendre de multiples formes, puisqu'il est possible d'y intégrer de la musique, des photos, des images, et même des vidéos. Concrètement, un blog fonctionne sur le même principe qu'un site sauf que sa gestion est simplifiée et qu'il n'est pas besoin

d'avoir un diplôme d'ingénieur informaticien – et les lunettes opaques qui vont avec – pour s'en sortir. Le blog, c'est Internet (enfin !) mis à la portée de tous !

### UNE COMMUNAUTÉ GRANDISSANTE

Depuis quelques années, le phénomène ne cesse de prendre de l'ampleur et, peu à peu, tout le monde a son blog : particuliers, stars, groupes et artistes, hommes politiques, entreprises, journalistes, associations, etc., qui, tous ensemble, forment ce que l'on appelle la blogosphère, la « planète blog ».

### QUEL INTÉRÊT D'EN FAIRE UN ?

En fait, tout dépend de ce que tu désires. Le blog t'apporte une visibilité et une audience quasi illimitées. À toi d'en tirer le meilleur parti ! Un blog peut te servir à faire connaître ton groupe de musique, à défendre une cause qui te tient à cœur, à tenir tes amis au courant de ton périple si tu pars en voyage, à rencontrer des amis virtuels et chatter ensemble de votre passion commune, etc. Les seules restrictions sont ton imagination… et ta motivation ! Car il faut s'astreindre à « poster » régulièrement pour faire vivre ton blog et continuer à attirer du monde… C'est toute la limite du phénomène : il y a assez peu de blogs qui présentent un réel intérêt. Ainsi, il pourrait y avoir assez vite davantage de bloggeurs que de lecteurs. Cherche l'erreur.

### LES PRÉCAUTIONS À PRENDRE

Enfin, comme toujours avec le web, il y a, en contrepartie des formidables possibilités qu'il offre, quelques précautions à prendre. Sache, par exemple, qu'il est interdit de publier un texte injurieux, des photos ou vidéos dégradantes d'une personne, sous peine de poursuites judiciaires. Et ne compte pas sur Internet pour dissimuler ta véritable identité, car on peut aujourd'hui parfaitement retrouver qui que ce soit, même derrière une armée de pseudos. Méfie-toi aussi des autres et réfléchis à deux fois avant de rencontrer « pour de vrai » un bloggeur ou une bloggeuse. Derrière les pseudos et les posts, tu ne peux pas savoir qui se cache réellement.

**LE MOT**

**Le mot « blog » vient de la contraction de « web[1] » et de « login[2] ». Il signifie « carnet virtuel ».**

**1. Signifie « réseau ».**
**2. Signifie « se connecter ».**

VOIR AUSSI Internet

# CADEAUX (COMMENT FAIRE PLAISIR À UNE FILLE)

**S'il est un domaine où filles et garçons ne vivent pas sur la même longueur d'onde, c'est bien celui du cadeau. Ça n'est pourtant pas si compliqué… même s'il y a quelques « trucs » à savoir.**

### OFFRIR, C'EST MONTRER SES SENTIMENTS

Avant de te torturer l'esprit pour savoir quoi offrir, dis-toi d'abord qu'offrir c'est dire. En clair, avant d'envisager le moindre présent à une fille, pose-toi la question de ce que tu as envie de lui signifier par ce geste. Ton cadeau sera donc différent selon que vous êtes amis, amoureux, en « phase de séduction », ou tout simplement camarades de classe. Exemple évident : tu n'offriras pas à Nadia, ta voisine en cours anglais, un bouquet de roses rouges simplement parce que c'est son anniversaire…

### PEU IMPORTE LA VALEUR

Contrairement à ce que tu crois peut-être, même si les filles sont généralement coquettes, couvrir sa bien-aimée de bijoux façon sapin en décembre n'est pas le meilleur moyen de lui faire plaisir. Et pas la peine non plus de te ruiner pour montrer à la belle Priscilla que, depuis que vous vous êtes rencontrés, tu vis sur un nuage ! Le plus important est de t'impliquer dans le choix de ton cadeau et de montrer que tu la connais bien. Qu'aime-t-elle ? Quels sont ses centres d'intérêt ? À quoi rêve-t-elle ? Est-elle sensible aux présents « romantiques » ? Que faire pour la surprendre ? Voilà les questions à te poser pour déterminer LE cadeau qui saura la ravir. En outre, il montrera que tu t'es réellement « mouillé » dans le choix. Et ça, ça n'a pas de prix.

### CE QUI FAIT PLAISIR

**Les fleurs.**

À manier avec précaution. Même si toutes les filles adorent qu'on leur en offre, sache que ce cadeau n'est pas aussi évident que cela à « manier ». Il peut paraître un peu facile, voire impersonnel. En fait, c'est LE cadeau typique, celui qu'il faut offrir sans occasion, juste comme ça. Valeur sûre pour les amoureux, fous de passion ou en devenir : le bouquet de roses rouges.

# CADEAUX (COMMENT FAIRE PLAISIR À UNE FILLE)

C

**LE TRUC QUI MARCHE**
**S'il y a quelque chose d'infaillible en cette « science du cadeau », c'est la surprise. Les filles adorent qu'on les surprenne ! Un dîner pique-nique dans un lieu insolite, une balade d'une journée dans un endroit romantique assortis de quelques fleurs peuvent être de très bonnes idées.**

**LA COMPILATION MUSICALE.**
Bonne idée : c'est un cadeau ultrapersonnel et qui montre que tu y as réfléchi. Choisis des morceaux que vous aimez tous les deux, des chansons romantiques, des titres sur lesquels vous avez des souvenirs communs. Mais attention, ne verse pas pour autant dans la « compil » de slows sirupeux en t'imaginant qu'elle va craquer ! Une chanson sur laquelle vous vous êtes bien amusés a tout autant de chances de faire mouche.

**LE DÎNER.**
C'est presque le *must*... Parce que c'est un cadeau que tu auras concocté de tes mains, parce que c'est quelque chose à quoi tu auras consacré beaucoup de temps... et parce qu'un garçon qui cuisine pour celle qu'il aime c'est terriblement romantique et sexy ! Pour des conseils culinaires, consulte l'entrée « Menu ».

**LES VÊTEMENTS ET LES BIJOUX.**
Attention cadeaux pièges ! Même si tu es sûr qu'une jolie jupe ou qu'un beau pendentif lui fera plaisir, tu te heurtes ici à deux risques majeurs : la taille et le goût. Toi, tu aimes, mais ce n'est peut-être pas son cas. Si tu persistes, fais-toi aider par l'une de ses copines ou entraîne-la, mine de rien, devant la vitrine...

**LES CRÉATIONS PERSONNELLES.**
Tableau, dessin, peinture, chanson, poème et autres preuves d'amour « artistiques » ont aussi de bonnes chances de plaire. Et là, pas de limites ! C'est toi qui crées le cadeau, et donc ce que tu veux qu'il signifie.

VOIR AUSSI **Menu rapide pour épater une fille, Romantique**

# CAFARD

**Il fait partie des désagréments liés à l'adolescence. Quelques trucs pour faire avec.**

### ZÉRO MOTIVATION

Après une rupture un peu difficile, une dispute avec tes parents ou tout simplement à la fin d'un super week-end passé en compagnie de tes copains, quand tu te retrouves seul, tout à coup, tu peux te sentir envahi par un sentiment de vide... Désespérément, tu traînes les pieds, tu te sens incapable de te lancer dans quelque activité que ce soit, tu n'as envie de parler à personne et tu peux même avoir envie de pleurer. Ne t'inquiète pas, c'est normal et ça n'a rien à voir avec la dépression. Celle-ci dure plus longtemps et se manifeste de façon beaucoup plus dure que le simple « coup de blues ».

### DOMPTER LA BÊTE

Comme il est impossible d'y échapper et que tout le monde connaît un jour ou l'autre des coups de cafard, il vaut mieux t'y préparer et tenter de l'amadouer... Essaie de trouver une activité qui te détende et ne te sollicite pas trop : DVD, mangas, livres, etc. Le but est d'occuper, vite, bien et sans efforts, ton cerveau assombri.

AUSSI VOIR AUSSI Dépression, Pleurer

**LE CYCLE DU CAFARD**

**Quand il te tombe dessus, le cafard balaie tout sur son passage et tu as du mal à voir le bout du tunnel. C'est la phase « pendant ». Trois ou quatre jours plus tard, alors que ton désespoir s'est envolé, souviens-toi de ce noir que tu as broyé précédemment. Tu en souriras. C'est la phase « après ». La prochaine fois qu'il arrive, essaie de penser à ce cycle « pendant-après ». Cela te permettra de relativiser et de mieux accepter ton cafard.**

**Comme l'ecstasy, la cocaïne, le crack et l'héroïne, le cannabis est une drogue. Point. Et si son appellation de « drogue douce » te fait croire qu'elle n'est pas si dangereuse que cela, tu te trompes. Les joints, c'est très loin d'être anodin.**

### UNE BANALISATION DANGEREUSE

Le cannabis est la drogue la plus consommée par les adolescents. Elle peut être vendue sous forme de résine – en barrettes – (c'est ce que l'on appelle le « shit ») ou sous forme d'herbe (c'est ce que l'on appelle la « beuh » ou la « weed »). La première prise a souvent lieu lors d'une soirée, d'une fête, en tout cas dans un contexte plutôt sympa qui lui ôte son côté malsain. D'ailleurs, c'est souvent entre copains que l'on s'initie et, dans la plupart des cas, si quelqu'un te propose d'en consommer, il y a de grandes chances pour que ce soit un ami assez proche. Du coup, dans l'esprit de beaucoup de consommateurs, le cannabis n'est pas vraiment une drogue, mais plutôt un produit banal... Cette image « cool » facilite sa diffusion et incite de plus en plus de jeunes (garçons et filles) à en consommer régulièrement.

**LES AUTRES DROGUES**
**Le cannabis n'est pas la seule drogue consommée en masse par les jeunes. L'ecstasy, la kétamine, la MDMA et toutes les drogues que l'on trouve beaucoup en marge des grands rassemblements techno sont encore plus dangereuses pour la santé ! À noter que la cocaïne gagne du terrain depuis quelques années... Reste TRÈS vigilant.**

### UNE DROGUE PAS SI DOUCE

Pourtant, cette appellation de « drogue douce » (celle qui porte à croire que le cannabis « n'est-pas-si-dangereux-que-cela ») est carrément usurpée ou, en tout cas, elle dirige à tort l'attention sur le mot « douce » et on en oublie le mot « drogue ». Le TétraHydroCannabinol (THC), la substance active du cannabis, provoque une série d'effets qui vont bien au-delà de la simple sensation de « planer ». Annihilation durable de la volonté, problèmes de mémoire et de concentration, perte des repères et mollesse générale sont les conséquences réelles fréquentes, et néfastes, de la consommation de cannabis. Très vite les difficultés scolaires surgissent puis s'installent, suivies de l'isolement social...

### VERS LA DÉPENDANCE

Bien sûr, la dépendance au « shit » n'est bien souvent que psychologique. Ce qui n'empêche qu'elle peut être tout aussi grave que la dépendance physiologique. À ce titre le signal d'alarme est à repérer quand le fumeur ne fréquente plus que des « copains-de-pétard » et autres dealers. Là, il faut considérer qu'il est drogué. Une fois accro au cannabis, il est difficile de s'en passer et le joint devient le seul moyen accessible pour fuir ses problèmes... Si toi ou quelqu'un de ton entourage se trouve dans cette impasse, alerte un adulte dont c'est le métier : médecin, psychiatre, infirmière scolaire, etc.

# CANON

**Chaque fois qu'elle apparaît en public, tes copains et toi suspendez votre souffle une poignée de secondes ; chacun de vous ne peut s'empêcher de penser : « Pfffff... qu'elle est belle ! » Inaccessible ? Pas forcément. Pourquoi et comment s'y prendre avec le summum de la beauté.**

### LA BEAUTÉ INCARNÉE

Et c'est vrai qu'elle l'est... c'est un peu le top model à l'échelle de ton lycée. À côté d'elle, les autres filles semblent bien pâlottes, tellement elle est parfaite. D'ailleurs, certaines d'entre elles peinent à masquer leur jalousie. D'autant que, pour rayonner, le canon n'a pas besoin d'en faire des tonnes et de se couvrir de maquillage. Non, elle est la beauté naturelle... et c'est ça qui fait d'elle un canon, justement. Un peu comme si elle sortait des pages d'un magazine de mode.

### INACCESSIBLE

D'ailleurs, comme les mannequins, les vrais, elle peut te sembler un peu – ou beaucoup – « au-dessus de tes moyens »... C'est vrai, elle est si parfaite que, lorsque tu te regardes dans un miroir, tu peux parfois en arriver à te demander si vous venez bien de la même planète ! Un sentiment qui t'empêche d'ailleurs de penser à une éventuelle relation amoureuse avec elle... même si tu en crèves d'envie.

### UNE FILLE COMME LES AUTRES

Pourtant, malgré tout et même si ça ne saute pas aux yeux, elle est une fille comme les autres ! Et son enveloppe supracharnelle si parfaite ne doit pas te faire oublier que, comme chacun, elle a ses petits défauts et ses gros problèmes. D'ailleurs, il est presque sûr que cette beauté qui impressionne tout le monde joue parfois en sa défaveur... Jalousée par certaines, considérée comme un objet de désir par d'autres, être un canon n'est sûrement pas tous les jours une partie de plaisir... Alors, vas-y : ose l'aborder, naturellement et simplement, elle te le rendra certainement sur le même ton... voire plus si affinités. Y croire, c'est déjà ne pas bégayer. Et c'est plus facile pour l'intimité.



VOIR AUSSI Fille idéale

# CASQUETTE ET AUTRES COUVRE-CHEFS

C

**Casquette, chapeau, bob et autres bonnets sont un peu la cerise sur le gâteau question look. Des petits « plus », bien pratiques, dont il faut parfois savoir se séparer...**

Autrefois, le monde des couvre-chefs se divisait en deux catégories : les utiles et les sociaux. Les premiers (casquette et bonnet) étaient destinés à protéger le crâne des intempéries. Les seconds (feutre mou, haut-de-forme, chapeau melon) indiquaient le rang social de celui qui les portait. Aujourd'hui, rares sont ceux qui portent le chapeau, mais casquette et bonnet ont pris leur revanche : ils sont devenus des accessoires de mode.

### UN RIEN QUI CHANGE TOUT

La preuve : dans les pages de mode des magazines, les créateurs les accommodent à toutes les sauces. Ainsi, avec une veste de costume et un jean, une casquette de type « *mesh-cap* » (terme anglais qui désigne ces casquettes dont la partie arrière est faite d'un « grillage » en plastique) te donnera l'air d'un DJ en partance pour Tokyo ! Le bon vieux modèle de casquette bien *frenchy* (du type Kangol), lui, s'accommode aussi bien du jogging *flashy* pour un look *hip-hop new school*, que du jean serré et des rangers inusables pour un look de punk rocker ! Tu suis ?

### SAVOIR L'ENLEVER

Mais si la mode avance chaque année un peu plus vite (et tu n'es pas obligé de t'y plier), il n'en est pas de même pour les traditions et les bonnes manières... Alors, pour éviter de t'attirer les foudres du prof chaque fois qu'il entre en classe ou le regard noir de tes grands-parents quand tu dînes avec eux, fais donc un petit effort et ôte ton couvre-chef. Question de respect et de bienséance (mot oublié pas inutile auprès des grands-mères et... des filles !). En outre, ce petit geste t'évitera remarques désobligeantes et mise à mal de ton image ! Car, si tu y réfléchis bien, tes profs et tes grands-parents sont très très loin d'être des experts stylistes...

# CHAGRIN D'AMOUR

C

**Quand l'amour est là on se sent pousser des ailes. Mais quand il disparaît, la chute peut être brutale…**

### UNE NORMALITÉ CACHÉE

Que l'on quitte quelqu'un ou que l'on soit quitté, la fin d'une histoire d'amour est toujours un moment difficile à surmonter. Surtout quand il s'agit de la première fois ; mais pas seulement. On se sent si seul que l'on croit que sa douleur est unique… À tort car, pour tous, le chagrin d'amour est une épreuve, même si assez rares sont les garçons qui acceptent d'en parler et de montrer leur peine. Par fierté ou par honte, beaucoup préfèrent garder pour eux leur chagrin et trouver seuls le chemin de la guérison. Comme s'il était anormal qu'un homme puisse souffrir d'une rupture amoureuse… C'est l'inverse qui serait étonnant ! Alors rassure-toi : tu es (très) loin d'être le seul à passer par là. C'est normal de souffrir quand on a aimé, quand on a beaucoup donné et que ce que l'on a vécu nous a transformé.

### UNE SOLITUDE (PRESQUE) SANS FIN

« Un seul être vous manque et tout est dépeuplé », écrivait justement le poète Alfred de Musset qui en savait beaucoup à ce sujet. Un peu comme si on te coupait en deux… Le vide est insupportable. Surtout quand on n'en parle à personne. On se referme peu à peu en se disant que ça va passer, mais, vicieux comme pas deux, le temps semble s'arrêter sur cette douleur qui n'en finit pas. C'est la traversée du désert. Un désert où les gens qui t'entourent habituellement, pourtant toujours là, semblent si déconnectés de ce que tu es en train de vivre, que tu ne les vois pas et te sens incompris. Concrètement, tu tournes en rond en broyant des idées noires…

### DU TEMPS

… jusqu'au jour où, à la faveur d'une soirée entre copains, d'un concert, d'un après-midi de skate, tu commenceras à reprendre goût à tout ce que tu aimais auparavant. Peu à peu tu finiras par accepter de tourner la page, aidé par le temps qui accepte de filer, et tes amis, soutiens fervents. En dépit

de leurs efforts, il se peut parfois que tu aies énormément de mal à passer à autre chose ; là encore, c'est normal, car il est difficile d'accepter de perdre. Je pourrais terminer cette entrée en écrivant que tu y gagneras probablement en maturité, mais tu serais sans doute, à juste titre, révolté. Même si, souvent, cela se révélera exact.

VOIR AUSSI Cafard, Pleurer, Quitter

# CHAMBRE

**Ta chambre, c'est un peu ton mini-royaume, un endroit à toi qui, probablement, te ressemble, qui, idéalement, préserve ton intimité, mais surtout où tu dois te sentir bien ! Droits et devoirs.**

### TA CHAMBRE

Elle est comme une propriété privée (en riquiqui) qui t'appartiendrait. Un endroit où tu peux te détendre après une dure journée de cours, passer du temps seul et travailler concentré. Génial ? Oui... Mais c'est à toi de faire comprendre à ton entourage que tu en es digne... Côté droit, n'hésite pas à formuler certains principes : « on » frappe avant d'entrer, « on » ne fouille pas dans les tiroirs, « on » ne jette rien sans ta permission, « on » n'en refait pas la tapisserie quand tu pars en week-end, etc. Bref : c'est ton territoire ! À noter que le raisonnement fonctionne aussi pour une portion de chambre (lit superposé, bureau, tiroir...).

### TON MÉNAGE !

Posséder son espace, c'est en prendre soin, voilà le moindre de tes devoirs... Alors, pour ne pas transformer en moins de deux semaines ton royaume en hôtels pour bactéries, poussières, vieux restes de pizzas et autres charmants colocataires, instaure quelques règles qui te permettront de faire le ménage... sans avoir l'impression de le faire. En plus, tu t'y sentiras mieux. (voir encadré ci-contre.)

### TA DÉCO

Si tu as la chance de posséder une chambre rien qu'à toi, rien ne t'empêche de jouer les architectes d'intérieur et de réin-

venter l'espace qui t'est octroyé (avec l'accord de tes parents, bien sûr) ! L'essentiel est d'aménager un lieu où tu te sentes le mieux possible. Veille à observer quelques règles de base comme : ne pas coller ton lit au chauffage, laisser assez de place pour circuler, placer ton ordinateur (si tu en as un), ta télévision ou ta hi-fi le plus loin possible du lit...

Et si tu dois partager ta chambre avec un frère ou une sœur, pourquoi ne pas créer une petite séparation entre vos deux espaces à l'aide d'une étagère ou d'un rideau ?

**CINQ MINUTES DE MÉNAGE PAR JOUR**

- **Place chaque vêtement sale dans le panier prévu à cet effet chaque fois que c'est nécessaire.** Temps estimé : moins d'une minute.
- **Mets à la poubelle tous tes restes de grignotage au fur et à mesure.** Temps estimé : moins d'une minute.
- **Passe l'aspirateur une fois par semaine.** Temps estimé : 10 minutes maximum. (Davantage, c'est que tu habites le château de Versailles.)
- **Ouvre ta fenêtre et aère tes draps chaque matin.** Temps estimé : moins d'une minute.
- **Chaque semaine range tout ce qui doit l'être (bureau, disques, magazines, DVD, BD, livres...).** Temps estimé : 15 minutes maximum.
- **Tous les 15 jours, dépoussière tes étagères, ton bureau, ta hi-fi, etc.** Temps estimé : moins de 15 minutes.

Total hebdomadaire : 36 minutes, soit 5 minutes par jour.

# CHEVEUX ET COIFFURE

C

**Pour faire le point sur l'entretien et la coiffure de ta tignasse.**

### COMMENT EN PRENDRE SOIN ?

Quelle que soit la coiffure que tu souhaites adopter, il est absolument nécessaire avant toute application de gel, laque ou autre fixateur béton, que tes cheveux soient en bonne santé, sous peine de les voir tomber et se raréfier en un temps record. Évite les shampoings trop fréquents et contente-toi de les laver deux à trois fois par semaine. Si, malgré tout, tu es obligé de les laver quotidiennement (si tu travailles dans un fast-food, par exemple), choisis un shampoing adapté « pour usage fréquent ».

Ensuite, détermine ta nature de cheveux afin de choisir un shampoing adapté. Qu'ils soient gras, secs ou normaux, il en existe forcément un qui t'ira. N'hésite pas à demander conseil à une copine ou à ta mère pour être sûr de ne pas te tromper... Les filles sont bien plus douées que nous pour ce genre de chose. Après chaque shampoing, rince-toi abondamment les cheveux à l'eau chaude pour éliminer les résidus et (si tu en as le courage) termine par un rinçage à l'eau froide. Cela va permettre aux écailles qui constituent tes tifs de se « refermer » et de mieux les protéger des poussières et de la pollution toute la journée.

**ATTENTION AUX GELS !**

Bien entretenus, tes cheveux seront plus faciles à coiffer. Mais si tu souhaites une coiffure un peu excentrique, type manga punkoïde, ou un style plus sage genre « plaquage intégral », tu vas devoir les discipliner un peu. Pour cela, il existe sur le marché de nombreux produits plus ou moins adaptés à chaque style de coiffure. Parmi eux, les plus connus et aussi les plus utilisés par les garçons sont les gels. Il faut pourtant être prudent et éviter ceux à base de silicone, qui enferment le cheveu dans une gaine étanche qui l'empêche de respirer. Préfère-leur les cires et autres pâtes à base d'argile sèche, moins grasses, plus résistantes et invisibles. Un seul inconvénient : elles sont aussi beaucoup plus chères.

**LES CHEVEUX LONGS**

Si tu décides de laisser pousser tes cheveux, sois patient : cela va être assez long avant de pouvoir jouer les rock stars en secouant la tête en tous sens ! Les cheveux ne poussent que d'un centimètre par mois en moyenne… Ensuite le rituel shampoing, après-shampoing, démêlant, et brossage sera presque quotidien. Il faut b(r)osser pour être beau !

**LES DREADLOCKS**

Adopter le style *rude boy*[1] est presque un sacerdoce capillaire ! De la confection à l'entretien, jusqu'au rasage final (il faudra en passer par là pour t'en débarrasser et retrouver une chevelure digne de ce nom…), les dreads, c'est presque un boulot à plein temps ! Il existe de multiples recettes pour te les faire toi-même, mais le plus sage est de demander de l'aide à un coiffeur afro qui te donnera les conseils adaptés pour avoir l'air d'un vrai rasta !

1. Les *rude boys* sont les « mauvais garçons », dans la culture rasta.

# CITOYEN

**Même si tu dois attendre d'être majeur pour voter, il y a mille façons de te sentir citoyen avant 18 ans.**

### C'EST QUOI, ÊTRE CITOYEN ?

Pour le dictionnaire, la définition est simple. « Citoyen : membre d'une communauté politique organisée. » Nous sommes tous des citoyens, donc. Pour autant, il y a une différence entre être citoyen, de fait, et se sentir citoyen. En d'autres termes, on a le choix entre être un citoyen passif ou un citoyen actif.

### S'ENGAGER...

Concrètement et si tu le souhaites, tu peux agir en tant que citoyen dans tous les domaines de ta vie de jeune homme. Au lycée, être délégué de classe, membre d'un syndicat ou représentant des élèves au conseil d'administration est un acte citoyen. Pourquoi ? Parce que tu représentes les autres et que tu participes à la vie de l'établissement. Tu peux aussi faire partie d'une association. Qu'il s'agisse d'écologie quand tu nettoies une rivière (WWF, Greenpeace, associations locales...), de social si tu t'engages pour aider les autres (Croix-Rouge, Restos du cœur...), ou de défense des droits de l'homme (Amnesty International...), il y a mille manières de te rendre utile et d'exercer tes droits de citoyen en attendant la majorité.

### ... MAIS PAS SEULEMENT

Mais tu n'as pas nécessairement besoin de faire partie d'une association ou d'un syndicat pour agir en citoyen. Œuvrer pour la protection de l'environnement en éteignant le plus possible les lumières, ou pratiquer le tri sélectif des déchets, c'est aussi ça la citoyenneté ; tout autant que se montrer à l'écoute des autres, les respecter et faire preuve de savoir-être... Bref, être un homme, quoi...

# COINCÉ

# C

**Un peu comme l'intello et le puceau, le coincé fait partie de cette catégorie de garçons souvent rejetés par leurs pairs... Une situation injuste que l'on ne doit pas accepter avec résignation.**

Tu ne sais pas vraiment quand, pourquoi, ni comment cela a commencé, mais une chose est sûre : l'étiquette de « coincé » qu'on t'a collée est aussi tenace qu'un chewing-gum sous une table de classe. « Coincé »... qu'est-ce que cela veut dire exactement ? Que ton comportement n'est pas au goût de tes amis ? Que ton look est un peu trop classique à leurs yeux ?

### UNE ÉTIQUETTE SUPER GLU

Si ce supposé manque de « coolitude » ne te dérange pas, tu n'as aucun souci à te faire ! Après tout, chacun fait ce qu'il peut et si tes camarades ne te trouvent pas assez bien pour eux, cela les regarde ! L'important est que, toi, tu te sentes bien. À l'inverse, il est possible que tu souffres vraiment de ce jugement difficile à assumer, et bien malgré toi ! Tu te sens certainement toujours un peu à l'écart et ça fait souffrir...

### QUE FAIRE ?

Essaie de comprendre pourquoi les autres posent ce regard sur toi... Y a-t-il une part de vrai ? Te sens-tu différent des autres ? S'il s'agit juste d'une affaire de look, dis-toi que ce n'est pas si grave et explique posément à tes pairs que tu te sens mal à cause de cette dénomination. Mais n'hésite pas à être plus offensif si les brimades persistent ! Ton image de « coincé » a des chances de se briser plus facilement si tu ne te laisses pas faire.

Si tu crois te rendre compte qu'effectivement tu aurais besoin d'un petit relooking, n'hésite pas (si tu en as les moyens) à faire évoluer ton look peu à peu – les filles sont de bon conseil pour ça. Si tu n'en as pas les moyens financiers, explique à tes parents ton problème et, avec leur accord, mets-toi au système D (troc, friperie, eBay, etc.). Tu n'as pas forcément besoin de tout racheter ! Attention, d'ailleurs : ne change pas radicalement de personnalité et évite de jouer un rôle dans le seul but qu'on te laisse tranquille. Commence doucement : un peu plus d'assurance affichée, quelques sourires moins crispés, et déjà tu te sentiras mieux.

# COLLÈGE ET LYCÉE

C

**Étant donné que tu y passes le plus clair de ton temps et que tu n'es pas près de le quitter, autant que tu t'y sentes bien, non ?**

### ASSURER SUR DEUX FRONTS

Tu l'as bien compris, depuis que tu es tout petit, l'école a une double fonction : t'instruire et t'apprendre la vie en société. Cela va du respect des règles de vie de l'établissement, de tes camarades, de l'autorité des professeurs, au respect de toi-même, en passant par le fait de trouver sa place dans un groupe. Là, le parcours est initiatique, semé d'embûches, d'autant qu'il n'y a aucun cours en la matière !

### PRENDRE SES MARQUES

C'est d'ailleurs bien plus souvent cet environnement que les cours en eux-mêmes, qui sont la cause des angoisses scolaires... On ne se sent pas bien dans l'établissement, on y a vécu un traumatisme, une agression, etc. Sans aller jusqu'à de tels extrêmes, il peut arriver que tu aies du mal à t'adapter à un nouveau collège ou lycée. Tu peux trouver les bâtiments labyrinthiques, être impressionné par le monde ou te sentir perdu, cela arrive et ce n'est pas une honte. Dans ce cas, la meilleure solution est de trouver un lieu tranquille pour t'installer (pour lire, écouter de la musique, etc.) le temps que tu t'habitues. Une fois rassuré, à toi les balades dans les couloirs sans fin.

**QUAND ÇA VA VRAIMENT MAL**

**Si malgré tous tes efforts, tu souffres d'une réelle angoisse un peu plus prégnante chaque jour, va en parler au plus vite à un adulte (prof, infirmière...). Ils pourront t'aider et peut-être trouver la cause de ce mal qui t'empêche d'être bien dans ton école, où, aussi, ton avenir est en jeu.**

### S'OUVRIR AUX AUTRES

Un bon moyen de se sentir bien dans son collège ou son lycée est de participer aux activités parascolaires qui y sont proposées. Sans compter que sport, informatique, jeux, théâtre, associations seront utiles si tu sens que, socialement, ça ne va pas très fort. Ne laisse pas le malaise s'installer ; va t'investir et communiquer. Moyen et but à la fois : il s'agit de t'affirmer.

AUSSI VOIR AUSSI **Organisation, Violence**

# C

## COMPLEXES

**Être complexé par sa (mini)taille, son (maxi)nez ou ses (multi)poils, tout le monde en fait les frais un jour ou l'autre. C'est normal. Mais quand le complexe t'empoisonne la vie, là, il faut réagir !**

### LE COMPLEXE DU HOMARD

Comme ce crustacé, tu changes de carapace et l'image que tu as de toi-même est floue (à juste titre) pendant quelque temps : c'est l'adolescence. C'est aussi la période pendant laquelle l'attirance pour l'autre se fait de plus en plus forte et où le physique, le corps et l'apparence prennent une importance inégalée. Pas étonnant alors de se sentir parfois un peu mal à l'aise dans cette nouvelle enveloppe. L'ancienne était tellement plus douillette… puisque tu t'en fichais.

### LE DÉTAIL QUI TUE

Le nez collé au miroir, l'exigence en étendard, il est facile de développer un complexe. Et pas besoin du regard ou des moqueries des autres pour se créer son petit mal-être. Bien souvent il s'agit d'ailleurs d'un détail que l'on est le seul à remarquer.

### Y REMÉDIER OU VIVRE AVEC

Parmi tous les petits défauts qui sont susceptibles de te complexer, il y a deux catégories : les résorbables et les tenaces. Les premiers trouvent leur remède assez facilement : on peut recoller des oreilles ou traiter une acné ravageuse… Les seconds sont plus délicats car la médecine ne peut rien contre eux et, pour les combattre, tu vas devoir t'armer de patience. Heureusement, tu détiens la seule arme qui peut les éliminer : toi !

### UN VRAI DUEL PSYCHOLOGIQUE

Pour venir à bout de ton complexe, commence par faire le point sur sa « nature » exacte : t'oblige-t-il à changer ton comportement ? T'empêche-t-il de faire ce que tu aimes ? Y penses-tu souvent ? Essaie de comprendre comment ce détail a fini par prendre le contrôle de certains aspects de ton quotidien et interroge-toi : par exemple, cela vaut-il la peine d'arrêter ton sport préféré parce que tu te sens complexé dans les vestiaires ? Pense à questionner tel ou tel membre de ta famille ; les spécificités physiques sont souvent héréditaires et il y a fort à parier qu'un oncle ou un cousin a lui aussi dû faire avec sa (mini)taille, son (maxi)nez ou ses (multi)poils.

AUSSI VOIR AUSSI Adolescence, Handicap, Normal

**C'est grâce à elle que le monde tourne rond... Amitié, amour, travail, famille, la confiance est partout nécessaire et ceux qui n'arrivent pas à accorder la leur et obtenir celle des autres sont immobilisés telle une voiture sans essence. Où la trouver ?**

### LE CARBURANT DE LA VIE

Sans confiance, rien ne bouge. Impossible de se confier à un ami si l'on n'est pas sûr que ce dernier gardera notre secret pour lui. Impossible de laisser ton petit frère s'entraîner sur ta guitare si tu penses qu'il n'en prendra pas soin. Impossible aussi de supporter de voir ta petite amie sortir avec ses amies si tu n'as pas confiance en elle. Note que, dans ce cas-là, la confiance est la meilleure arme contre la jalousie.
Inversement, la confiance que les autres placent en nous donne confiance... en soi pour affronter les obstacles de la vie. Examens, compétitions, déclaration d'amour, ou tout simplement intégration au sein d'un groupe, sans confiance, la vie sociale n'est pas possible.

### AVOIR CONFIANCE EN SOI...

Pourtant, même s'ils sont convaincus de sa nécessité, beaucoup butent sur de petites épreuves, justement par manque de confiance. Alors quoi, c'est une histoire de gènes, de timidité ? En fait, ni l'un ni l'autre... Si tu es dans ce cas, sache que ce n'est pas si grave. Il faut juste (tout est dans le « juste ») que tu apprennes à te souvenir davantage de tes réussites que de tes échecs. N'hésite pas à noter les premières. Et répète-toi ceci : tu ne vaux pas moins qu'un autre ! Même le type que tu admires le plus se pose des questions et parfois se sent nul ! Tout le monde a ses propres modèles... même tes modèles !

### ... ET DANS LES AUTRES

Certains ont beaucoup de mal à accorder leur confiance aux autres. Parce qu'ils ont été trahis par le passé, parce qu'ils ont vécu un traumatisme, etc. C'est une situation difficile à vivre autant pour eux que pour leur entourage, car il leur faudra plus de temps pour avancer avec autrui et construire des relations durables.

À l'inverse, il se peut tout à fait que tu aies tendance à faire confiance très facilement ! Formulé ainsi, c'est plutôt positif, mais cela peut te jouer des tours... En fait, la plupart du temps, c'est parce que tu manques de confiance en toi. Si tu es dans ce cas, retourne au paragraphe précédent.

AUSSI VOIR AUSSI Jalousie

# CONFLITS AVEC LES PARENTS

**À l'adolescence, c'est bien connu, les relations avec les parents sont plutôt du genre explosif ! Petite mise en perspective, histoire d'essayer de les éviter.**

### *INDEPENDANCE DAYS*

Entre les cours, les copains, le sport ou la musique, depuis quelque temps tu passes davantage de temps hors de chez toi ; ton cercle de connaissances ne cesse de s'agrandir. C'est plutôt exaltant, mais voici le corollaire obligé : tes parents te semblent de moins en moins indispensables à ta vie. C'est le début d'une sorte de « séparation » symbolique, très logiquement source de conflits.

### INDÉPENDANCE DE VIE

Plus tu grandis, plus tu t'éloignes de tes géniteurs. C'est un fait social et psychologique, tout autant que ton envie de vouloir sortir toujours plus, et toujours plus tard. C'est normal, après tout, tes copains font pareil, et puis tu n'es plus un enfant ! Le problème est que tes parents ne sont pas du même avis que toi et semblent avoir un train de retard en ce qui concerne ta croissance... Pour eux, c'est comme si tu étais encore le petit garçon qui jouait sur la plage avec sa pelle et son seau.

### MODE D'EMPLOI : GÉRER LES CONFLITS AVEC SES PARENTS

Quand tu sens que le conflit va arriver, prends les devants et désamorce la bombe avec une phrase du genre : « Je n'ai pas envie que l'on se dispute, mais voilà je voudrais te dire que... »

***Cela montre que tu as conscience de la possibilité d'un conflit, mais que tu n'es pas enfermé dans ta logique, que tu es raisonnable.***

Quand tu t'opposes à tes parents et que votre conversation s'échauffe, garde ton calme et n'élève pas la voix.

***Là aussi, tes parents seront bien plus réceptifs à ce que tu veux leur dire si tu ne te mets pas à crier !***

Un discours structuré où tu appuies tes revendications ou tes opinions avec des arguments et des exemples fera bien plus d'effet que des claquements de porte et des hurlements...

***Un discours logique montre que tu es quelqu'un de réfléchi, ce qui incitera tes parents à te traiter en adulte.***

En cas de clash violent, réfléchis bien à ce que tu es en train de dire ! Ce sont tes parents et il y a certaines choses que tu ne dois pas te permettre.

***Cela s'appelle le respect, et reste une des meilleures choses pour prouver que tu as mûri.***

Enfin, si malgré tous tes efforts, votre dispute a viré à la rupture de dialogue, ne laisse pas les choses traîner et le froid s'installer entre eux et toi. Va les voir et enterrez ensemble la hache de guerre.

***Mettre son orgueil de côté est une chose assez peu répandue chez les homme... Faire preuve de cette qualité t'apportera, à coup sûr, la confiance, l'écoute et le respect de ton père, de ta mère... et des autres.***

Rappelle-leur et surtout prouve-leur que tu as bien l'âge que tu as... et le sens des responsabilités qui va avec.

### INDÉPENDANCE D'ESPRIT

L'adolescence est aussi le moment où tu découvres que tes parents ne détiennent pas la vérité et qu'il existe presque autant d'idées, d'opinions et de façons de faire que d'individus. Au fur et à mesure de tes rencontres et de tes expériences, il est logique de penser que, finalement, d'autres idées valent la peine d'être défendues. Confronter ces dernières avec celles de ses parents, en débattre, est quelque chose de tout à fait normal. C'est même grâce à cela que tu construis ta personnalité ! Attention quand même à ne pas transformer le débat constructif en combat destructeur...

AUSSI VOIR AUSSI Mère, Père, Sortir (le soir)

# CONTRACEPTION

C

**La contraception est l'ensemble des moyens employés pour éviter la procréation lors de rapports sexuels. Et c'est aussi ton affaire. Bref rappel.**

### UNE RESPONSABILITÉ PARTAGÉE

Faire l'amour est une décision que l'on prend à deux, et les responsabilités qui en découlent doivent être partagées… Au risque de t'étonner, la contraception est donc une affaire qui te regarde tout autant que ta partenaire ! Quels moyens utiliser ? Prend-elle la pilule ? Avez-vous des préservatifs ? Voilà les questions que tu dois te poser AVANT de passer à l'acte sous peine de vous retrouver plongés dans une situation inextricable…

### EN PARLER

Prendre conscience de ses responsabilités face à la contraception, c'est avant tout en parler avec ta copine. Que vous le fassiez juste avant de faire l'amour ou les jours précédents, peu importe : il faut juste que vous sachiez où vous allez… C'est peut-être quelque chose que tu imagines impossible à faire tant tu es gêné, mais dis-toi au contraire que le fait d'en avoir parlé vous permettra de faire de ce moment quelque chose d'intense et d'unique détaché de toute préoccupation susceptible de le gâcher. Sans compter que toute discussion sérieuse rapproche… et pas seulement les esprits.

### QUELS MOYENS UTILISER ?

Si ta partenaire a déjà fait l'amour, il y a de grandes chances pour qu'elle ait consulté un gynécologue et dispose d'un moyen de contraception. Le plus courant utilisé par les adolescentes est la pilule. C'est aussi le plus efficace de tous… très très loin devant le préservatif. Eh oui, fiable seulement à 97 %, le préservatif possède néanmoins l'énorme avantage d'être le SEUL contraceptif à protéger du Sida et des autres maladies sexuellement transmissibles (MST). La solution ? Utiliser les deux pour ne rien laisser au hasard et vous aimer sans risque…

ADRESSES UTILES

Voir p. 244
Fil Santé Jeunes
www.contraceptions.org

VOIR AUSSI Avortement, Préservatif

# CORPS : LE TIEN

# C

**À l'adolescence, on ne se sent pas toujours à l'aise dans son corps en mutation... Comment vite apprivoiser ton enveloppe dégingandée ?**

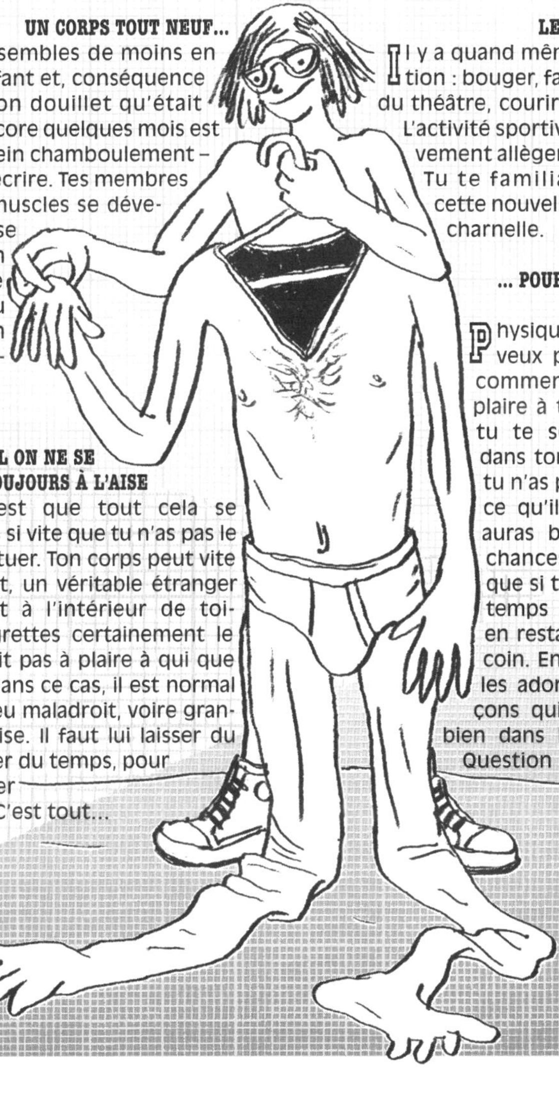

### UN CORPS TOUT NEUF...

Bien sûr, tu ressembles de moins en moins à un enfant et, conséquence chagrine, le cocon douillet qu'était ton corps il y a encore quelques mois est aujourd'hui en plein chamboulement – ça n'est rien de l'écrire. Tes membres s'allongent, tes muscles se développent à la vitesse de Superman en vol, tes épaules se forment, bref tu vas devenir un homme. En attendant, le mâle est incertain.

### ... DANS LEQUEL ON NE SE SENT PAS TOUJOURS À L'AISE

Le problème est que tout cela se déroule parfois si vite que tu n'as pas le temps de t'y habituer. Ton corps peut vite devenir un boulet, un véritable étranger qui t'enfermerait à l'intérieur de toi-même, et tu regrettes certainement le temps où il n'avait pas à plaire à qui que ce soit ! Si tu es dans ce cas, il est normal de te sentir un peu maladroit, voire grandement mal à l'aise. Il faut lui laisser du temps, et te laisser du temps, pour vous familiariser l'un avec l'autre. C'est tout...

### LE CONNAÎTRE...

Il y a quand même une solution : bouger, faire du sport, du théâtre, courir et t'étirer... L'activité sportive et le mouvement allègent ton corps. Tu te familiarises avec cette nouvelle enveloppe charnelle.

### ... POUR EN FAIRE UN ATOUT !

Physiquement, si tu veux plaire, il faut commencer par te plaire à toi-même. Si tu te sens à l'aise dans ton corps, que tu n'as pas honte de ce qu'il dégage, tu auras bien plus de chances de plaire que si tu passes ton temps à le cacher en restant dans ton coin. En plus, les filles adorent les garçons qui se sentent bien dans leur corps... Question de sensualité.

# CORPS : LE SIEN

**Parce que le corps de l'autre t'attire comme un aimant, tu n'attends qu'une chose : partir à sa découverte...**

### UN MONDE TENTANT...

Les garçons parlent tellement souvent du corps des filles qu'ils ont parfois l'impression de tout en connaître avant même d'avoir vécu la moindre expérience sexuelle. Pourtant, ton attirance même pour le corps de ta copine devrait suffire à prouver qu'il reste pour toi un mystère... Et quand vous vous retrouvez seuls en plein câlin, désir et excitation sont la conséquence de ce magnétisme de corps à corps.

### ... MAIS INCONNU

Car le sien n'a rien à voir avec le tien ! Plus doux, moins musculeux et naturellement tout en courbes, c'est une terre inconnue, une autre planète que tu vas pouvoir explorer. Comment sont ses jambes ? Ses fesses ? Son dos ? Et son ventre ? Quelle est son odeur ? Autant de questions qui te trottinent dans la tête et qui ne font qu'attiser plus encore ta soif de découverte. Normal, car, entre ce que tu as pu voir (dans les films) et ce qu'on a pu te dire (tes copains), tu verras, il y a un fossé qu'une première expérience sera loin de combler.

### À EXPLORER AVEC TACT

Un seul maître mot pour partir à la découverte de ce continent riche en sensations : douceur. Lorsque vous vous découvrirez mutuellement, prends le temps d'apprécier chaque recoin de son anatomie. Ne fonce pas. Et pour mieux apprécier le moment, garde tes cinq sens en éveil.

VOIR AUSSI **Amour (le faire), Désir et excitation, Annexes**

**Quand certains se moquent de ce qui ne serait qu'une légende, d'autres décrivent une sorte de cataclysme du cœur. Alors ?**

### MÉMOIRE EXACERBÉE

Comme un piano qui te tomberait sur la tête, le coup de foudre modifie la perception des choses d'une manière brutale et puissante. Surtout, on se souvient de tout. La soirée où tu l'as rencontrée prend une tournure inattendue, et toute ton attention est focalisée sur une chose : ELLE. Bref, tu es tombé amoureux au premier regard (« *Love at first sight* », disent les Anglais), et, secoué par l'imprévu de cette situation, tu es un peu désemparé.

### LES SYMPTÔMES

Pour ne pas confondre coup de foudre et attirance passagère, les météorologues sentimentaux ont dressé une liste des symptômes du coup de foudre :

- **importants troubles cardiaques ; le cœur a du mal à soutenir un rythme normal ;**
- **vague de bonheur suspecte et sourire complètement figé ;**
- **fort afflux sanguin au visage provoquant une coloration rouge caractéristique ;**
- **tremblement des membres supérieurs et difficultés à contrôler ses gestes ;**
- **dilatation perceptible des pupilles comparable à celle observée lors de l'absorption de stupéfiants ;**
- **perte de la notion du temps, due à l'obsession amoureuse.**

### REMÈDE ?

Il n'y en a pas 36, ni même 10 ou 3. Il faut te déclarer. Heureusement, le vrai coup de foudre est généralement réciproque. Sinon, on peut dire que tu as « flashé » ou que tu as été ébloui, c'est déjà fort. Le coup de foudre, lui, est exacerbé par la réaction – foudroyante aussi – de l'autre. Alors, laisse tomber le paratonnerre : fonce.

VOIR AUSSI Déclaration

# COUPLE

**Ça y est, ton rêve s'est réalisé : tu sors avec elle ! Du statut d'amoureux vous passez peu à peu à celui de couple, avec à la clé beaucoup de changements pas toujours simples à vivre. Comment les assumer ?**

### UNE NOUVELLE VIE

Tu n'es plus tout seul ! Sorties, activités, rendez-vous, soirées en tête à tête... Ton temps libre, c'est avec elle que tu le passes en priorité. Vous partagez un tas de choses, passez des heures à discuter et dévorer des DVD lovés dans le canapé du salon. Bref, ta vie a complètement changé, toi l'ex-ermite qui rêvassait dans ta chambre en écoutant tes disques favoris.

### UN EMPLOI DU TEMPS DE MINISTRE

C'est une période exaltante de découverte de l'autre et d'amour partagé, mais il se peut que, malgré les apparences, tu ne sois pas si comblé que cela. Car davantage de temps pour elle, cela signifie moins de temps pour toi. C'est mathématique. Du coup, tu vois moins tes copains, tu consacres moins de temps à tes passions.

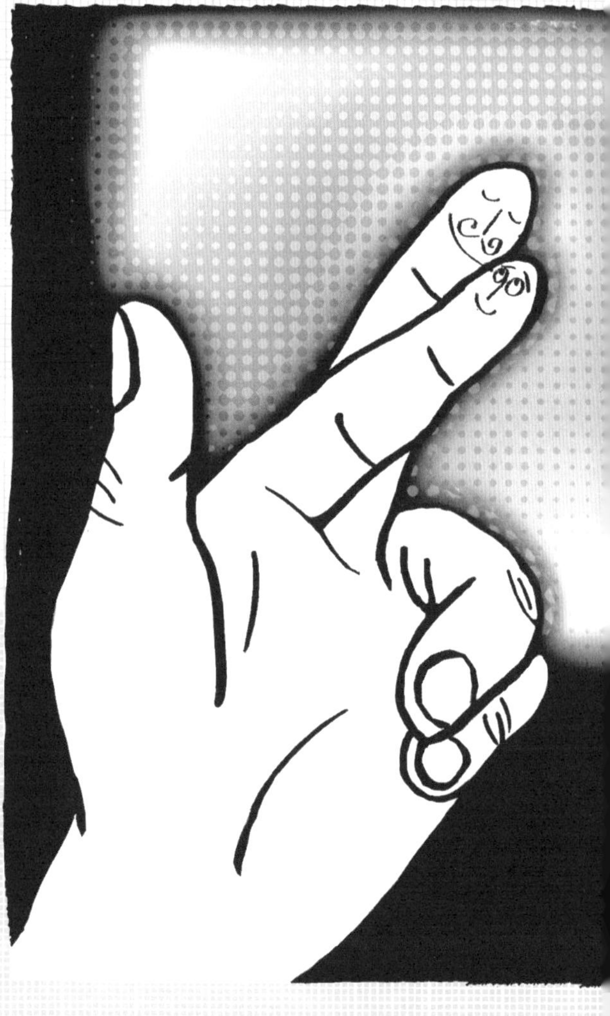

### LE PRIX À PAYER POUR S'AIMER ?

Tu ne t'étais peut-être pas imaginé tout cela au début de votre histoire, mais une fille a besoin de beaucoup d'attention, et donc de temps. Du coup, il est possible que tu te poses des questions sur votre relation, si c'est réellement ce que tu désires, si tu es vraiment heureux, si tu ne regrettes pas ta vie d'avant, etc. Surtout si tes copains te font remarquer tes absences ou qu'ils te trouvent « changé »...

### FAITES DES CONCESSIONS

Le mieux est évidemment de parler avec elle de tout cela. Si elle t'aime, elle saura te comprendre et accepter... À toi aussi d'écouter ses éventuelles peines ou ses nouveaux désirs. En économie amoureuse, ça s'appelle faire des concessions, et constitue le premier pas vers une vie de couple adulte.

**QUELQUES ACTIVITÉS À FAIRE À DEUX...**

- **Un baptême de sport extrême : parapente, parachute, saut à l'élastique, avion, deltaplane.**
- **Un week-end en amoureux : avec un peu de chance dans la maison qu'un membre de la famille vous aura prêtée.**
- **Un pique-nique dans un lieu romantique.**
- **Une nuit à la belle étoile.**
- **Quelques jours de camping.**
- **Une recette de cuisine.**

VOIR AUSSI **Menu rapide pour épater une fille**

C

# CRITIQUES & INJURES

**Les premières sont constructives, les secondes inadmissibles. Point commun ? Les deux ne font jamais plaisir à entendre et imposent une réaction de ta part.**

### DIFFICILE D'ACCEPTER...

C'est un fait, lorsque l'on te reproche une attitude ou un acte, cela ne te fait jamais plaisir. Surtout si cela vient d'un ami, d'un parent, bref, de quelqu'un à qui tu tiens... Et même si, au fond de toi, tu sais que cette personne a probablement raison, il n'est jamais facile d'admettre que l'on a mal agi ou que l'on s'est trompé.

### ... CE MAL POURTANT NÉCESSAIRE

Pourtant le rôle de ceux qui t'aiment est parfois de dire tout haut ce que d'autres pensent tout bas. Leurs critiques sont constructives et si leurs reproches à ton égard sont fondés, te le signifier indique, non pas qu'ils t'aiment moins ou plus du tout, mais, au contraire, qu'ils tiennent à toi... Même si cela te fait mal. Pour eux non plus, il n'a certainement pas été facile de te dire ces choses-là. Alors arme-toi de courage, regarde-toi en face et inverse les rôles si nécessaire.

### DU MAL, GRATUITEMENT

À l'inverse des critiques, les injures sont toujours gratuites et font mal ! D'ailleurs tu auras remarqué que les plus dures frappent aux endroits sensibles. Famille, origine, sexualité, physique, la grande majorité des injures s'appuient sur les fondements de ta personnalité et tentent de faire de toi quelqu'un de différent, d'anormal.

### COMMENT Y FAIRE FACE ?

Ne te laisse pas faire, même si, justement, c'est difficile. Lorsque quelqu'un t'injurie, évite de répondre par la même violence (verbale ou physique), cela n'arrangerait évidemment rien, au contraire. Si tu penses que c'est possible, tu peux aller voir, après coup, celui ou celle qui t'a agressé pour tenter une explication (calmement si possible). À noter que l'ignorer peut, dans un premier temps, être ultra-efficace... Sinon, n'hésite pas à en parler à un adulte. Il ne s'agit pas de rapporter mais de te défendre : ce n'est pas la même chose.

VOIR AUSSI **Agressivité, Humour, Non, Violence**

# D

**C'est toujours le grand dilemme : vaut-il mieux rester scotché au canapé toute une soirée au risque de s'ennuyer ferme – et de passer pour un mou de la basket – ou tenter le tout pour le tout et se jeter sur la piste quitte à être taxé de clown ? *To dance or not to dance…***

Évidemment qu'on préférerait danser ! Mais il faut l'avouer : en soirée, il n'est pas toujours facile de se lancer pour jouer les habitués du *dancefloor* – même sur son morceau préféré. D'ailleurs, si ça peut te rassurer, hormis les « vrais » danseurs, devant une piste qui s'anime on est tous pareils ; à ruminer en rythme : « Bon à la prochaine chanson, cette fois, j'y vais ! »

### CEUX QUI OSENT, CEUX QUI N'OSENT PAS

Nul besoin pourtant d'avoir 10 ans de hip-hop derrière soi pour enflammer la piste. Car, contrairement à ce que pense la majorité, il n'y a pas ceux qui savent danser d'un côté et ceux qui ne savent pas de l'autre. La réalité est plus basique : d'une part, il y a ceux qui osent, qui n'ont pas peur de jouer les danseurs de clip de r'n'b devant leurs copains…, d'autre part, il y a tous les autres : ceux qui n'osent pas – ou alors que du bout de leurs doigts de pied.

### RESTER NATUREL

Moralité : que tu sois le futur Kamel Ouali, que tu sautes partout genre pogo endiablé ou que tu en fasses des tonnes façon Michael Youn, il y a une chose que tu dois retenir : reste naturel et fais-toi plaisir. Quel intérêt y a-t-il à danser si ça ne te plaît pas ? Si tu n'es pas très à l'aise, tu peux t'entraîner tout seul chez toi, non pas à coordonner des pas ultra-durs, mais plutôt à trouver des gestes que tu ressens. En soirée, ensuite, lance-toi peu à peu, en te rappelant ces sensations-là et en ne pensant qu'à ça – surtout pas aux autres. Logiquement, si tu te sens bien sur la piste, ça va finir par se voir… Et les filles adorent les garçons qui savent bouger, ceux qui sortent de leur carapace… et de leur canapé.

### VAINCRE SA PEUR DU *DANCEFLOOR*

- **Range ta parano. Personne ne va rigoler dès que tu entreras sur la piste… N'oublie pas que ce sont tes A-M-I-S ! Et ils sont comme toi.**
- **Lève-toi de ce tabouret et va rejoindre tes copains pour discuter… Tu as déjà fait le plus dur : TU ES DEBOUT !**
- **Occupe tes mains. Un verre dans une main, l'autre qui marque le rythme, c'est un bon début.**
- **Lance-toi. Dès que tes amis entrent sur la piste, suis-les !**
- **Lâche-toi. Si tu assures le minimum syndical (pieds qui bougent et hochements de tête en rythme), tu vas vite prendre confiance en toi. Défoule-toi sur tes morceaux préférés !**

# DÉCLARATION

D

**Combien de fois as-tu imaginé le scénario parfait façon happy end hollywoodien avec baiser de cinéma et battements de cœur en Dolby Surround ?**

### RÉSOUDRE LE GRAND DILEMME

Des dizaines de fois sûrement... En l'imaginant on se donne du courage, car déclarer son amour à celle que l'on aime, c'est résoudre un problème autrement plus ardu et important qu'un problème d'algèbre ! C'est faire le choix de se mettre en danger, d'ouvrir son cœur à l'autre avec le risque qu'elle refuse de t'ouvrir le sien... C'est aussi risquer de voir définitivement anéantie cette histoire d'amour platonique que tu vis depuis quelque temps avec elle : rêves d'amour parfait et sentiments fougueux !

### BIEN PRENDRE SON ÉLAN...

Pour être sûr de ne pas se ramasser le râteau de l'année et passer les mois qui viennent à broyer du noir, il est essentiel de préparer un plan de bataille. D'abord, essaie d'analyser la situation. Vous voyez-vous souvent ? Quelle est la nature de vos relations ? Ressens-tu un certain rapprochement entre vous ? Vous arrive-t-il de vous retrouver seuls ? Y a-t-il des indices

qui indiquent que tu as tes chances ? En bref, dresse une sorte d'état des lieux pour pouvoir répondre aux deux questions suivantes : ai-je un minimum de chances ? Est-ce le bon moment ?

### ... PUIS SAUTER DANS LE VIDE !

Si tu lis ce paragraphe, c'est que probablement tu as répondu positivement aux deux questions précédentes. Maintenant, il faut décider de la manière de déclarer ta flamme. Tu as le choix entre deux options.

### 1) LA DÉCLARATION.

C'est le scénario que tu imagines avant de t'endormir. Tu la regardes intensément dans les yeux, le silence se fait autour de vous, tu es au bord de la crise d'apoplexie, mais tu arrives quand même à lui susurrer un très beau « Je t'aime »...

***Avantage :*** **c'est la solution la plus rapide qui te permettra d'être fixé très vite sur ton sort.**

***Inconvénient :*** **elle peut prendre peur, car ce n'est pas toujours facile de faire face à un tel événement quand on n'y est pas préparé !**

***Conseil :*** **à proscrire quand tu n'es sûr de rien ou que vous n'êtes pas intimes !**

### 2) L'APPROCHE FURTIVE.

Elle consiste en un rapprochement progressif de la cible. Tu t'arranges pour t'asseoir à côté d'elle en cours, vous vous retrouvez (totalement par hasard, bien sûr...) invités aux mêmes soirées, tu arrives à la faire rire de temps en temps et obtiens même son numéro de portable pour lui emprunter ses cours... Bref, tu laisses des indices qui montrent que tu t'intéresses à elle.

***Avantage :*** **avec zéro prise de risque, cette tactique te permet de la tester et de lui faire comprendre en douceur ton intérêt pour elle.**

***Inconvénient :*** **si elle ne réagit pas (ce qui est tout à fait possible si tu ne l'intéresses pas...), il va falloir passer à la vitesse supérieure et opter pour la solution n° 1...**

VOIR AUSSI
« Je t'aime », Lettre d'amour, Râteau, Séduire

# DÉLURÉE

**Comme l'allumeuse, beaucoup de filles la méprisent. Comme elle, beaucoup de garçons lui tournent autour… sauf qu'elle ne fait pas qu'allumer, justement. Portrait-robot et mode d'emploi.**

### LA MAUVAISE RÉPUTATION

Comme l'allumeuse (mais la ressemblance s'arrête là), la délurée occupe bien des sujets de conversation dans la cour ou en soirée. Parce qu'elle ne se comporte pas comme les autres filles avec les garçons, elle est hautement critiquée. Son crime ? Coucher avec beaucoup d'hommes différents… souvent. Elle assume son corps, ses envies, son plaisir ; elle collectionne les amants éphémères. Pas vraiment de quoi fouetter un chat, pourtant garçons et filles la méprisent, pour des raisons différentes en apparence, mais dans le fond parce qu'elle leur fait peur, à tous ! Quelqu'un qui assume ses choix fait toujours peur aux autres.
Quand, en plus, ces choix portent sur la sexualité, l'envie fait rage… Résultat : les filles détestent la délurée et le montrent, et les garçons en rêvent mais la traitent en objet sexuel…

**MODE D'EMPLOI**

**QUE FAIRE SI ELLE SE MONTRE TRÈS ENTREPRENANTE ?**

- **Tu peux repousser ses avances… évidemment.**
- **Tu peux accepter si tu en as envie, mais… en toute connaissance de cause. Ne fais pas l'étonné ou le jaloux si elle disparaît aussi vite qu'elle est venue.**
- **Si tu es amoureux, une solution : joue avec elle sur un autre terrain que le sexe (romantisme, tendresse, sincérité, etc.), pour lui montrer que tu la considères d'une manière différente des autres garçons.**

### UN FANTASME MASCULIN

Contrairement à ce qu'ils envisagent lors d'une relation sexuelle

VOIR AUSSI Allumeuse, Pratiques sexuelles

avec celle qu'ils aiment, les garçons pensent que, avec la délurée, « on peut tout faire ». Comme si l'amour et le respect pour l'aimée empêchaient de « se lâcher » sous la couette...

#### UNE FILLE QUAND MÊME !

Pas question que ce fantasme vienne influencer ton opinion sur la délurée. Après tout, elle assume à 100 % ses envies, et alors ? Lorsqu'on est un garçon, faire l'amour sans amour, souvent, avec des partenaires différentes ne choque (presque) personne. Pourquoi se l'interdirait-elle ? Alors, plutôt que de la juger (personne n'enquiquine les garçons sur leur volatilité sexuelle), n'oublie pas qu'elle est aussi une fille comme les autres.

# DÉMÉNAGER

D

**Si tu lis cette entrée, c'est sûrement que tu viens d'apprendre que ta famille et toi allez déménager. Dur de se dire que l'on va tout devoir laisser derrière soi pour reconstruire une nouvelle vie ailleurs…**

### FAIRE LE DEUIL DE SON ANCIENNE VIE…

Amis, collège, activités, cadre de vie, maison, quartier, habitudes, petite copine…, c'est toute ta vie qui va être chamboulée, suspendue, stoppée ! Un changement encore plus radical pour peu que ce soit la première fois que tu déménages, car tu risques d'avoir encore plus l'impression que l'on t'arrache à tes racines. Et puis si tu commençais à sortir beaucoup et à t'investir (en temps et personnellement) hors de ta famille, bref, si tu gagnais peu à peu ton indépendance, dans un premier temps, il est normal d'en vouloir à tes parents. Pourtant, sache que, s'ils ont pris une telle décision, c'est sûrement en toute connaissance de cause et en sachant pertinemment combien cela allait être dur pour toi…

### … POUR MIEUX APPRÉHENDER LA NOUVELLE !

Car, ici, il va falloir tout reconstruire et cela ne va pas se faire en deux mois ! Au début tu risques même de trouver cette nouvelle vie bien triste à côté de celle que tu menais avant. Mais rien ne t'empêche de t'inscrire dans un club local si tu es sportif ou de rejoindre un groupe de musique si cela te manque… Tu peux même prendre un nouveau départ et te lancer dans une nouvelle activité. Cela te fera obligatoirement rencontrer de nouveaux amis.

### GARDER LE CONTACT

Pour t'aider dans cette période difficile, si tes amis te manquent trop, tu peux leur écrire, les appeler ou chatter avec eux (vive MSN)… Ils sauront t'écouter et t'aider à passer ce dur moment. Mais attention, ne reste pas pour autant replié sur toi-même et tes souvenirs, tu risques d'avoir encore plus de mal à te faire à ta nouvelle vie. Car c'est désormais elle que tu dois privilégier. Le reste est du passé, aussi important fût-il.

**Plus redoutable qu'un collier de diamants, ton sourire peut faire office d'arme de séduction. Mais, pour que celle-ci soit efficace, une seule solution : prendre soin de tes dents !**

Ça paraît tout bête écrit comme ça, mais souviens-t'en toute ta vie : des dents mal entretenues sont un répulsif à filles aussi intense qu'une paire de baskets arôme reblochon. En outre, négliger son hygiène buccale est risqué. D'un point de vue médical, cela favorise l'apparition des caries avec, à la clé, la perspective de souffrances que seul le dentiste pourra apaiser... Tu es averti !

### ELLES LE VALENT BIEN

Pour commencer, inutile de te rappeler – mais bon quand même – que tu dois (dans la mesure du possible) te brosser les dents après chaque repas. Si tu ne peux pas le faire, un rapide rinçage ainsi qu'un chewing-gum au fluor sans sucre suffiront – mais pas plus d'une fois par jour et pas le soir. Pour se brosser les dents, pas la peine de jouer les marteaux-piqueurs survoltés. **L'important est...**

**1) D'y consacrer cinq minutes par jour.**

**2) De brosser de la gencive vers la dent.**

**3) De ne pas oublier la langue, souvent source de mauvaise haleine.**

À ce propos, les aliments qui favorisent l'haleine de yack sont les fromages, les laitages, le jus d'orange, le café, les plats à base d'ail ou d'oignon. Après leur consommation, le brossage est o-bli-gatoire, il s'agit là de confort autant pour toi que pour tes copains et/ou ta copine !

VOIR AUSSI Propreté

### À SOURIRE D'ACIER, ATTENTION REDOUBLÉE !

**C'est la règle d'or si tu portes un appareil dentaire. Tu dois être encore plus vigilant et veiller à bien observer la règle du brossage après chaque repas... Un bain de bouche peut aussi être une bonne solution pour achever d'éliminer les résidus de repas dans les endroits les plus inaccessibles et limiter l'apparition de la plaque dentaire[1]. Dernière chose : rassure-toi, l'appareil dentaire n'a jamais empêché quiconque de bien embrasser...**

1. *Cette fameuse plaque dentaire dont on parle tant dans les pubs pour dentifrice est en fait le résultat de l'accumulation de bactéries et de restes d'aliments.*

# DÉODORANT

**Pour éviter de sentir comme un saint-bernard en fin de journée, mets-toi dans la tête que le « déo » doit être l'un des éléments clés de ta panoplie d'homme. Mais attention à l'utiliser correctement et à ne pas le détourner de son usage...**

### L'EMBARRAS DU CHOIX

Avant toute chose : un déodorant, c'est un peu comme un parfum (uniquement sur ce point d'ailleurs...), ça se choisit. Il vaut mieux opter pour un déo doté d'un parfum discret car, s'il est trop fort ou piquant, il risque de couvrir l'odeur de ton vrai parfum. En outre le mélange des deux risque de ne pas sentir très bon ! Préfère aussi les sticks aux vaporisateurs, ils s'appliquent plus uniformément et donc protègent mieux. Enfin, sache que, aujourd'hui, il existe des déodorants qui ne « marquent » pas les vêtements et ne laissent aucune trace blanche...

### À PARTIR DE QUAND FAUT-IL EN METTRE ?

Pas besoin d'attendre de ressembler à King Kong pour te décider à mettre du déodorant. Même s'il est vrai que les poils retiennent la sueur (c'est leur fonction), si tu t'aperçois que tu sues après l'effort, investis dans un stick de « Freshessel ».

### MODE D'EMPLOI DU BON USAGE DU DÉODORANT

- **Lave-toi avant chaque application ! La moitié des hommes ne l'ont toujours pas compris : le déo ne supprime ni ne masque les odeurs de sueur. Pire : quand le produit se mêle aux effluves de transpiration, la soupe olfactive qui s'en dégage est, comment dire..., pas très heureuse.**
- **Sèche-toi bien les aisselles avant de l'utiliser. Une peau humide favorise toujours la macération et l'apparition des odeurs. Appliqué sur une peau sèche, ton déodorant sera bien plus efficace.**
- **Ne t'en asperge pas tout le corps ! L'usage du déo doit se limiter aux aisselles. C'est ton parfum qui doit te parfumer, pas ton déodorant.**
- **À proscrire urgemment : le déo dans les chaussures. Si tes baskets tiennent plus du putois à lacets que de *skate shoes*, les asperger est le meilleur moyen d'aggraver ton cas...**

VOIR AUSSI Odeurs corporelles, Parfum, Propreté

**Parce qu'on ne sait pas toujours très bien faire la différence entre un gros coup de cafard et une vraie dépression et parce que cette maladie touche autant les garçons que les filles...**

## UN CAFARD GÉANT

Bien plus qu'un coup de cafard, la dépression est une maladie qui se caractérise par une tristesse persistante, une perte des sensations de plaisir, une grande lassitude, un sentiment d'abattement profond, l'anxiété, l'impression d'être nul, inutile et de n'être plus capable de faire quoi que ce soit... C'est l'horreur, donc. Et rien à voir avec le vague à l'âme passager du cafard. Seul point commun entre ces deux états : on pleure beaucoup. À la différence que, lorsque l'on est déprimé, les pleurs sont le signe d'un débordement affectif. En clair, on ne supporte plus aucune pression extérieure (c'est la dé-pression) et il devient impossible de prendre sur soi...

## NE PAS CONFONDRE

Pour autant, ne t'inquiète pas si tu ressens parfois l'un de ces symptômes ! À l'adolescence, il est normal de te sentir fragile devant tous les bouleversements auxquels tu dois faire face... Nouveau corps, nouvelles rencontres, nouveau lycée ou collège, cours de plus en plus difficiles, relations tendues avec tes parents ou des amis, etc. Être dépassé par tout ça, c'est bien normal ! Manquer parfois de courage pour affronter cette nouvelle vie et craquer de temps en temps n'a rien à voir avec la dépression.

## FAIRE FACE À CELLE DE L'AUTRE

Si tu es confronté à la dépression de quelqu'un de ton entourage, tu dois savoir que c'est une épreuve douloureuse et longue – car on ne guérit pas d'une dépression comme d'une grippe ! Cela peut prendre plusieurs années ! Comme de surcroît on n'en connaît pas toujours bien les causes, l'état dépressif est toujours très difficile à vivre pour les proches. N'hésite pas à confier ce que tu ressens (angoisse, crainte, colère, découragement...) à un adulte en qui tu as confiance.

VOIR AUSSI Cafard, Pleurer

# DÉSIR & EXCITATION

**Le premier est la source de la seconde ; et il est inépuisable. L'excitation, elle, doit se maîtriser quand on est avec une fille. C'est autant une question de respect pour elle qu'une des conditions de votre plaisir...**

### QUELLE DIFFÉRENCE ENTRE LES DEUX ?

Lorsque tu éprouves du désir pour une personne, tu as envie de l'embrasser, de la caresser, de la prendre dans tes bras... En réaction, ton corps réagit. Les battements de ton cœur s'accélèrent, tu peux te mettre à trembler un peu et, surtout, ton pénis durcit et gonfle, jusqu'à l'érection. Tu as envie de faire l'amour avec elle. Ce sont les signes de l'excitation.

### PAS TOUJOURS FACILE DE SE CONTRÔLER

Lorsque vous êtes isolés, en train de vous embrasser, de vous caresser, il peut être parfois gênant de faire face à son propre désir. D'ailleurs, si la situation ne s'y prête pas, tu peux être terriblement mal à l'aise à cause de ton érection et avoir peur que celle que tu désires ne te prenne pour un pervers ! Et se contrôler n'est pas chose facile quand on découvre son propre corps et celui de l'autre. Bref, la maladresse est un sentiment plus que fréquent chez le jeune amant.

### LA NÉCESSITÉ D'EN PARLER

Si tu te trouves dans ce cas, ose en parler à ton amie – tu peux aborder le sujet avec humour, ce sera moins difficile. Elle sera peut-être un peu mal à l'aise au début, mais cette « conversation sexuelle » ne pourra que vous rapprocher... y compris physiquement : le désir s'épanouit aussi dans la langue française.

# DÉSIR & EXCITATION

VOIR AUSSI Amour (le faire)

# D DISTANCE (L'AMOUR À)

**Vous vous êtes rencontrés en vacances ? L'un de vous deux a déménagé ? En tout cas, la distance qui vous sépare complique sérieusement votre relation... Comment y faire face côté cœur et côté corps.**

### LOIN DES YEUX, LOIN DU CŒUR ?

Finis les après-midi en amoureux et les « soirées DVD » bien au chaud lovés sur le canapé ! Tu vas devoir t'habituer à la voir moins souvent, voire plus du tout, et c'est affreux ! Car, quand l'amour est là, on n'a absolument pas envie de le laisser filer. Quant à se contenter de lettres et de conversations téléphoniques, on n'ose l'imaginer ! Pourtant, il en est ainsi et tu vas devoir compter avec cette distance si tu veux préserver cet amour auquel tu tiens tant.

### ENTRETENIR LA FLAMME

Le gros désavantage d'un amour lointain, c'est qu'il est encore plus exigeant que celui que vous avez vécu jusque-là. Il faut s'organiser : prendre du temps pour penser à l'autre (l'amour est chronophage), s'écrire, se donner des rendez-vous sur MSN ou par téléphone, tout en y mêlant le quotidien. Un sacré marathon, qui vous permettra peut-être de poursuivre votre histoire, si vous êtes prêts à vous contenter de cet amour dénué de tout contact charnel...

**MODE D'EMPLOI**

**QUELQUES TRUCS POUR TENIR LE COUP...**

- **Échangez des photos. Cela vous permettra de garder un contact visuel... C'est continuer à se « voir » malgré tout (sourire fondant, nouvelle coupe de cheveux, appareil dentaire envolé, pull préféré, etc.). Et puis les filles adorent s'endormir avec la photo de leur petit copain près du cœur.**
- **Prépare-lui des compilations « maison » de ce que vous écoutiez ou de chansons que tu aimes.**
- **Écrivez-vous. Internet est rapide et pas cher, profites-en ! Mais ne te dispense pas pour autant de lui envoyer de vraies lettres. C'est quand même plus romantique...**
- **Pour rendre tes lettres plus vivantes – surtout si tu ne sais pas trop quoi écrire au début – relate-lui tes « trésors de la journée » et joins-y tickets de tramway, notes de café, brouillon d'anglais, places de concert, etc.**

VOIR AUSSI : Déménager, Lettre d'amour, MSN

# DIVORCE (SURMONTER CELUI DE SES PARENTS)

D

**Qu'on soit enfant, adolescent ou même adulte, le divorce de ses parents est toujours une épreuve douloureuse. Il fait voler en éclats la famille, est souvent source de déchirements entre ses membres et l'on se sent irrémédiablement aspiré par ce tourbillon d'événements qui nous échappent. Mode d'emploi pour essayer de garder la tête froide et le cœur au chaud.**

### NE PAS CULPABILISER !

Répète-le-toi une fois par jour au moins : tu n'es pour rien dans ce qui arrive à tes parents. Leur divorce, c'est leur affaire ! Dis-toi aussi que, si eux ne s'aiment plus, tu as toujours le droit de les aimer tous les deux, même si tu désapprouves la conduite de l'un, de l'autre ou des deux. Ton but doit être d'essayer de rester le plus possible en retrait de ce conflit. C'est la raison pour laquelle il vaut mieux ne pas te lancer dans des interprétations de ce que tu peux voir à la maison. Comme leur amour, leur séparation recèle des secrets, et cela t'empêche d'avoir une vision objective de la situation. De toute façon, le plus important pour toi est de savoir que tes parents, quoi qu'il leur arrive, t'aimeront toujours, toi.

### RESTER EN RETRAIT

Il est difficile de se sentir ballotté entre les protagonistes d'un conflit dont on ne maîtrise pas toujours bien les causes et les conséquences... Dur aussi de se retrouver pris entre deux feux : l'un de tes parents tente de t'utiliser pour dire quelque chose à – ou sur – l'autre. Le plus souvent, il ne s'en rend même pas compte, mais il faut que tu lui signifies néanmoins très clairement de s'adresser à lui directement.

### DIRE ET CHOISIR

Au moment du divorce, sache que tu as tout à fait le droit de t'exprimer et de faire valoir tes choix. Ainsi, si tu préfères vivre avec l'un de tes parents, tu peux le dire, mais ce ne sera pas toi qui auras le dernier mot... Le juge décidera *in fine*, pour t'éviter d'avoir à assumer un choix trop dur.

VOIR AUSSI AUSSI Beau-père, Belle-mère

# EFFÉMINÉ

E

**Si le dictionnaire est sans ambiguïté sur la question – « Efféminé : dont l'aspect général, l'allure, les manières font penser à une femme » –, les raisons qui poussent à dire d'un garçon qu'il est efféminé sont souvent peu fondées...**

### UN MOTIF DE REJET

Pour certains, il s'agira seulement d'un type qui s'habille un peu trop à la mode, qui préfère les jeans tendance et les tee-shirts cintrés aux joggings et autres *baggy*. Généralement, d'ailleurs, le fait de prendre soin de soi, de bien se coiffer, de soigner sa peau, bref de passer du temps à s'arranger, est considéré comme « un truc de filles »... Comme si, pour être un homme, il fallait absolument sentir la sueur, porter des jeans informes et avoir une peau de crocodile centenaire ! Pour d'autres, il s'agira davantage d'une question de physique. Des traits fins, des cils un peu longs et, hop ! ça y est, on est efféminé. Autrement dit, on n'est pas un vrai garçon. C'est atroce. Et complètement faux : ni la masculinité ni la virilité n'ont à voir avec un tee-shirt ou l'arête d'un nez.

### COMMENT RÉAGIR ?

Après tout, ça ne regarde que toi si tu aimes soigner ton allure et que les discussions à propos du championnat de Ligue 1 te font autant d'effet qu'un cours de maths. Personne n'a le droit de te juger là-dessus ! Ne te laisse pas faire, et explique à ceux qui t'injurient le fond

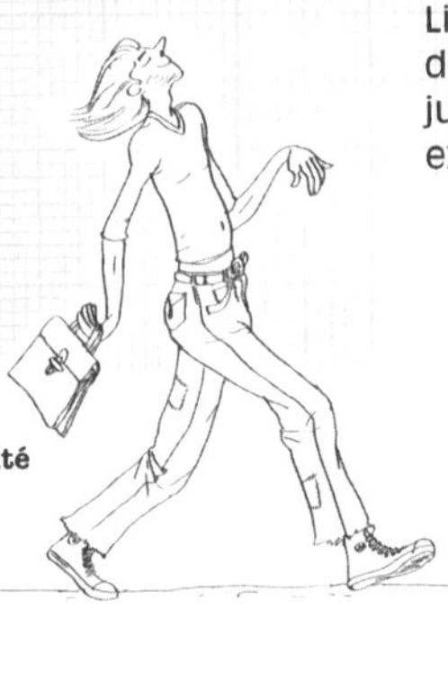

VOIR AUSSI Virilité

de ta pensée : « T'es doté d'un détecteur de virilité, toi ? » ou « Aaahh, je comprends tout, tu fais une thèse sur la masculinité au XXIe siècle ! » Bien sûr, c'est plus facile à écrire pour moi qu'à rétorquer pour toi. Mais fais le calcul : il vaut mieux trembler trois minutes que souffrir trois mois.

### LES TEMPS CHANGENT

Heureusement pour toi, ton monde bouge ! Tu vas grandir, probablement changer de lieu d'études, de cursus peut-être, rencontrer de nouveaux amis, qui auront mûri comme toi ! Et il y a fort à parier que si tu ne changes pas d'ici là, eux sauront te respecter et t'accepter tel que tu es. C'est finalement ça, être un homme…

# EMBRASSER

**Appelé aussi *french kiss*, le baiser « avec la langue » est (un peu) la première étape vers les sensations fortes. Excitation, appréhension ou peur de mal faire, si tout se bouscule dans ta tête, lis ces lignes...**

Autant te prévenir : si tu cherches ici une méthode infaillible pour embrasser comme dans les séries, tu n'en trouveras pas ! Pas plus ici qu'ailleurs, pour être franc... Et inutile d'appeler Jude Law pour qu'il te vienne en aide ! Car le baiser, c'est un peu comme la vinaigrette, le goûter ou les spaghettis carbonara : chacun a sa recette ! Déçu ? Pour te consoler, dis-toi qu'avant d'avoir essayé, tous les garçons – et les filles ! – se posent la même question : « Comment fait-on ? » Quant à ceux

qui viennent d'expérimenter la chose, ils ne sont souvent pas plus avancés et se demandent s'ils s'y sont bien pris...

### CHACUN SA RECETTE !

Le *french kiss* commence souvent par un simple baiser sur la bouche. Jusque-là rien de compliqué... Puis les amoureux entrouvrent leurs lèvres et laissent leurs langues se rencontrer. Voilà pour les bases... Le fait est que quand on a dit ça, on n'a rien dit. Après, à chacun sa technique... Il y a les méthodiques, qui préconisent une rotation de leur langue autour de celle de leur partenaire dans le sens inverse des aiguilles d'une montre, puis un changement de sens au bout de la quatorzième rotation ; les explorateurs, partisans d'un passage en revue de la totalité de l'anatomie buccale de leur chère et tendre ; les sportifs qui ne s'arrêteront qu'une fois leur record d'endurance battu ; les timides, qui resteront paralysés, etc.

### KIT DE SURVIE DU BAISER RÉUSSI

Alors, quelle technique adopter ? Réponse : aucune parmi celles citées précédemment ! Suis donc plutôt ces quelques conseils qui, sans te donner LA méthode infaillible pour bien embrasser, te permettront d'éviter les écueils qui risqueraient de transformer ce moment délicieux en un incident diplomatique avec ta dulcinée...

**GARE À TON HALEINE !**

(Conseil peu glamour mais fondamental.) Le baiser ne se pratique QUE l'haleine fraîche ! Alors, comme tu n'es pas censé savoir exactement quand il va arriver, ni ce que tu auras mangé avant, et qu'avaler un bloc WC dans la précipitation n'arrangerait rien, brosse-toi les dents après chaque repas et évite l'ail si tu n'as pas la possibilité de te brosser les dents.

**SOIS DOUX.**

Pas la peine de presser le cou de ton amoureuse vers toi ! Sois plutôt tendre et caresse-lui la nuque, le cou ou les joues... Ça fait frissonner et les filles adorent !

**RESTE NATUREL.**

Inutile aussi de te la jouer star de ciné... Reste toi-même.

**SOIS DÉTENDU.**

Bon, je sais, dit comme ça, ça paraît facile, mais c'est quand même la base pour réussir ce moment. Essaie de le vivre à fond et de communiquer tes sentiments. Et si tu trembles un peu, ce n'est pas un drame, au contraire, cela montre combien tu es ému.

**INVESTIS DANS DU BAUME À LÈVRES.**

Les baisers avec les lèvres gercées, beurk !

AUSSI VOIR AUSSI **Dents**

# ENNUI

**Tu tournes en rond comme un hamster dans sa cage et, pourtant, tu ne te sens ni le courage ni l'envie de faire quelque chose… Et si l'ennui s'apprivoisait ?**

### ZÉRO MOTIVATION

Ne rien faire… Laisser passer le temps sans rien entreprendre de constructif ou de distrayant. Voilà quelque chose de plutôt inhabituel à l'adolescence. Car, entre les cours, les sorties avec tes copains et tes activités, ton emploi du temps ressemble plutôt à celui d'un ministre en temps de crise ! Aussi, quand la tempête se calme et que l'inaction guette, il est normal de ressentir comme un manque, une lassitude, qui t'empêche d'entreprendre quoi que ce soit.

### LA MAUVAISE RÉPUTATION

Tu te sens même parfois coupable de ne rien faire ! On t'apprend, depuis l'enfance, que le temps est tellement précieux que ne rien faire, c'est le gaspiller ; du coup, dès que tu ralentis le tempo, tu t'agaces de te laisser aller à l'ennui… Sans compter que l'oisiveté (proche cousine – bien plus sexy – de l'ennui) est, elle aussi, mal aimée.

### UN MAL NÉCESSAIRE

Pourtant, l'ennui te permet de faire une pause dans ta vie quotidienne et de te retrouver un peu seul avec toi-même. Tu repenses à ce que tu as fait ou dit, tu revis des souvenirs, des émotions et te poses tout un tas de questions sur toi. Plutôt que d'être un temps pour rien, l'ennui peut être apprivoisé et devenir un moment de retour sur toi… Plus portées sur la romance que nous, les filles

**MODE D'EMPLOI**

**QUELQUES ACTIVITÉS POUR APPRIVOISER L'ENNUI**

- Replonge-toi dans ton livre préféré.
- Relis ta collection de BD.
- Fais le tri de tes vêtements et donne ceux que tu ne mets plus.
- Change la disposition des meubles dans ta chambre.
- Termine les jeux vidéo que tu n'as pas réussi à finir.
- Va faire une longue promenade en écoutant ton album préféré.

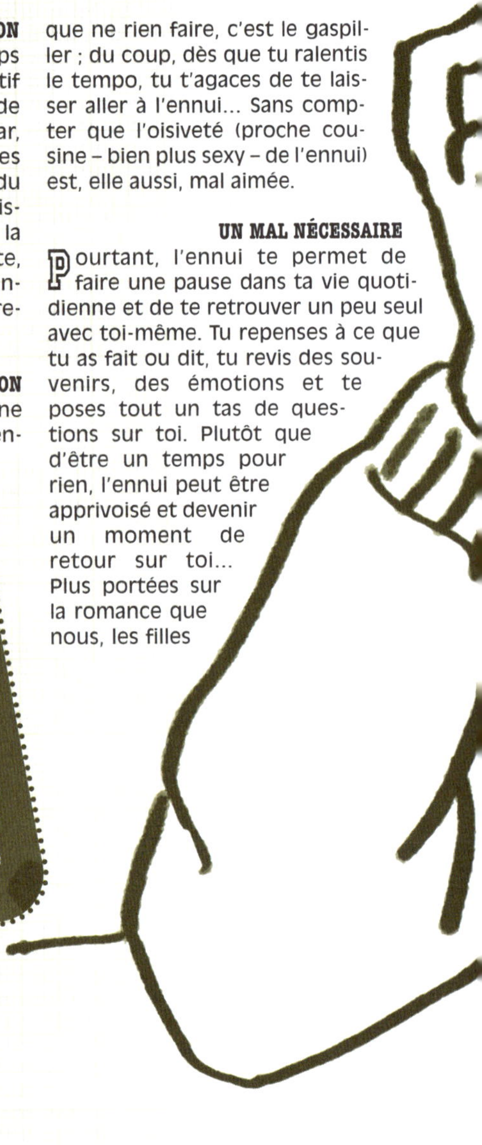

se repassent d'ailleurs plus facilement le film de leurs histoires, de leur journée ou de leur vie. En la matière, essaie de les imiter.
Plus légèrement, l'ennui permet aussi de laisser ton imagination vagabonder au gré des réflexions, des images et des souvenirs qui te viennent à l'esprit. Tu laisses ton cerveau en roue libre loin des équations ou des intrigues sentimentales, et ça, ça n'est déjà pas mal.

# FAMILLE

F

**C'est le nid au sein duquel tu as grandi et, même si l'ambiance à la maison est la plupart du temps agréable, tu as de plus en plus de mal à supporter ton troupeau. Alors, qu'est-ce qui se passe ?**

### ENVIE D'AUTRE CHOSE

Si tu commences à en avoir par-dessus la tête de t'occuper de ton petit frère, de rendre visite à ta grand-mère, d'obéir à ton père et de faire plaisir à ta mère, je te rassure tout de suite : non, tu n'es pas un monstre. Simplement, à l'adolescence, tu commences peu à peu à prendre tes distances avec ceux qui t'ont vu grandir... Et, quand tu passes des week-ends entiers à t'éclater avec tes copains, il est difficile de revenir à la maison et de te plier aux règles de la vie familiale... comme si tu étais encore un enfant ! Du coup, un peu excédé par ce va-et-vient permanent entre le monde extérieur et le microcosme familial, tu as tendance à perdre tes repères... et à tout rejeter en bloc !

### ATTENTION AUX AMALGAMES !

Pour autant, ne tombe pas dans l'excès et garde un peu de lucidité. Même s'il est très pénible de se voir attribuer une place de bambin alors qu'on mûrit à la vitesse de l'abricot sous le soleil, évite l'agressivité et montre-toi le plus possible sous un jour responsable. C'est ainsi que tes parents entérineront le fait que tu as grandi. Ne fais pas non plus semblant de découvrir soudainement que tout n'est pas rose dans ta famille : conflits, secrets, disputes, etc. Cela a toujours été ainsi et le sera toujours (c'est pareil dans chaque famille !). La tienne n'est pas pire qu'une autre ! Ne te sers donc pas de ces quelques moments

de tension comme d'un argument pour te persuader que de toute façon « ils-n'y-comprennent-rien-et-le-mieux-est-de-les-ignorer-jusqu'à-ce-que-je-quitte-cette-bande-de-fous » !

### DIFFÉRENTS... MAIS ENSEMBLE

Enfin, marquer ta différence ne veut pas dire que tu ne les aimes pas (ou plus)...

**MODE D'EMPLOI**

**FAMILLE RECOMPOSÉE**

- **Laisse du temps à chacun pour trouver ses marques.**
- **Avant de te montrer hostile avec tes demi-frères et/ou demi-sœurs, pense qu'ils sont dans la même situation que toi...**
- **En cas de problème, va trouver ton père ou ta mère pour en parler ; et évite de reprocher au « parent rapporté » sa présence.**

Tu as tout à fait le droit de signifier ton désaccord lors d'une discussion ou d'une prise de décision importante. Simplement, fais-le avec respect. Et puis, honnêtement, ne trouves-tu pas qu'il serait un peu facile de faire partie de la famille juste quand tu en as besoin ou que tout va bien ?

VOIR AUSSI Frère, Grands-parents, Mère, Père, Sœur

# FANTASMES

**À partir de l'adolescence, et dans la mesure où on est doté d'un cerveau en état de marche, on fantasme tous et très souvent ! On s'imagine alors faire l'amour avec quelqu'un d'inaccessible ou dans un lieu incongru... Normal ?**

### NON, TU N'ES PAS UN PERVERS !

Bon, pour commencer, rassure-toi, tu n'es pas un maniaque sexuel en puissance. Fantasmer, c'est normal, surtout à l'adolescence, âge auquel ta sexualité est en train de se structurer. En outre, dans la mesure où la concrétisation de l'acte sexuel n'est pas toujours d'actualité, il est bien humain de se construire ses petits scénarios personnels pour satisfaire ses désirs... Il n'y a aucun mal à ça ! D'autant plus que les fantasmes ne sont pas la réalité. On n'en est pas plus responsable que de ses rêves.

### LES DEUX MONDES DE LA SEXUALITÉ

En matière de sexualité, l'imagination est un élément déterminant. Les fantasmes te permettent de jouer avec ce qui est impossible ou interdit dans le réel, et d'évoquer certains désirs que tu ne t'imagines pas assouvir en vrai. Et c'est mieux comme ça, non ? Franchement, tu te vois nu comme un ver, avec ta prof d'italien à quatre pattes dans une salle de cours ? Et s'il te fallait goulûment embrasser Beyoncé, là, maintenant, sur la scène de Bercy ? Si l'occasion se présentait, il y a fort à parier que tu t'enfuirais en courant ! C'est en cela qu'il faut bien faire la différence entre le monde réel et le monde fantasmé. Ce n'est pas parce que tu fantasmes sur une fille ou une situation que tu as réellement envie de transposer ce désir dans la réalité.

### TON MONDE À TOI

Un petit conseil : pour préserver la liberté totale de tes fantasmes, garde-les pour toi ! Bien sûr, il peut arriver que, lors d'une discussion entre copains, chacun s'amuse à raconter les siens. Cela peut être plutôt rigolo. Rappelle-toi simplement que 1) la sexualité est une affaire personnelle, 2) crier sur les toits tes fantasmes les plus bizarres ne pourrait qu'amener les autres à se poser pas mal de questions... à ton sujet.

**Même si c'est plutôt du côté des filles qu'on lorgne quand on parle de « victime de la mode », de plus en plus de garçons cèdent aux sirènes de la fringue.**

### DU PLAISIR...

Il y a quelques années encore, suivre la mode, aimer s'habiller, acheter jeans et sweats en fonction de leurs couleurs pour créer LA combinaison parfaite était assez peu répandu chez les hommes. Aujourd'hui, il suffit de regarder autour de toi : la plupart des garçons de ton âge font attention à ce qu'ils portent, et beaucoup s'attachent tout particulièrement à suivre le sprint perpétuel imposé par la tendance. Ce n'est pas un mal (au contraire) du moment que l'on se sent bien. Et tant pis pour le stéréotype du mâle qui laisse les « histoires de chiffons » aux femmes !

### ... À L'ADDICTION !

Mais le problème avec le *fashion victim*, c'est qu'il est une « victime », justement. Sous-entendu : il ne vit QUE pour la mode et le shopping. Financièrement, toutes ses économies y passent, et tant pis s'il lui faut supprimer une sortie au cinéma ou une soirée entre copains. Note d'ailleurs qu'à l'adolescence, ce n'est pas encore un problème, car les revenus sont limités, tout comme les possibilités de « craquer » avec... Mais, à l'âge adulte, attention aux découverts vertigineux ! Quel que soit son âge, de toute façon le *fashion victim* ne sait pas se contrôler face à l'achat potentiel de nouveaux vêtements. Une nouvelle collection de *skate shoes* ? un *baggy* encore plus large ? ou un tee-shirt *vintage* série limitée ? Le garçon victime de la mode craque (même s'il est au bout de ses moyens) sous peine de se sentir frustré.

Une situation encore moins marrante quand on est garçon que fille, car il faut faire face à l'incompréhension totale des autres et en particulier de ses copains.

### LA SOLUTION

Si tu sens que tu as du mal à contrôler tes dépenses, fixe-toi un budget mensuel et tâche de t'y tenir... En matière de chemises ou de chaussettes, plaie d'argent n'est pas mortelle ; il ne faut tout de même pas exagérer ! Rappelle-toi que tu n'es pas qu'un consommateur ; or, se laisser piéger par la mode, c'est faire passer le consommateur bien avant l'homme que tu es. Bien entendu, derrière cette excessive propension à vider ton porte-monnaie pour des vêtements, il y a une grande souffrance d'image. Si c'est ton cas, procède à une petite plongée introspective.

# FIDÉLITÉ

# F

**L'amour que tu éprouves t'engage auprès de celle que tu aimes. Comment ne pas le vivre comme une corde au cou ? C'est toute la question – plus philosophique qu'on ne le croit.**

### RÉSISTER...

Aïe ! Pas toujours facile de rester fidèle à celle que tu aimes quand autour de toi gravitent des dizaines de filles, autant de petites amies potentielles... surtout si tu es plutôt du genre à avoir du succès auprès d'elles. Et c'est normal ! À ton âge, tu découvres peu à peu les jeux (pas innocents) de l'amour, du sexe, de la séduction et, du même coup, ton potentiel de conquistador sentimental. Tu éprouves l'envie de le tester, ce pouvoir de séduction, et de te rassurer sur tes capacités de « mâle conquérant ». D'autant que l'engagement et la stabilité que suppose une relation amoureuse suivie ont plutôt tendance à nous effrayer, nous, les hommes. Pour certains, fidélité rime d'ailleurs avec « menottes aux poignets ».

### ... C'EST PROUVER QUE L'ON AIME !

Pourtant, s'il y a une chose qui démontrera à ton amie combien elle compte à tes yeux, c'est cette satanée fidélité ! Et si lutter contre ton désir de conquête est ardu, le respect de ton engagement aura d'autant plus de valeur. Être fidèle, c'est une question de respect, à la fois vis-à-vis de toi et des sentiments que tu éprouves pour elle... Bien sûr, il peut arriver que tu te poses des questions, que tu craques en secret pour une jolie fille de ton entourage ! C'est normal, mais tant que tu garderas cela pour toi, tu n'as aucune raison de t'alarmer : personne n'est de marbre et fantasmer n'a rien à voir avec tromper !

### UN ENGAGEMENT RÉCIPROQUE

Si tu sens que tu es sur le point de déraper, essaie donc ceci : inverse les rôles...

AUSSI VOIR AUSSI Jaloux

# FILLE IDÉALE

**On en a tous rêvé, en s'imaginant un jour vivre l'amour parfait. Et si tout ça n'était qu'un rêve ?**

Autant l'écrire tout de suite : LA fille idéale, telle que tu te l'imagines, n'existe pas ! Ou plutôt si, mais uniquement dans tes rêves, en tant que fantasme… Ça fait un choc, hein ! Pour autant, inutile de renoncer à tes rêves de vie amoureuse parfaite ! Il est normal d'avoir des préférences, notamment physiques. D'autant que tu es bombardé chaque jour à la télévision, au cinéma, dans les publicités et les clips… par des dizaines de filles parfaites (refaites ?). Tu finis par te dire : pourquoi pas moi ? Et tu te prends à rêver de cette fille réunissant toutes les qualités désirées : belle, intelligente, sympa, drôle, sexy… Stop !

### RENONCER POUR MIEUX LA TROUVER

Alors si tu es en quête de ce spécimen imaginaire qui réunit la luminosité de Laetitia Casta, la peau d'Estelle Hallyday, la bouche de Beyoncé, les yeux de Monica Bellucci et les jambes de Jessica Alba, je préfère t'arrêter tout de suite ! À force de te mettre de telles œillères tu risques de passer à côté de l'amour « en vrai »… Dommage, non ? D'autant que tu n'es pas à l'abri du fameux coup de foudre ! Celui qui ne choisit pas ses cibles et qui frappe quand on ne s'y attend pas. Si ça t'arrive, tu risques d'être surpris par le décalage entre le modèle de perfection que tu t'étais construit et celle qui te fera vibrer pour de vrai !

### LE CHARME DES PETITS DÉFAUTS

Car les dents du bonheur, des taches de rousseur ou un petit bidon risquent de te faire bien plus d'effet que les courbes parfaites d'une silhouette sur papier glacé. C'est ça, le charme de la réalité, et ce sont même ces petits détails qui pourraient bien te faire craquer !

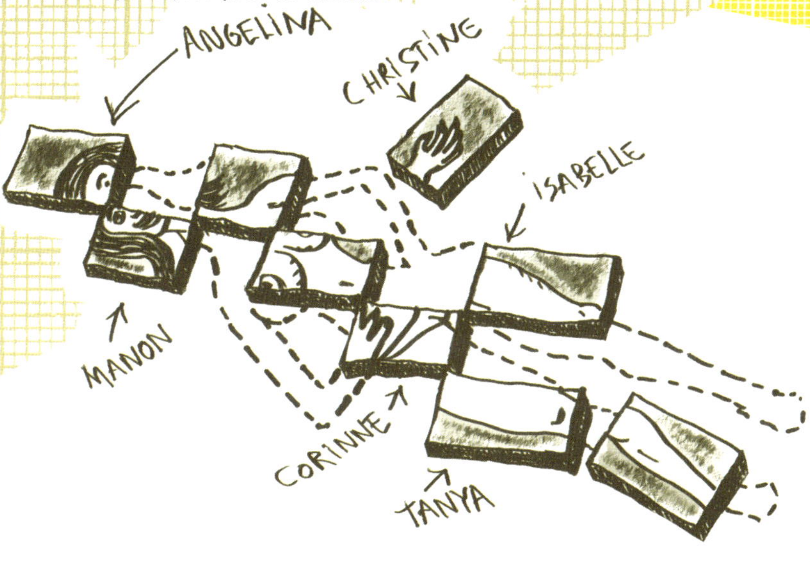

# F

**C'est LE sport préféré des garçons ; pourtant il jouit d'une mauvaise réputation auprès de nombreuses filles... Quelques arguments pour les convaincre.**

### PAS UN SPORT DE BEAUFS !

Le ballon rond est une cible facile pour ses détracteurs : supporters insupportables, racistes ultraviolents, commentateurs imbuvables et joueurs surpayés n'aident pas le football à se racheter une conduite auprès des irréductibles antifooteux... Pour autant, si l'on se donne la peine de passer outre ces clichés, on découvre un univers passionnant. Technique, physique, fair-play et amitié sont autant d'arguments que tu peux retourner à ceux et celles qui t'accusent de t'adonner à une activité de décérébrés... Ensuite, à toi de leur prouver par ta conduite que le foot, c'est bien autre chose que bière-pizza-canapé ! Même si c'est ça aussi et que c'est drôlement bon !

### COMMENT MARQUER DES BUTS AUPRÈS DES ANTIFOOT ?

Si tu peines à persuader ta petite amie du bien-fondé de ta passion, essaie de lui montrer ce qui te plaît, à toi, dans ce sport. Tu peux l'inviter à regarder un match important, par exemple (Ligue des Champions), et prendre le temps de bien lui expliquer les enjeux, la beauté d'un geste ou la technique époustouflante d'untel... Tente de rendre la chose attractive, un peu comme si tu racontais une histoire. Tu peux aussi l'inviter au stade et lui faire passer une soirée avec d'autres supporters ! Simplement, choisis-les bien.

VOIR AUSSI Sport

**Parce qu'il est quand même plus agréable de se lever le matin avec entrain que de se traîner comme une limace sous somnifère vers la table du petit déjeuner.**

### 50 % DANS TA TÊTE...

Bien avant d'être une question d'hygiène de vie, d'alimentation, de sport et tout le toutim, avoir une pêche d'enfer est une question de mental. Si tu te lèves le matin avec l'envie de te recoucher et de ne surtout pas ouvrir les volets, ta journée est loin d'être réussie. Pour mettre toutes les chances de ton côté, recule l'heure de ton réveil (oui) et prends ton temps. Tu peux aussi te préparer une petite sélection de morceaux « fraîcheur du matin » pour t'aider à émerger de bonne humeur !

### ... 50 % DANS TON CORPS !

Bien sûr, avoir « la patate » toute la journée impose aussi un minimum de discipline quotidienne. Ce n'est pas en restant scotché à l'écran de ton ordinateur jusqu'à deux heures du matin toutes les nuits que tu peux espérer te sentir bien au réveil ! Le sommeil est in-dis-pen-sable (ça fait truc de vieux rabat-joie d'écrire ça, mais, désolé, c'est juste vrai) ! Essaie de te coucher dès que tu sens que tu commences à fatiguer. Et ce n'est pas tout, quelques heures de sport hebdomadaires suffiront à te faire dépenser assez d'énergie pour que ton organisme réclame sa dose de sommeil. Enfin, côté alimentation, évite le régime pizza-frites le soir et opte, si tu le peux, pour un dîner plus léger. Tu t'endormiras bien mieux, tu auras davantage faim le matin et tu te lèveras avec une seule envie : dévorer ton petit déjeuner... et ta journée avec.

VOIR AUSSI **Alimentation, Sport**

# FRÈRE

**Pas toujours facile de se faire une place quand on est deux garçons à la maison. Quoi qu'il en soit, que tu sois aîné ou cadet, vous avez beaucoup à apprendre l'un de l'autre… Même si c'est entre deux concours d'injures.**

### IL TRACE TON CHEMIN

Si tu as un frère aîné, tu ne t'en rends peut-être pas compte, mais tu as de la chance… Eh oui, car c'est lui qui va devoir essuyer les plâtres en ce qui concerne la négociation des sorties et autres guerres d'indépendance. Baptême du feu qui risque de te faciliter grandement la tâche quand ton tour sera venu. Au-delà de ces considérations matérielles de taille, ton frère a forcément été une sorte de modèle – inconsciemment ou non – pendant ton enfance. Un peu comme ton père, ton grand frère était le plus fort, celui qui venait te sortir des pattes de tes ennemis du bac à sable.

### TU FAIS FIGURE D'EXEMPLE…

Si ton frère est ton cadet, là les rôles s'inversent… Même s'il semble passer la plupart de son temps à te chercher des poux dans la tête et qu'il fouille sans cesse dans tes affaires, sache que, pour lui, l'homme, le vrai, c'est toi. D'ailleurs, s'il te suit partout et cherche sans cesse à faire tout comme toi, c'est parce que, au fond, il t'admire ! Cette position de modèle n'est pas toujours facile à honorer, mais prends-la comme une responsabilité qu'il faut savoir assumer : au moins, c'est flatteur.

### QUAND ÇA CLASHE…

Mais entre frangins, tout n'est pas toujours rose : jalousie, conflits, disputes et bagarres parsèment peut-être votre relation. Tant que cela reste anecdotique, tu n'as aucun souci à te faire… Mais si la situation devient trop pesante, il faut savoir réagir.

VOIR AUSSI Famille, Sœur

**... FAIRE APPEL AUX PARENTS**

Le meilleur moyen de te faire entendre est d'en parler calmement avec tes parents. Leur demander de prendre parti au beau milieu d'une dispute n'est jamais la bonne solution. Va plutôt les voir une fois l'orage passé et explique-leur la situation, ton problème et les raisons de ton attitude.

# FUGUE

**Partir de chez soi quand les problèmes nous submergent et que l'on n'en voit pas le bout n'est jamais une solution. Pire : la fugue aggrave les choses...**

### UNE MONTAGNE DE SOUCIS

Lorsque l'on part, c'est toujours en dernier recours. Les problèmes semblent nous barrer la route de l'avenir et l'on ne voit pas bien comment s'en sortir. D'ailleurs, peu importe leur nature. Pour certains ils sont sans doute surmontables, mais, pour nous, c'est trop (et il n'y a pas de culpabilité à avoir par rapport à ça). Du coup, on se sent incapable de

demander de l'aide à qui que ce soit, tellement tout paraît compliqué. Et puis, comme on a honte de sa souffrance, on se met à chercher des solutions tout seul... Partir, par exemple. Pour recommencer quelque chose de tout neuf, quelque part où l'on pourrait laisser tous nos problèmes derrière nous.

### UNE FUITE EN AVANT

En fait, dans l'esprit du fugueur, partir permet tout autant de fuir ses problèmes que de tirer la sonnette d'alarme. Le hic est que la fugue ne permet ni l'un ni l'autre. Malgré sa fuite, le fugueur ne laisse évidemment pas ses problèmes de côté. Au contraire, son statut de fugueur est là pour lui rappeler que c'est à cause d'eux qu'il se retrouve dans cette situation. Quant à alarmer ses parents, cela pourrait être réussi si ces derniers ne s'inquiétaient pas davantage de la fugue que de l'origine de celle-ci...

### ENCORE PLUS DE PROBLÈMES

Pire : fuguer, c'est s'enfoncer encore un peu plus dans d'autres problèmes... car, lors de son retour, le fugueur devra expliquer les raisons de son acte à sa famille, qui se sera inquiétée, et peut-être même à la police, qui aura pu être prévenue ! Et puis, disparaître comme ça, subitement, sans rien avoir préparé, ni nulle part où aller, est terriblement dangereux. Même si l'on se sent fort en tant que garçon, dans la rue, on n'est à l'abri de rien.

### DIRE... POUR GUÉRIR

Pour éviter d'en arriver à de telles extrémités, la seule solution est de parler. À un prof, à l'infirmière de l'établissement, à ses parents, à un proche, au fond, peu importe. Car une chose est sûre : seul, tu risques de ne pas t'en sortir.

**STATISTIQUES**

**Environ 30 000 jeunes fuguent chaque année, dont un tiers a moins de 15 ans.**
**Un fugueur sur quatre est retrouvé dans les 24 heures, la grande majorité au bout de quelques jours.**

**Un peu comme l'intello, le gamin est celui que l'on n'invite jamais aux soirées, et que l'on choisit en dernier quand on constitue les équipes de foot… Pourquoi ? Demande-le aux soi-disant « grands », il y a fort à parier qu'ils ne sauront pas te répondre clairement…**

### PAS ASSEZ GRAND ???

Si tu es dans cette situation de rejet quasi permanent sous un prétexte que tu ne comprends pas, tu dois sacrément en souffrir. Car, même si tu pressens un peu ce dont il s'agit, il n'y a aucune définition claire du terme « gamin ». Cela veut-il dire que tu n'as pas les goûts musicaux ou vestimentaires qu'il faut ? Cela signifie-t-il que personne ne t'a encore vu sortir avec une fille ? Ou bien que tu fasses plus jeune que ton âge ?

### RESTE TOI-MÊME

Finalement peu importe ! Car ce qui peut être considéré comme « gamin » pour quelqu'un qui se prend pour un « grand », ne l'est pas forcément pour toi ! D'ailleurs, en quoi tes préférences musicales et ton mode de vie regardent-ils les autres ? Si tu te sens bien comme ça, il n'y a aucune raison de te justifier. Tu n'es pas obligé de collectionner les petites amies pour montrer aux autres que tu es un homme, ou de te mettre à écouter métal et techno si tu es fan de la Star Ac' !

### N'EST PAS TOUJOURS « GRAND » CELUI QUI LE CROIT…

Si tu te sens toi-même un peu gamin, que tu constates un fossé entre toi et les autres et que tu en souffres, là, en revanche, la situation est différente. Parles-en à un adulte en qui tu as confiance et qui pourra sans doute t'aider à y voir clair. Car il est normal que tu aies envie d'être comme les autres et de ne pas te sentir rejeté ! Mais ce n'est pas une raison pour adopter les codes de ceux qui te méprisent à tort ! Changer de style, te mettre à fumer ou à boire ne fera pas de toi un adulte plus vite… Au contraire, l'important est de se sentir homme au bon endroit. Être responsable, autonome et réfléchi sont des qualités qui feront de toi un type beaucoup plus respectable qu'une besace à la mode et un scooter dernier cri.

VOIR AUSSI Mûrir

# GLISSE (SPORTS DE)

**Depuis une dizaine d'années, les sports de glisse comptent de plus en plus d'adeptes, et chaque année de nouvelles disciplines sont inventées. Le but : toujours plus de sensations. Encore faut-il réussir à convaincre ses parents qu'ils ne sont pas si dangereux que ça !**

### ILS SONT PARTOUT !

Ce qu'il y a de vraiment bien avec les sports de glisse c'est que, quel que soit l'endroit où tu habites, tu trouveras toujours une discipline à pratiquer ! Surf, kite surf, bodyboard à la mer ; snowboard à la montagne ; snakeboard, skateboard et rollers en ville ; et même skate tout-terrain à la campagne ! Leur succès provient des sensations qu'ils procurent. Vitesse, impression de liberté et de fluidité, ces sensations fortes sont devenues accessibles pour un investissement modique (selon les disciplines...). Bref, les sports de glisse passionnent de plus en plus les (jeunes) foules.

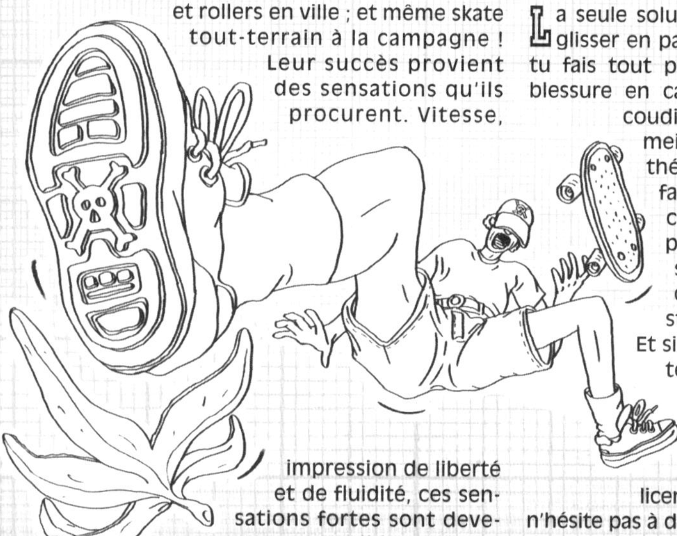

### UN TRUC DE « D'JEUN'S »

Car ce sont les jeunes de ton âge qui constituent le gros des pratiquants. Le mélange de sensations fortes et de « fun » correspond bien à tes attentes en matière de sport. La glisse se pratique entre copains, et l'esprit qui règne à chaque session est bien différent de celui des terrains de foot et de tennis. Chaque discipline constitue une petite tribu et permet de se faire des amis également passionnés.

### CONVAINCRE SES PARENTS

La seule solution pour qu'ils te laissent glisser en paix est de leur montrer que tu fais tout pour limiter les risques de blessure en cas de chute. Genouillères, coudières et casque seront tes meilleurs alliés. Quant à l'esthétique, pas de souci à te faire : il suffit de camoufler ces protections sous un pantalon extra large, un sweat, et de décorer ton casque avec quelques stickers bien choisis.

Et si jamais tu es un surfer invétéré, renseigne-toi bien auprès de la fédération locale, car certains spots sont interdits à ceux qui ne possèdent pas de licence. Enfin, sois responsable : n'hésite pas à demander aux surfers locaux des précisions concernant le type de vagues en leur indiquant ton niveau...

**Marre des repas de famille du dimanche et des après-midi chez eux ? Tu t'ennuies et restes dans ton coin quand tes parents t'y « traînent » avec eux ? Lis ces lignes.**

### LE DÉSINTÉRÊT

Et c'est normal ! Tu n'es plus le petit garçon qui adorait venir passer le week-end chez eux et ta vie ressemble de plus en plus à celle d'un jeune homme. Sorties, copains, activités, histoires d'amour, tu as de moins en moins de temps à leur consacrer, et, il faut bien le dire, entre un après-midi avec ta bande et un goûter comme au bon vieux temps, ton choix est vite fait !

### CE QU'ILS PEUVENT T'APPRENDRE...

Contrairement à ce que tu peux penser, tes grands-parents ne sont pas si éloignés de tes préoccupations. Même si c'est marrant à imaginer, eux aussi ont été jeunes ; eux aussi ont souhaité plus d'indépendance alors que leur famille les voyait encore comme des enfants. La différence avec toi, c'est qu'ils ne pouvaient pas en parler... D'eux, tu as mille choses à apprendre ; car ils sont la mémoire de ta famille et ont vécu des choses dont tu n'as sans doute pas idée : comment tes parents se sont-ils rencontrés ? Comment se comportait ton père à ton âge ? Quelles bêtises a-t-il commises ? etc. Grâce à eux tu peux en apprendre davantage sur tes parents. En tout cas beaucoup plus que ce que ces derniers voudront bien te dire...

### LAISSE-LEUR DU TEMPS...

Mais surtout, rappelle-toi qu'ils sont d'une autre génération, que ta vie de jeune homme moderne n'a rien à voir avec celle qu'ils menaient à ton âge. Car ils sont forcément surpris de ton rythme de vie, de la liberté dont tu jouis, de tout ce que tu as la possibilité de faire et qui leur était sûrement interdit à leur époque. Ils ne peuvent pas voir les choses de la même manière que toi. C'est le choc des générations, comme on dit. Un choc que tu peux atténuer en leur racontant comment tu vis et en leur montrant combien tu as mûri. Ton grand-père et ta grand-mère ont tout à y gagner. Toi aussi.

AUSSI VOIR AUSSI **Famille**

G

## Pas facile de s'épanouir quand on se trouve trop gros...

### GROS COMMENT ?

Avant de te lancer dans un régime pain sans sel + eau minérale, essaie de prendre un peu de recul et fais le point sur ce que tu penses être un problème de poids. Rappelle-toi d'ailleurs qu'il n'y a pas que le poids qui compte : morphologie, carrure, taille, etc., sont autant de critères pour déterminer si tu es gros en « vrai ». Le mieux est de commencer par demander leur avis à quelques personnes de ton entourage dont tu sais qu'elles te parleront franchement. Note ensuite sur un carnet pendant quelques jours tout ce que tu avales (et pourquoi, dans quel contexte) ; tu y verras plus clair. Ensuite, tu peux prendre ren-

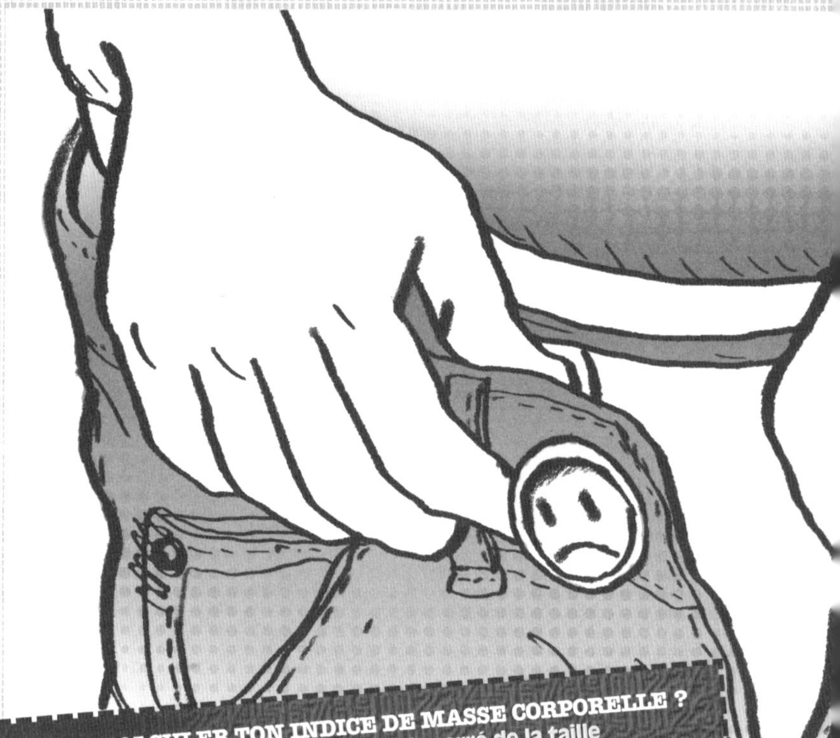

**COMMENT CALCULER TON INDICE DE MASSE CORPORELLE ?**

L'IMC est égal au poids (en kilos) divisé par le carré de la taille (en mètres).

Si tout va bien, ton IMC se situe entre 19 et 25. S'il dépasse 25, il te faut sans doute changer quelques-unes de tes habitudes alimentaires.

Par exemple, un garçon de 1,75 mètre pesant 63 kilos a un IMC de 20,6 :

$63 \div 1{,}75^2 = 63 \div 3{,}06 = 20{,}6$

dez-vous avec ton médecin généraliste et en parler avec lui. Il te donnera un avis médical, précis, t'aidera à calculer ton IMC (Indice de masse corporelle) et t'orientera vers un nutritionniste si besoin est.

### TU N'ES PAS SEUL

Décider de changer n'est jamais une chose facile, encore moins quand on décide de perdre du poids. Pour cela, sache que tu n'es pas tout seul et que tu peux sûrement compter sur un ou deux amis qui t'aideront dans les moments difficiles. Si tu dois suivre un régime, le nutritionniste qui te l'aura prescrit sera là, lui aussi, pour répondre à tes questions et te rassurer en cas de besoin. Car essayer de modifier son corps, c'est aussi se mettre en déséquilibre psychologique, dans le sens où l'on quitte son ancienne enveloppe corporelle pour en intégrer une autre. Le regard des gens change ; il faut pouvoir s'adapter.

### DU SPORT, ENCORE DU SPORT

Si, de l'avis de tous, tu es juste un peu « enveloppé », au lieu de te ruer chez un médecin, commence par pratiquer quelques heures de sport par semaine et tente de t'astreindre à une bonne hygiène alimentaire. En ressentant davantage ton corps et en ayant conscience de lui faire du bien, ta silhouette devrait s'en trouver allégée.

VOIR AUSSI **Alimentation, Régime**

**MODE D'EMPLOI**

**PETITS TRUCS POUR SE DÉGRAISSER L'APPÉTIT.**

- **Quand l'envie de grignoter te prend, bois plusieurs grands verres d'eau ou brosse-toi les dents.**
- **Mange dans de petites assiettes.**
- **Mastique lentement et pose ta fourchette toutes les 5 bouchées.**

# GROUPE

**Ta bande de copains est un peu ta seconde famille : histoires, petits secrets, amours, trahisons... Un vrai microcosme au sein duquel tu dois t'intégrer, sans pour autant te laisser cannibaliser.**

### SOCIOLOGIE DU GROUPE

En fait, au-delà des apparences, se faire sa petite place dans une bande d'amis n'est pas aussi simple qu'il y paraît ! Comme dans tous les groupes sociaux, et comme tu l'as certainement remarqué, il y a des figures : ceux qui font partie du « noyau » (et sans qui jamais aucune sortie n'est possible), un ou deux « leaders » (généralement le comique de service, ou le beau gosse...), le « lourd » (que tout le monde évite soigneusement) et les « électrons libres » (ceux qui gravitent autour). Bien sûr, personne ne distribue les rôles comme dans un casting de cinéma ; chacun tient sa place sans s'en rendre compte en fonction de son histoire, de son physique et/ou de sa personnalité. Et là, justement, gare aux pièges.

### GARE À LA TYRANNIE !

Les règles qui régissent la vie de la bande sont implicites et, à ce titre, ultrapernicieuses. Qui a décidé que Mickaël devait en être le « chef » ? Pourquoi cela ferait-il un esclandre si, pour une fois, un des membres du noyau n'assistait pas à une soirée ?

Pourquoi n'aurais-tu pas le droit d'écouter une autre musique que celle que le groupe écoute ? Ce genre d'impératifs peut te pourrir la vie si le rôle qui t'a été assigné ne te convient pas.

**GARDER SA PERSONNALITÉ**

N'oublie pas : tenir sa – bonne – place au sein d'un groupe revient à s'affirmer, signifier qui l'on est et ne pas se laisser faire... En imitant tes copains pour mieux t'intégrer, tu n'as rien à y gagner : 1) tu passes pour celui dont on peut faire ce que l'on veut, 2) ton avis ne sera jamais pris en compte lorsque vous devrez décider quelque chose ensemble. Ta meilleure arme au sein de ta bande ? Rester toi-même. Si un jour, tu prends conscience que tu ne trouves plus ton compte à en faire partie, que tu ne t'y sens plus bien, réagis. Procède à une analyse « en règle » de la situation, décortique ton rôle au sein du groupe et cherche le moyen de t'y positionner de façon plus plaisante.

# HANDICAP

# H

**Quand la vie impose une épreuve aussi difficile, il semble parfois impossible d'y faire face. Et pourtant...**

### GAGNER LA BATAILLE CONTRE SOI

Première difficulté : affronter le handicap en lui-même, l'accepter. C'est un chemin ardu, qui ne regarde que toi et qui peut prendre du temps. La seconde ? Assumer le regard des autres. C'est peut-être la partie la plus difficile, car, contre la peur, la pitié, l'incompréhension, etc., on ne peut rien...

### MOTS CONTRE MAUX

Côté cœur, côté corps, déjà que l'adolescence est une période plutôt bouleversante, quand, en plus, on souffre d'un handicap, c'est un parcours du combattant qui t'est alors imposé. Comme tes copains, tu dois faire face aux mêmes situations, aux mêmes interrogations et inquiétudes... en pire. Le handicap ajoute d'autres préoccupations à ta vie d'adolescent (la sexualité en fauteuil roulant, pas évident ; sentir son corps changer quand on ne peut le voir, ça ne rigole pas). À ce titre tu peux être gêné de les évoquer avec d'autres. Pourtant, il n'y a pas de raison que tu les gardes pour toi... Prends soin, alors, de choisir des interlocuteurs sensibles et gentils.

### ISOLER CHAQUE PROBLÈME, POUR MIEUX Y FAIRE FACE

Difficile aussi de faire face à une telle somme de difficultés. Chaque problème s'ajoute à l'autre pour former parfois un énorme nuage noir qui empêche d'entrevoir l'avenir avec confiance. On a l'impression de s'enfermer peu à peu, alors que les autres, eux, prennent de plus en plus leur indépendance ! Il est normal d'en souffrir, d'en pleurer et d'en éprouver de la colère... Début de solution si tu es dans ce cas : dresse une liste de chaque problème. Cela devrait te permettre d'y voir plus clair et de canaliser toute ton énergie pour envisager ton avenir avec, et non pas contre, ton handicap.

# HOMOSEXUEL (PEUR DE L'ÊTRE)

H

« Et si je préférais les garçons ? »… Sans doute t'es-tu déjà posé cette question… Et tu l'as refrénée aussitôt ! Rassure-toi, c'est tout à fait normal. Tes copains se la sont forcément posée aussi ; et la question inverse n'épargne pas non plus les filles ! À ton âge, tout ton être se transforme (et c'est très loin d'être terminé) : ton corps, ton cœur, ta personnalité, tes repères. Et donc tes goûts aussi. Qu'aimes-tu vraiment ? Qui aimes-tu ? Ça carbure sous ton crâne !

### NUANCES DES GENRES

En outre, dans le monde sexué, tout n'est pas tout rose ou tout bleu… Il y a des nuances de mauve et chacun d'entre nous possède sa part de masculinité et sa part de féminité. Selon les individus, et chez les adultes aussi, ces deux facettes s'expriment plus ou moins et se mélangent pour donner ce que tu es : un modèle unique de garçon, peut-être ultrasensible et doux, bagarreur et fonceur, ou tout cela à la fois. En attendant, pour en revenir à toi, l'alchimie est en plein bouillonnement et tu peux te retrouver décontenancé.

### LAISSER FAIRE, LAISSER ÊTRE

Ne t'inquiète donc pas s'il t'arrive d'éprouver une grande admiration ou une forte amitié, teintées d'ambiguïté, envers des garçons de ton entourage. Cela ne signifie pas que tu es homosexuel. Simplement, ton esprit tâte le terrain. Pendant quelques années encore, tu seras peut-être angoissé de ne pas te sentir sexuellement fixé. Note qu'à cette période, tu seras, comme bien des garçons, sans doute très chatouilleux sur la question… Puis, quand ta préférence sexuelle sera cristallisée, viendra le temps plus décontracté où tu laisseras ta part de féminité s'exprimer… en vrai homme.

**ET SI TU EN ES SÛR…**

**Il arrive que l'on ait, petit, déjà le sentiment d'être homosexuel… Ceux-là racontent que la chose s'est imposée à eux comme une évidence : du plus loin qu'ils s'en souviennent, ils ont toujours aimé les garçons. Alors, à l'adolescence, du stade des questions ils sont passés à celui de l'angoisse. Car même si les mœurs ont évolué à ce sujet, il est normal de craindre cette réalité. On peut avoir peur de ce que l'on va devenir, du regard des autres et surtout de celui de sa famille. Le chemin pour s'accepter, et se faire accepter, est ardu. Et, si pouvoir en parler est nécessaire, ça n'est pas non plus forcément aisé.**

# HUMOUR

**H**

**Pour se faire des copains et briller auprès des filles, l'humour est une des meilleures armes qui soient. Attention cependant à ne pas en abuser et savoir de quoi, en quelle occasion, et avec qui rigoler. Car humour a tôt fait de rimer avec lourd…**

### UN ATOUT POUR SOI…

Faire rire, c'est bon. D'abord pour toi : cela te permet de mettre, temporairement, de côté tes problèmes, et de te sortir du quotidien. Si tu en as la force, tu peux aussi l'utiliser pour répondre à ceux qui t'insultent. Ton humour deviendra la preuve que les attaques ne t'atteignent pas, et il soulignera ta force de caractère. Pas toujours facile à appliquer mais toujours efficace !

### … QUI FAIT MOUCHE AUPRÈS DES AUTRES

En plus, ton humour, s'il est pertinent, t'attachera à coup sûr tes copains. Sans passer pour le bouffon de service, quelques blagues absurdes ou remarques ironiques feront de toi quelqu'un de plutôt sympathique, qu'on aime inviter aux soirées et qui montre qu'il s'intègre facilement . Quant aux filles, le dicton est explicite : « femme qui rit à demi au lit ».

### ON PEUT RIRE DE TOUT… MAIS PAS AVEC N'IMPORTE QUI

L'humour n'a qu'une seule limite : la méchanceté. Et la frontière entre les deux est parfois mince. Enfin, le mot d'esprit, comme on disait autrefois, est une arme à manier avec prudence ; et mieux vaut éviter les sujets sensibles (religion, particularités physiques, politique, origine…) quand tu ne connais pas assez bien ceux qui t'entourent… L'humour patauge vite dans la gaffe.

**MODE D'EMPLOI**

**AU SECOURS, JE N'AI PAS D'HUMOUR !**

- **Prends du recul.** Ne prends pas toutes les vannes que tes copains te lancent au pied de la lettre, et apprends à rire de toi-même. C'est un bon moyen de se sortir de l'embarras. Si tu te trouves dans une situation ridicule, soulignes-en à haute voix le côté absurde. Fais-en un atout. Si toutes tes blagues tombent à plat, ne change rien ! Là aussi, prends de la distance et annonce la couleur : « J'ai une vanne pas drôle du tout ! »
- **Impose-toi.** Peut-être es-tu trop timide. Dans ce cas, ne te force pas et vas-y progressivement, avec une blague discrète de temps en temps… Si elle est bien sentie, tu auras gagné ton pari.
- **Arrête-toi quand il le faut.** Si tu sens que la sauce ne prend pas, arrête les frais tout de suite. Il n'y a rien de pire que quelqu'un qui essaie de faire rire, échoue et persiste.

VOIR AUSSI Lourd

# INCESTE

**L'inceste est un acte sexuel commis entre proches parents. Il est interdit dans toutes les sociétés du monde. C'est aussi un traumatisme pour la personne qui le subit. Et ça n'arrive pas qu'aux filles.**

## UNE VIOLENCE EXTRÊME...

La victime d'un inceste ne peut pas comprendre d'emblée la portée du traumatisme, mais la violence de ce dernier peut entraîner chez elle des troubles psychiques. Plus elle est jeune, plus la victime se sent en fusion avec son agresseur : elle ne sait pas bien à qui appartiennent son corps et son esprit (à l'agresseur ou à elle ?). Ce qui est certain, c'est qu'elle est dépossédée de son corps. Dans le cas d'un inceste, l'agresseur est toujours un grand manipulateur qui fait culpabiliser le jeune homme ou la jeune fille en lui faisant croire qu'il ou elle est le ou la responsable de cet acte honteux et en lui faisant jurer de garder le secret. Par honte et/ou peur des conséquences sur la famille, les victimes peuvent ainsi se taire pendant des années.

## ... QUI ENGENDRE SOUFFRANCES ET AUTODESTRUCTION

Les garçons victimes d'inceste, et qui tentent d'enfouir ce secret atroce en eux, n'en sortent jamais indemnes. Tentatives de suicide, repli sur soi, comportement violent, consommation de drogue, fugue, tels sont les symptômes de l'immense douleur qui les frappe. Pour s'en sortir, il n'y a qu'une piste possible – et elle est longue et chaotique : d'abord, il leur faut porter plainte pour prendre conscience que la société condamne leur agresseur et les protège ; puis, ils auront besoin de dire ce qu'ils ont vécu – de le reformuler avec leurs mots et leurs émotions à eux. Ensuite pourra venir le temps de la reconstruction.

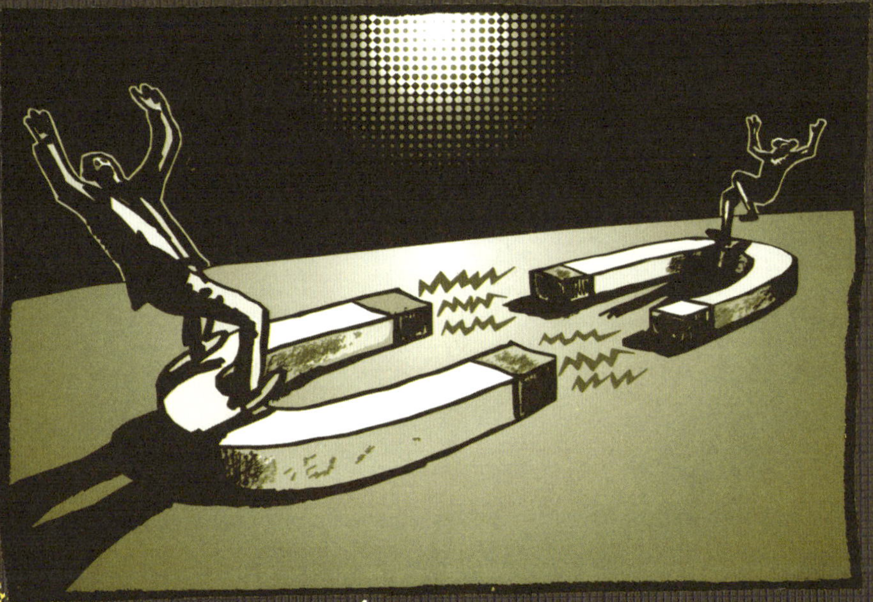



VOIR AUSSI Viol, Violence

# INTELLO

# I

**On l'imagine caché en permanence derrière l'écran de son ordinateur ou bouquinant un gros volume. Pourquoi agace-t-il ? Pourquoi est-il si difficile d'en être un ?**

### INTELLIGENT MAIS...

En fait, loin de cette image digne d'une caricature de série américaine, l'intello (comme on le qualifie) est avant tout quelqu'un qui aime s'instruire, y prend beaucoup de plaisir et fait tout pour réussir en classe. Et ça, il y a beaucoup de monde que ça énerve... car, évidemment, quelqu'un qui prend du plaisir à accomplir ce que tout le monde déteste, c'est louche ! Et plus encore quand il y réussit ! De fait, ceux que ça rend jaloux ne se gênent pas pour le lui faire payer...

### ... REJETÉ !

L'intello est donc souvent mis à l'écart du groupe, il subit railleries et brimades, voit assez peu ses camarades de classe en dehors des cours et, pour peu qu'il soit timide, ne mène pas une vie sentimentale débridée... Plutôt injuste, non ? Car, finalement, qu'y a-t-il de mal à aimer la connaissance ? Rien, évidemment. D'ailleurs, l'intello est souvent sollicité par ses camarades pour les aider dans leurs devoirs ou boucler une page d'exercices d'algèbre.

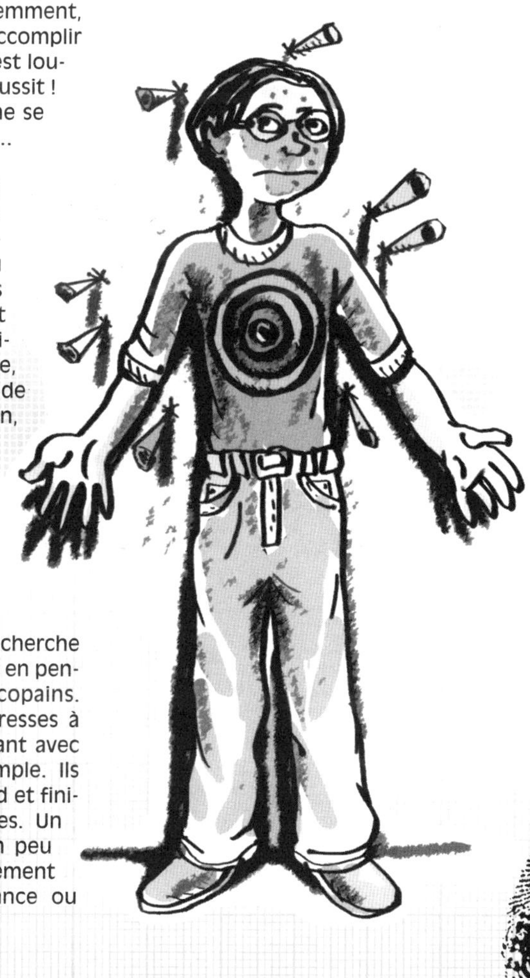

### L'INTELLIGENCE DU CŒUR

Si tu es dans cette situation et que tu en souffres, surtout ne cherche pas à te faire plus bête que tu n'es en pensant te rapprocher de tes copains. Montre-leur plutôt que tu t'intéresses à eux, que tu es ouvert, en discutant avec eux de leurs passions, par exemple. Ils seront moins méfiants à ton égard et finiront par t'accepter tel que tu es. Un conseil, malgré tout : attends un peu avant de leur parler de ton engouement pour l'astronomie à la Renaissance ou l'archéologie sous-marine...

# INTERNET (S'Y RETROUVER)

**Avoir le monde, et même davantage, à portée de clic n'est plus un rêve. Le réseau Internet est accessible depuis quelques années. Encore faut-il savoir s'y retrouver…**

### UN MOTEUR POUR AVANCER

Pour naviguer sur la « toile » sans te noyer dans le flux d'informations, tu as le choix entre deux options : taper directement l'adresse (appelée « url ») du site sur lequel tu veux te rendre, ou saisir un mot clé dans un moteur de recherche. Il te donnera une liste des sites dans lequel le mot clé que tu as choisi apparaît.

### VÉRIFIER L'INFO, ENCORE ET TOUJOURS…

Quoique hyper-pratiques, ces moteurs présentent des défauts qu'il te faut connaître. Par exemple, les sites qui apparaissent dans leurs listes ne sont pas forcément les plus pertinents ; ils sont classés par ordre de fréquentation. En clair, le premier de la liste est souvent celui qui reçoit le plus de visites – cela ne signifie pas qu'il est le plus complet ! C'est à toi de rechercher l'administrateur du site, ou l'émetteur des infos qu'il contient. Car on trouve de tout sur le Net, et la différence entre les pages d'un amateur loufoque et un site officiel gouvernemental est souvent énorme ! Les informations trouvées sur l'un et l'autre n'ont absolument pas la même valeur. Là, à toi de faire le tri…

# INTERNET (LES RENCONTRES)

### COMMENT ÇA MARCHE ?

Faire des rencontres *via* Internet, c'est un peu comme dans la vraie vie : il y a mille manières de procéder. Si tu es fan de rock anglais, d'arts martiaux ou de voitures, et que tu consultes régulièrement des sites traitant de ta passion, tu auras la possibilité d'échanger avec les autres passionnés sur les forums de discussion. Vous pourrez converser des sujets qui vous tiennent à cœur et, si le contact passe bien, échanger vos adresses mail et tchatter *via* MSN par exemple. En matière de *cyberdrague*, la grande révolution est survenue grâce aux sites de rencontre. La plupart sont réservés aux majeurs, mais il en existe certains dédiés aux adolescents. On s'y inscrit, on rédige une sorte de fiche d'identité nous décrivant (physique, passions, lieu de résidence, etc.) et... on attend. Si une fille est intéressée par ton profil, elle prendra contact avec toi par l'intermédiaire du site et vous aurez la possibilité de discuter par claviers interposés, voire d'échanger vos adresses électroniques.

### LES LIMITES ET LES RISQUES

Comme toujours avec Internet, il faut être vigilant et prudent... Ainsi, même si tu viens d'y rencontrer la fille de tes rêves, ne t'emballe pas ! Car, finalement, es-tu sûr que c'est bien à cette jolie blonde que tu t'adresses lorsque tu tchattes avec elle ? Qu'est-ce qui te garantit qu'il ne s'agit pas d'un (ou d'une) imposteur ? Évidemment, cela peut te paraître un peu paranoïaque comme réflexion, mais sache que tu n'es absolument pas à l'abri de quelqu'un de malveillant... même si tu es un garçon. Ne donne donc JAMAIS ton vrai nom, ton adresse ou quelque détail trop personnel sur toi. Enfin, il est hautement probable que tu rencontres en surfant une fille qui vit à plusieurs centaines de kilomètres de chez toi ! Pose-toi la question de savoir si la relation que vous vivez par écran interposé a de réelles chances dans la « vraie vie ». Es-tu prêt à te contenter de ce cyber-amour ?

VOIR AUSSI **Blog, MSN**

# JALOUX

**J Qu'il s'agisse d'amour ou d'amitié, on est toujours un peu jaloux quand l'autre s'éloigne de nous pour un temps, trois secondes ou trois semaines. Ce n'est pas grave… Sauf si l'un de vous deux (ou pire, les deux !) en souffre réellement.**

Avant toute chose, il faut faire la différence entre les deux formes de la jalousie : la saine et la maladive. Pour la première, à chacun de placer son curseur. La seconde, elle, est destructrice.

### JALOUX… COMME TOUT LE MONDE

Dans le premier cas, la jalousie est naturelle, voire nécessaire : elle témoigne de l'intensité de l'amour qu'on éprouve. Pas de culpabilité à avoir, n'importe quel amoureux fou te le confirmera : quand on aime une fille à la folie, on n'a pas envie de voir Brad Cruise lui tourner autour. Même s'il ne se passe rien. Après, à vous deux de déterminer vos limites : pour certains un baiser sur la joue, déjà, c'est tromper ; pour d'autres, non. L'important est que ton amie et toi en discutiez, afin de trouver un terrain d'entente… sur ces limites de la fidélité. En cas d'accès de jalousie de ta part, afin que ta demande soit jugée recevable, n'oublie pas de dire : « J'ai souffert en constatant que… » plutôt que : « Tu n'es vraiment qu'une garce ! »

### QUAND ELLE DÉTRUIT TOUT

La jalousie maladive, elle, est plus incisive : celui qui en est rongé ne supporte simplement pas que sa moitié puisse se consacrer à quelqu'un d'autre que lui. Insoluble problème d'un tel comportement : on a beau le (ou la) rassurer sur la sincérité de ses sentiments, rien n'y fait ! Cela calme la situation pour un moment… jusqu'à la prochaine fois.

### COMMENT RÉAGIR ?

Si ton amie et toi vous retrouvez pris dans un tel tourbillon de sentiments extrêmes, vous souffrez certainement tous les deux et votre relation ne fait qu'osciller entre réconciliations et crises. Si c'est elle la jalouse, je te rassure tout de suite : ce n'est pas toi le problème ! Elle pourrait très bien être liée avec quelqu'un d'autre que cela n'y changerait rien. Elle souffrirait tout autant, car son besoin d'exclusivité est certainement le symptôme d'une blessure ancienne. Alors, sois le plus calme possible, écoute, discute avec elle de sa jalousie, et cherchez ensemble une solution… Mais si la situation dégénère n'hésite pas à être ferme. Voire radical.


VOIR AUSSI Fidélité

## Une formule magique à manier avec le cœur, et précautions !

### PRENDRE SON TEMPS

Voici les trois mots les plus difficiles à prononcer de toute la langue française. Il est possible que tu sortes avec une fille depuis plusieurs mois sans qu'aucun de vous n'ait encore signifié à l'autre son amour à haute voix ! Ça n'est pas anormal : l'intensité d'un « je t'aime » peut en ébranler plus d'un(e).

### UN CADEAU... QUI PEUT FAIRE PEUR !

Le principal souci du « je t'aime », c'est qu'il suppose une réponse de la part de celui (ou celle) à qui il s'adresse. En ce sens, il peut surprendre, ou mettre carrément mal à l'aise ta copine si elle ne s'y attend pas du tout... Elle peut se sentir obligée de te répondre par un timide « moi aussi », sans conviction. Il faut donc que tu te prépares à affronter le pire : une absence de réponse de sa part. Pas de panique pour autant ! Ce n'est pas pour cela qu'elle ne t'aime pas et que vous devez vous séparer ! Laisse-lui le temps d'apprivoiser votre relation... Alors, quand tu la sentiras mûre du cœur, crie-lui ton amour pour elle.

### EN ÊTRE SÛR !

Inversement, si c'est à toi qu'on le dit, surtout ne réponds pas « moi aussi, tu sais » si tu n'en es pas certain ! Ce serait lui manquer de respect et lui mentir ! *Idem*, si c'est toi qui le dis le premier... Tu dois absolument être sûr de tes sentiments et ne pas jouer avec elle. Dire « je t'aime » pour arriver à ses fins est un crime d'amour qui ferait de toi un menteur.

VOIR AUSSI Déclaration

# JEUX VIDÉO

**Terrasser un dragon puis dévaliser une banque avant de dévaler les rues de San Francisco aux côtés d'un mannequin célèbre, tout cela est désormais possible… virtuellement, bien sûr. Bonne affaire ! Pourtant tes parents ne sont pas toujours de cet avis. À toi de leur prouver que tu es un joueur digne de confiance.**

### UN UNIVERS EXCITANT…

Que l'on se glisse dans la peau d'un chevalier, d'un gangster ou d'une star du football, le but recherché est le même : vivre des expériences uniques, des aventures mieux qu'au cinéma, loin du train-train quotidien. En prime, les jeux vidéo offrent la possibilité de se retrouver avec quelques amis fans du *joystick* autour d'une bonne pizza pour une soirée 100 % console. Divertissement personnel ou plaisir de la communauté, tu peux évoquer les diverses vertus du jeu vidéo auprès de tes parents et commencer par leur montrer que tu analyses finement le phénomène.

### … MAIS SOUVENT VIOLENT

Autre aspect : en tant qu'univers virtuel, le jeu vidéo reflète les interdits de notre société. Ainsi, beaucoup de titres sont fondés sur la transgression et permettent aux joueurs de commettre des actes bannis dans la vraie vie. Détruire un immeuble avec un bazooka au volant d'une voiture de sport et échapper aux forces de l'ordre en massacrant tout ce qui bouge est, dans le monde virtuel, chose courante ! À la clé, des sensations grisantes qui ne doivent pas te faire oublier qu'un jeu vidéo n'est qu'une succession de codes informatiques… D'ailleurs, je ne t'apprendrai rien : les criminels, les vrais, optent pour un style nettement plus discret. À toi de montrer à tes parents que tu ne confonds pas les deux mondes et qu'avoir décapité 666 zombies cet après-midi ne fera pas de toi un délinquant !

**ATTENTION À LA DÉPENDANCE !**

Mais si tu es « accro » aux jeux vidéo, que tu sens que tu as du mal à t'en passer, enclenche vite l'alarme générale. Au-delà d'un certain nombre d'heures par jour, il peut arriver que l'on ait de plus en plus de mal à décoller de son écran, au point d'en oublier de manger, de dormir et de sortir. Dans ce cas, fais-toi un planning de jeu auquel tu devras te tenir... Parce que la vie en vrai, c'est quand même beaucoup plus risqué... et donc plus excitant !

**STATISTIQUES**
Les garçons de 8 à 10 ans passent plus de 17 heures par semaine devant un écran (télévision, console vidéo ou ordinateur).

# LECTURE D'HOMME

**En moyenne, les garçons lisent moins que les filles... Au-delà de l'anecdote statistique, la lecture est un des « outils bonheur » de la vie. Encore faut-il aimer lire. Heureusement, l'appétit pour les livres, ça se déploie.**

### POURQUOI S'Y METTRE ?

La lecture te fait rêver, voyager, mûrir. Les ouvrages lus sont autant de tremplines pour ton esprit, qui te permettent de forger ta propre pensée, d'exercer ton indépendance d'esprit, bref de devenir un homme libre. CQFD.

### COMMENT S'Y METTRE ?

Sélectionne les livres selon tes goûts. Tu aimes les voyages ? Le sport ? La musique ? Une période historique en particulier ? Un pays ? Tente de trouver des ouvrages qui s'y rapportent. Pour être sûr de ne pas te tromper dans ton choix, tu peux t'adresser à une bibliothécaire ou à la

**LECTURES D'HOMME**

**De façon évidente, certains auteurs et leurs romans touchent davantage le cœur de l'homme que l'âme de la femme. Florilège.**

**Les classiques** : Rudyard Kipling (*L'homme qui voulut être roi*), Robert Louis Stevenson (*L'Île au trésor*, *L'Étrange Cas du Dr Jekyll et de Mr. Hyde*), Jack London, Ernest Hemingway, Albert Camus (*L'Étranger*), Boris Vian, John Steinbeck (*Tortilla Flat*, *Des souris et des hommes*), Stefan Zweig (*Le Joueur d'échecs*, *Amok*), Italo Calvino (*Le Baron perché*, *Le Chevalier inexistant*, *Le Vicomte pourfendu*), Edgar Alan Poe, Arthur Schnitzler, et les nouvelles fantastiques de Guy de Maupassant (rien de mieux que celles-là ; elles sont courtes et accrocheuses).

**Les contemporains** : Patrick Süskind (*Le Parfum*), Roy Lewis (*Pourquoi j'ai mangé mon père*), Gabriel García Marquez (*L'Amour au temps du choléra*), Julio Cortázar, Fred Vargas.

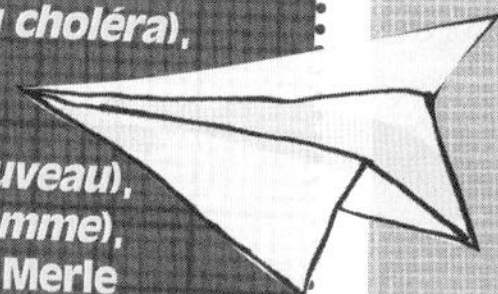

**Les récits de guerre** : Erich Maria Remarque (*À l'ouest rien de nouveau*), Ambrose Bierce (*Histoires impossibles*), Primo Levi (*Si c'est un homme*), Alexandre Soljenitsyne (*Une journée d'Ivan Denissovitch*), Robert Merle (*La mort est mon métier*), Marc Dugain (*La Chambre des officiers*).

**Les auteurs de fantastique, de science-fiction et de fantasy** : George Orwell (*1984*), Ray Bradbury (*Fahrenheit 451*, *Chroniques martiennes*), Bram Stoker (*Dracula*), J.R.R. Tolkien (*Le Seigneur des anneaux*), Philip K. Dick.

**La poésie et le théâtre** : Charles Baudelaire (*Les Fleurs du mal*), Guillaume Apollinaire (*Alcools*, *Poèmes à Lou*) côté poèmes ; Alfred Jarry (*Ubu roi*), Eugène Ionesco (*Rhinocéros*), Oscar Wilde (*L'importance d'être constant*, *Un mari idéal*) côté pièces.

documentaliste de ton CDI, et aux libraires bien sûr. Jette un œil aux quatrièmes de couverture (le dessous des livres) des ouvrages que tu auras sélectionnés. N'hésite pas, enfin, à lire les romans dont sont tirés des films que tu as aimés. C'est un premier pas – de géant – vers le monde littéraire.

### UN LIVRE SE MÉRITE

Parfois il est difficile de lire. On peut avoir du mal à « entrer » dans l'histoire, buter sur certains mots, trouver le style de l'auteur trop compliqué. Ce n'est pas grave, au contraire. Si tu ne baisses pas les bras à la première difficulté, tu seras récompensé au centuple.

### POUR TOI, PAS POUR LES AUTRES

Enfin, ne te prends pas la tête avec les « péremptoires de la culture » ; ose aimer ce que tu aimes. Il n'y a rien de pire qu'une culture plaquée, stérile et compassée. Tu as la tienne ; même si elle n'est pas étendue, elle participe de ce que tu es.

# LETTRE D'AMOUR

**À l'heure du texto, des mails et de MSN, la lettre d'amour se retrouve dotée d'une vertu nouvelle : l'originalité.**

### 100 % EFFICACE !

Non, la lettre d'amour n'est pas réservée aux héros des téléfilms brésiliens ! Elle n'est pas non plus dépassée et, dans la course à l'efficacité, elle devance le cœur tout moche en smiley envoyé par SMS à celle que tu aimes... Pourquoi ? Tout simplement parce qu'elle montre que tu t'es impliqué à fond dans sa rédaction et que tu as ouvert ton cœur. Pas mal.

### QUELQUES PRÉCAUTIONS...

Ne déclare pas ton amour par lettre sauf si toi et ta petite amie en êtes déjà à un stade d'intimité très avancé ! Si tu adresses une lettre d'amour à une totale inconnue, elle sera forcément gênée de cette proximité sentimentale imposée. Pour l'écrire autrement, tu lui ouvres ton cœur mais elle n'a pas forcément envie d'y regarder...

### MODE D'EMPLOI

### LA LETTRE D'AMOUR

- **Elle doit te ressembler.** Ce n'est pas parce que tu écris que tu dois te sentir obligé d'adopter un style ampoulé qui n'est pas le tien ! Laisse ta plume filer au gré de tes idées et décontracte-toi. Je te conseille d'ailleurs de ne te relire qu'une seule fois, à la fin...
- **Elle doit garder une part de spontanéité.** Une lettre d'amour vivante, c'est une lettre que l'on lit comme un miniroman. Par exemple, si tu es interrompu dans ton ouvrage et que tu comptes reprendre plus tard, écris-le-lui ! Elle situera encore mieux l'état d'esprit dans lequel tu étais lorsque tu l'as rédigée.
- **Elle ne doit pas être barbante.** Rien ne t'empêche de saupoudrer le tout d'humour ! L'amour est une chose trop importante pour en faire un exercice de style ennuyeux... Plus les sentiments sont profonds, plus la légèreté est de mise.
- **Elle doit être impeccable.** Accorde un soin particulier à la présentation et à la correction des fautes d'orthographe. *Exit* le langage texto et autres abréviations : ton amour mérite mieux que ça, non ?

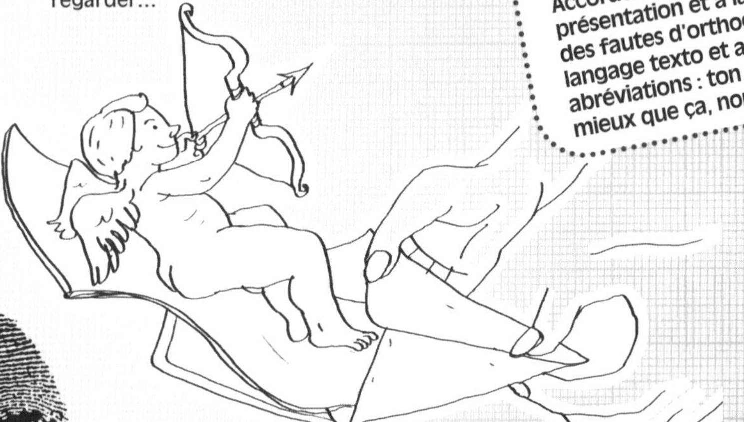



VOIR AUSSI Déclaration, Romantique

**Un mot que tout le monde croit connaître, et qui est pourtant largement galvaudé... Car la libido, c'est bien davantage qu'une affaire de sexe !**

### ELLE EST PARTOUT !

Le terme a été créé en 1914 par le célèbre Sigmund Freud (inventeur de la psychanalyse) à partir du latin *libido* qui signifie « désir ». Pour autant, libido n'est pas synonyme de ce terme. On pourrait dire plutôt qu'il s'agit d'une énergie qui pousse l'Homme à accomplir des actes porteurs de vie. Bien sûr, tu reconnais là la fonction première de la sexualité ! Mais si la sexualité entre dans le champ de la libido, celle-ci ratisse bien plus large...

### ET LA TIENNE, DANS TOUT ÇA ?

À ton âge, la libido est presque neuve et, bien sûr, c'est elle la coupable qui te pousse à regarder les rondeurs des filles... Mais elle ne se limite pas à cela. Ta libido t'incite à prendre soin de toi (pour plaire), elle te donne la force d'écrire une lettre d'amour (voir page ci-contre) ; et c'est encore elle qui te permet de dépasser ta peur quand tu montes sur scène une guitare à la main.

# LOOK

**C'est l'élément central de ton style, alors autant ne pas verser dans le « n'importe quoi »... et opter pour une garde-robe qui te ressemble.**

### ENVIE DE CHANGER

C'est normal d'en avoir assez de tes vêtements de jeunot si tu aspires à devenir un homme. D'autant que ce corps qui change perpétuellement commence à se sentir à l'étroit dans les habits que ta mère t'achetait jusque-là... Et puis, comme tous les garçons de ton âge, tu commences à comprendre que ce n'est pas avec un look de garçonnet que ➡

### MODE D'EMPLOI

#### CHANGER DE LOOK

- **Fais le tri.** Vide ta garde-robe et écarte d'emblée les vêtements que tu ne portes plus et/ou ceux qui ne te plaisent plus.
- **Remplace.** Fais le compte de ce qui te manque et essaie de voir quel type de vêtements s'intégrerait le mieux à ta garde-robe restante.
- **Cherche.** Avec une copine ou un copain dont tu penses qu'il (elle) a bon goût, explore les boutiques qui s'accordent à ton budget.
- **Achète.** Forcément, tu ne peux pas tout acheter d'un coup. Commence par ce qui se voit : pantalons, sweats, chemises. Le reste, tu pourras l'acheter au fur et à mesure...

tu risques d'intéresser les filles ! D'où ton envie de tout changer pour trouver enfin un look qui te convienne, qui donne de toi l'image d'un jeune homme bien dans sa peau.

**OUI, MAIS CHANGER POUR QUOI ?**

À toi de voir selon tes goûts. Car tu as de la chance, tu as le choix ! Il est fini, le temps où les rayons des grandes enseignes de mode étaient uniquement destinés aux filles. Le tout, maintenant, est de savoir quel style adopter. Entre les jeans délavés, les *baggy* façon skateur new-yorkais et les joggings pour une dégaine de rappeur, il n'est pas toujours facile de trouver ce qui te sied le mieux ; encore moins aisé d'y ajouter cette petite pointe d'originalité que tu recherches sûrement.

**NE PAS COPIER...**

Adopter un look, ce n'est pas faire un copier-coller de ce que portent tes copains ! Carrure, taille, morphologie sont autant de critères à prendre en compte pour savoir si tel vêtement te va ou non... Tu peux quand même leur piquer deux ou trois idées en attendant de te concocter un genre « 100 % toi ».

**... MAIS FAIRE AVEC SA DIFFÉRENCE.**

Dans le but de créer ton style, intègres-y tes préférences musicales, sportives ou esthétiques. Tes choix de tee-shirts, badges ou simplement de couleurs orienteront ton image... Attention quand même à ne pas jouer les hommes-sandwichs !

VOIR AUSSI *Fashion victim*, **Styles**

# LOURD

L

**Il est partout : de toutes les conversations, de toutes les soirées, de toutes les sorties... Et pourtant, tout le monde le fuit comme la peste.**

### ENNUYEUX ET INSENSIBLE

Lui ? C'est le « lourd de service ». Autrement dit, le seul capable de transformer un déjeuner au self en une véritable séance de torture ! Tes amis et toi faites tout pour l'éviter, mais le pire est que rien n'y fait. Il est toujours là, surgissant au dernier moment pour s'incruster dans votre petite bande dès qu'une sortie au ciné ou une soirée entre copains se profile. Côté filles, sa cote n'est pas non plus au plus haut. C'est simple, dès que résonne le bruit assourdissant de ses gros sabots dans le couloir, c'est la panique à bord et toutes se trouvent des excuses pour ne pas avoir à le supporter ! Or, lui ne comprend pas. Ou, parfois (c'est triste, alors), il semble prendre conscience de sa balourdise, mais il persiste quand même ! Argh !

### SURTOUT NE PAS L'IMITER !

**Il en fait toujours des tonnes.**

Le lourd n'a qu'un seul objectif : se faire remarquer. Dans chaque conversation, il cherchera à avoir le dernier mot, l'argument le plus étrange ou l'anecdote la plus invraisemblable (mais véridique, hein !!!). Il cherche en fait à donner une image qui ferait de lui quelqu'un d'exceptionnel dont tout le monde voudrait être le meilleur ami. Échec total.

**Il ne sait pas s'arrêter.**

Même quand la conversation a changé, il est le seul qui a encore un wagon de retard et qui revient sur le sujet, quitte à répéter la même histoire impro-

**« JE ME SENS LOURD »**
Si tu te reconnais un peu dans ce triste portrait, interroge-toi séance tenante sur les raisons de cette situation. Manque de confiance en toi ? Envie de plaire à tout prix ? Peur paralysante de n'être pas à la hauteur ? Si tu es vraiment lourd, tu as certainement besoin d'aide : tourne-toi alors plutôt vers des adultes, qui seront sans doute plus enclins à t'écouter. Et de meilleur conseil.

bable dont il est le héros. Son problème ? Il change sans arrêt de version et perd toute crédibilité. Au secours !

### Il ne fait rire que lui.

Son humour est un peu comme la bûche de Noël à la crème : indigeste. Souvent grossier, jamais subtil et toujours hors sujet, le lourd cherche à faire rire mais n'y arrive pas. D'ailleurs, pour se persuader qu'il est irrésistiblement drôle et indiquer à l'auditoire médusé la chute de sa blague, il éclate d'un rire gras. Pitié !

### Il est pressant avec les filles.

Pas plus doué avec les filles qu'avec ses copains, le lourd cherche pourtant l'âme sœur. Sans succès, évidemment. Même en ayant essuyé moult échecs, il reviendra toujours à la charge, persuadé que tous les refus de celle qu'il convoite ne sont en fait que des « signes-qui-ne-trompent-pas ». Arrêtez-le !

### Il est collant avec ses « amis ».

Comme un chewing-gum te colle à la basket, le lourd te suit partout et semble impossible à semer. Car, derrière son air un peu pataud, se cache un fin limier toujours à la recherche d'un plan pour s'incruster. SOS.

# LUNETTES

**Signe ostentatoire d'appartenance à la communauté des « nerds » ou des intellos, les lunettes jouissent d'une mauvaise réputation chez les garçons... Pas pratique quand on fait du sport, et pas rock'n roll du tout quand on est fan de guitares électriques, sache pourtant que les lunettes peuvent se plier à (presque) toutes tes exigences en matière stylistique.**

### UN MARCHÉ EN EXPANSION

Car c'en est fini des loupes qui donnaient à celui qui les portait l'air d'un poisson des abysses. Aujourd'hui on peut porter des lunettes, avoir l'air classe et aimer se nourrir d'autre chose que de plancton… Car, devant la recrudescence des cas de myopie et autres astigmaties, les lunetiers rivalisent d'imagination… pour ton plus grand bonheur, toi l'ex-poisson préhistorique.

### À CHACUN SON LOOK !

Du coup, c'est un fait : que l'on soit surfeur, rocker, rappeur, *fashion victim* ou gothique, on peut trouver une paire de lunettes à son goût. Deux solutions : soit tu optes pour les lunettes très très discrètes qui ne modifient en rien ton allure, soit tu choisis une paire qui appuie ton style… C'est une question de préférence. Mais dans les deux cas, un maître mot : assume-les. Et souviens-t'en quand tes binocles te tapent sur le disque dur : les filles sont loin d'y être allergiques…

**MODE D'EMPLOI**

**LES 6 COMMANDEMENTS DU BON USAGE DES LENTILLES**

- **Les ôter le plus souvent possible (quand tu es chez toi…).**
- **Toujours les enlever pour dormir.**
- **Toujours prévoir une paire de lunettes au cas où tu perdrais une lentille ou si tu ne les supportes plus.**
- **Toujours avoir avec toi de quoi te laver les mains (flacon d'antiseptique sans rinçage en vente dans les pharmacies et grandes surfaces).**
- **Toujours avoir avec toi une petite bouteille de sérum physiologique pour te rincer l'œil au cas où une poussière viendrait te gêner.**
- **Toujours avoir avec toi un étui rempli de solution pour pouvoir les ranger soigneusement, si ce ne sont pas des lentilles journalières.**

# M MACHISME & SEXISME

**Ces comportements d'un autre âge sont malheureusement toujours d'actualité dans les cours des collèges et lycées. S'ils portent évidemment atteinte au droit au respect des femmes, ils dévalorisent tout autant celui qui en est à l'origine. Être un homme, ce n'est pas ça ! Au contraire...**

### QUELLE DIFFÉRENCE ENTRE LES DEUX ?

Le machisme est le sentiment de supériorité que peuvent éprouver certains hommes vis-à-vis des femmes. Le sexisme, lui, est l'ensemble des attitudes qui sont le fait de machistes. En clair, mains aux fesses, remarques « cochonnes » et autres comportements qui tendent à faire de la femme un objet sexuel contre sa volonté, sont considérés comme du sexisme.

### ÇA FAIT MAL

Ne pense jamais que, finalement, tout ça n'est que pour rire ; et que les filles ne prennent pas ces comportements au sérieux. Car, au lieu d'être drôles, les garçons qui se rendent responsables de ce genre d'attitudes blessent énormément celles qui en font les frais. Tâche une seconde de te mettre à leur place : aimerais-tu qu'on s'adresse à tes seins plutôt qu'à ta personne ? Qu'on te touche sans te demander ton avis ? Qu'on te déshabille du regard et des mots ? Bien sûr, certaines filles ne mesurent pas qu'elles sont très attirantes, voire aguicheuses... mais ça n'est pas une raison : fantasme autant que tu le souhaites, pour le reste, respecte-les.

### PAS LA PEINE D'EN RAJOUTER

Si certains garçons n'hésitent pas à jouer de leurs gros bras devant leurs copains lorsqu'ils croisent une fille, c'est surtout parce qu'ils manquent de confiance en eux... On pourrait facilement croire l'inverse, mais ce type d'attitude est surtout le fait de garçons qui se cherchent (parce qu'ils sont immatures) et qui, pour exister aux yeux des autres, exacerbent ce qu'ils croient être un comportement viril. En fait, cela ne trompe personne : au fond d'eux, les machos savent très bien qu'ils manquent de courage. La preuve : malgré leur envie folle d'embrasser des créatures ou de faire l'amour avec elles, les machos peinent à passer à l'acte.

# MAGAZINES DE GARÇONS

M

**Comment ne pas se laisser séduire par les couvertures de ces magazines au contenu tout indiqué lorsque l'on a prévu d'envoyer son cerveau au contrôle technique ?**

### UNE FORMULE BIEN RODÉE

Les magazines masculins sont un peu comme les bonnes vieilles recettes de grand-mère : avant même d'avoir goûté le plat, on en connaît déjà le goût... Avec leurs pin-up en couverture, les titres chocs, les couleurs flashy et les reportages sur les « terribles requins d'Australie mangeurs de surfeurs », les quelques titres qui se partagent le marché ne prennent pas beaucoup de risques pour bousculer leurs lecteurs ! Au programme : beaucoup d'images, peu de texte et toujours des sujets sensationnels qui flirtent le plus souvent avec un voyeurisme assumé. Un cocktail bien rodé qui mise tout sur la détente.

### ZÉRO PRISE DE TÊTE

Et c'est vrai que ça fait parfois du bien de se détendre en parcourant ces quelques pages où notre cerveau se met en mode « *stand by* ». Car, entre les canulars téléphoniques, les interviews formatées des « stars » de la télé-réalité et les infos insolites, on ne risque pas de se claquer un neurone.

### ET CONTENU TRÈS LIMITÉ...

Si tu y réfléchis bien, ces magazines sont assez peu flatteurs pour leur lectorat ! Considérer que les garçons ne sont intéressés que par les filles siliconnées (nues, bien sûr), les arnaques télévisées, les grosses voitures et les squales bâfreurs, c'est quand même un peu les prendre pour des quiches. Et bonjour l'image de l'homme (et des femmes...) véhiculée par ces supports ! Détends-toi donc autant que tu veux, mais ne débranche jamais totalement ton sens critique.

VOIR AUSSI Argent

# MAIGRE

**Durant cette période où tu deviens un homme, pour peu que tu ne sois pas bâti comme un bûcheron canadien, tu as vite fait de complexer sur ton apparence.**

### LA DICTATURE DU MUSCLE

Dans ce contexte particulier qu'est l'adolescence, les maigres, comme les gros d'ailleurs, n'ont pas la vie facile. Leur défaut ? Un physique qui sort de l'ordinaire et des canons imposés par la mode. Car, partout où tu poses le regard (publicité, films, clips, séries...), l'homme, le vrai, se doit d'être musclé et d'avoir une carrure d'armoire normande. Comme si, pour se sentir viril, il fallait mesurer 1,80 mètre et peser 75 kilos !

### DE L'AVANTAGE D'ÊTRE ~~MAIGRE~~ MINCE

Dans ces conditions, il n'est pas toujours facile de se sentir à l'aise quand notre corpulence annonce moins de 55 kilos pour 1,70 mètre. Pourtant, c'est plutôt un avantage si tu y regardes de plus près... Tu peux te goinfrer de tout ce dont tu as envie, t'habiller ne te pose aucun problème et, côté filles, malgré ce que tu peux penser, tu as toutes tes chances ! Les inconditionnelles des tablettes de chocolat et de la carrure d'athlète ne sont pas si nombreuses ; beaucoup préfèrent même un garçon mince bien dans sa peau à un gaillard de 1,80 mètre avec des portes de buffet en guise de paluches.

### EN FAIRE UN ATOUT

Mais, si tu soufres réellement de ton « excès de minceur », pourquoi ne pas pratiquer une activité sportive qui te permettra de te développer ? Quelques heures hebdomadaires de natation, de boxe ou de musculation suffiront à te faire prendre le peu de muscles qui te manque pour prendre un peu plus confiance en toi.

Dernier conseil en passant : évite les tee-shirts XXL qui te donneront l'air d'un porte-manteau, et opte plutôt pour des pantalons de type *loose* (un hybride entre la coupe ajustée et le *baggy*).

VOIR AUSSI Muscles, Régime (grossissant), Sport

**À la télévision, dans la rue, sur les affiches, et même sur les mannequins vivants que sont devenus groupes de rock et stars du hip-hop, elles sont partout ! Qui ? Les marques. Comment leur résister sans devenir un « sans-style » ?**

### ÉTIQUETTE D'IDENTITÉ

Des marques, notamment de mode, il y en a des dizaines. Du coup, afin qu'elles ne se marchent pas sur l'étiquette, ceux qui les conçoivent ont trouvé la parade : chaque marque est dotée de sa propre identité marketing. La recette ? Un slogan accrocheur, un design unique et une prétendue philosophie propre, le tout capable de capter l'attention d'une tribu. Certains « labels » rassemblent les rockeurs, d'autres les fans de hip-hop, d'autres encore les *fashion victims* en mal de nouveautés, etc. Le pire, c'est que ça marche : chacune de ces « tribus » s'identifie à sa marque en exhibant son logo aux yeux de tous.

### UN PHÉNOMÈNE INQUIÉTANT

L'engouement pour les marques peut te poser problème, quand tu te sens obligé d'en porter sous peine d'être taxé de ringard ou d'être rejeté par ton groupe de copains skateurs au motif que tu n'es pas assez « looké »... Du coup, tu te retrouves comme « sans identité », et on te reprochera de n'appartenir à aucun groupe ! Aberrant ! Depuis quand doit-on afficher ses préférences musicales ou philosophiques sur ses vêtements ? Et pour être respecté, en plus ?

### SE FAIRE PLAISIR SANS DEVENIR UN ESCLAVE

Rien ne t'empêche de craquer de temps en temps pour une paire de baskets à gros logo ou une chemise siglée ! Ce dont tu dois te méfier, c'est l'accoutumance à l'achat des marques. Car industriels et créateurs l'ont bien compris : en lançant sans cesse de nouveaux modèles, ils créent une sorte de dépendance qui nous pousse à toujours acheter davantage... sans grand bonheur véritable finalement, mais pour le plus grand malheur de ton portefeuille.

VOIR AUSSI *Fashion victim*, Look, Styles

# MASTURBATION

**M Parce que à l'adolescence la sexualité fait figure d'expédition spatiale, la masturbation est un indéniable moyen de découvrir de nouvelles sensations. Une pratique longtemps taboue, à laquelle disent se livrer 95 % des garçons.**

### IL ÉTAIT UNE FOIS LA MASTURBATION

Si les organes sexuels ne s'éveillent qu'à l'adolescence, la vie sexuelle commence bien avant ; car l'organe du plaisir, le cerveau, est déjà en marche depuis longtemps : depuis la naissance, en fait. Les premières caresses prodiguées par les parents, et les jeux avec son « zizi », constituent pour le petit enfant ses premiers émois sexuels. Pour autant, pas question ici de parler d'orgasme ! À cet âge, le petit d'homme explore juste son corps à la recherche de sensations agréables. Quant à la notion de « sexualité » chez l'élève de maternelle, tu t'en doutes, elle lui passe loin au-dessus du kiki.

### PLUS UN TABOU !

Quoique naturelle, la masturbation a longtemps été considérée comme un tabou dans notre société et une quantité incroyable d'idées fausses ont circulé à son sujet. Heureusement, on le sait aujourd'hui : la masturbation ne rend pas sourd, pas plus qu'elle n'empêche la croissance et encore moins qu'elle ne favorise l'acné ! Ces sottises étaient assenées par des adultes pudibonds, effrayés par la sexualité de leurs enfants.

### À LA DÉCOUVERTE DU PLAISIR

À l'adolescence, l'attirance pour l'autre augmente ; le désir sexuel monte. Rien que de très normal. La masturbation agit alors comme un moyen de satisfaire ce désir sans avoir à partager des relations sexuelles… ce qui est tout de même drôlement pratique quand on est un garçon champion de timidité ! En outre, la masturbation permet la découverte de ses zones érogènes et l'assouvissement des fantasmes… Bref, elle est un pas de plus vers une sexualité d'adulte.

### UNE QUESTION D'INTIMITÉ

Malgré l'actuelle tendance à la libéralisation des mœurs et la disparition progressive des tabous sexuels, la masturbation doit rester avant tout une affaire personnelle qui ne regarde personne d'autre que toi. Pourquoi ? Parce qu'il ne faut pas confondre tabou et intimité. La masturbation n'est plus un tabou et c'est bien. Elle reste intime, et c'est une nécessité (l'intimité, on ne peut pas vivre sans, au risque de ne plus savoir qui on est). En clair, tu n'as pas besoin de le crier sur les toits, même si tes copains passent leur temps à comparer leurs performances… Après, c'est toi qui vois : l'essentiel est de savoir où on met les pieds…

# MENSONGES & MYTHOMANIE

**Enfant, on te disait sûrement que « mentir, c'est mal ». Or, et c'est une des nouveautés de l'adolescence, tu t'aperçois que beaucoup d'adultes mentent. Alors quoi, le mensonge ne serait-il pas si mal que cela ?**

### DES MENTEURS PARTOUT...

En fait, tout n'est pas aussi simple. Bien sûr, camoufler la vérité n'est pas une bonne chose, mais la gravité d'un mensonge dépend : 1) de ce qu'il cache, 2) de la raison qui pousse le menteur à agir ainsi... Les mensonges les pires sont ceux que l'on fabrique pour se protéger d'une erreur commise. Leur motivation n'est pas reluisante : la lâcheté. Du coup, ce type de mensonge est rarement pardonnable. À l'opposé, mentir pour éviter de faire souffrir quelqu'un peut être considéré comme un « mensonge de charité », donc bien moins grave. Il y a aussi certaines personnes à qui il est impardonnable de mentir : ses amis, ses parents proches, bref, ceux en qui on a confiance et qui nous font confiance. Quant à se mentir à soi-même, c'est surtout triste.

### ... MAIS PEU DE MYTHOMANES

À la différence des menteurs, les mythomanes, eux, n'ont pas forcément de raison de mentir. Leur seul but est de faire croire aux autres qu'ils ont une vie différente de celle qu'ils mènent. Ils peuvent se dire cousin d'un champion de roller, ou encore ami d'un célèbre acteur. À grand renfort de détails, ils sont capables de monter de toutes pièces une histoire vraisemblable. La vraie mythomanie est une maladie psychique ; assez peu de gens – heureusement – en sont atteints. Et sans doute pas ceux qui, dans la cour, se font traiter de « mytho ».

### MENTIR PAR AMOUR...

Quant à te faire passer pour ce que tu n'es pas dans le but de séduire, c'est parfaitement inutile. Si tu parviens à conquérir le cœur d'une fille par ce biais, elle risque bien un jour de découvrir la vérité... Et même si tu lui avoues tout avant que cela n'arrive, elle aura légitimement bien du mal à te faire confiance par la suite ! C'est le prix à payer...

# MENU RAPIDE POUR ÉPATER UNE FILLE

**Parce qu'il n'y a rien de plus craquant pour une fille qu'un garçon derrière les fourneaux, et parce que cuisiner pour elle, c'est lui montrer à quel point elle compte pour toi... Enfile ton tablier !**

Voici un menu composé de quelques recettes qui devraient faire mouche auprès de ta petite amie. Certaines sont simples, d'autres plus compliquées, mais toutes ont fait leurs preuves (crois-moi...). Cela peut te sembler copieux (surtout pour une fille), mais c'est pour que tu puisses ne sélectionner qu'un ou deux plats !

**AU MENU**

**En apéritif : Apéri-grecs**

**—**

**Comme entrée : Spanish soup**

**—**

**Plat principal : Sauté de dinde au cidre et aux tomates confites**

**—**

**Comme fromage (ou en plat principal accompagné d'une salade) : Toasty chèvre**

**—**

**Et le dessert : Choco pizza**

## APÉRI-GRECS

***Temps de préparation : 15 minutes***

***Temps de cuisson : 0***

**Il te faut :**

- **1 sachet de raisins secs**
- **1 boîte de tomates-cerises**
- **de la feta**
- **de l'huile d'olive**
- **du thym et du romarin**
- **du sel et du poivre**
- **1 boîte de cure-dents**
- **1 tranche de pain à la mie serrée**

Coupe en deux autant de tomates-cerises que tu souhaites réaliser de mini-brochettes.

- Découpe ensuite de petits cubes de feta.

- Dans une assiette creuse, verse un peu d'huile d'olive et ajoutes-y les herbes ainsi que le poivre. Mélange bien le tout.

- Prépare tes brochettes en alternant une moitié de tomate-cerise, un cube de feta et un raisin.

- Fais rouler chaque brochette dans ton assiette creuse et plante-la dans la tranche de pain.

**!) Tu peux remplacer la feta par du fromage de chèvre ou du gruyère, mais ce ne sera plus très grec...**

## SPANISH SOUP

***Temps de préparation : 20 mn***

***Temps de cuisson : 0***

**Il te faut :**

- **1 concombre**
- **3 tomates**
- **1 oignon**
- **1 œuf dur**
- **1 poivron vert**
- **1 gousse d'ail**
- **3 tranches de pain rassis trempées dans l'eau froide**
- **8 cl d'huile d'olive**
- **4 cl de vinaigre balsamique**
- **une cuillerée à café de basilic**
- **une pincée de sel + une pincée de poivre**

Dans un mixeur, mets les 2/3 du concombre épluché et coupé en morceaux, les 3 tomates pelées, l'oignon, l'œuf, 1/2 du poivron vert, l'ail, le pain, l'huile, le vinaigre et le basilic.

- Mixe jusqu'à obtenir la consistance d'une soupe.

- Verse le tout dans un saladier et allonge la soupe avec de l'eau très fraîche, jusqu'à ce que ce soit assez liquide.

- Sale et poivre selon ton goût.

- Conserve ta soupe au réfrigérateur au moins 2 heures.

- Enfin, sers-la dans les assiettes en décorant de dés de concombre et de poivron.

M

## SAUTÉ DE DINDE AU CIDRE ET AUX TOMATES CONFITES

***Temps de préparation : 15 mn***

***Temps de cuisson : 25 mn***

**Il te faut :**

- **2 escalopes de dinde**
- **1 petit pot de crème fraîche**
- **1 petit verre de cidre brut**
- **2 oignons**
- **1 noix de beurre**
- **50 g de tomates confites**
- **Une pincée de sel et une pincée de poivre**

Commence par émincer les oignons.

- Fais chauffer une poêle à feu doux et fais-y fondre la noix de beurre. Quand le beurre s'est liquéfié, ajoutes-y les oignons et fais-les dorer sans les faire roussir.

- Pendant ce temps, découpe les 2 escalopes en petits morceaux.

- Quand les oignons sont prêts, ajoute la dinde et augmente un tout petit peu le feu pour bien faire rôtir les petits morceaux. Attention, cela va très vite et ne doit pas durer plus de 3 ou 4 minutes.

- Une fois la viande bien dorée, augmente encore le feu et ajoute le verre de cidre. Maintenant, tu dois attendre que le cidre se soit presque entièrement évaporé et qu'il ne reste plus qu'un petit fond de sauce.

- C'est le moment d'ajouter deux cuillerées de crème fraîche et de remettre à réduire à feu doux.

- Profites-en pour cuire deux poignées de tagliatelles à part.

- Quand la crème fraîche a pris la couleur de la sauce, ajoute les tomates confites et laisse cuire encore 3 minutes en mélangeant bien.

- Pendant ce temps, égoutte les pâtes et sers-les dans les assiettes.

- Enfin, tu peux servir la dinde en la répartissant dans les assiettes. Verse la sauce et les tomates dans un petit bol, pour que chacun se serve à sa guise.

## TOASTY CHÈVRE

***Temps de préparation : 5 min***

***Temps de cuisson : 12 min***

**Il te faut :**

- **2 tranches de pain de mie**
- **4 cuillerées à café de miel liquide**
- **4 tranches de fromage de chèvre**

Découpe les deux tranches en diagonale de façon à obtenir 4 triangles.

- Mets le four à préchauffer à 180 °C.

- Dépose les tranches de fromage de chèvre sur les toasts.

- Nappe-les chacun de 1 cuillerée à café de miel liquide.

- Enfourne les toasts sur une grille à mi-hauteur.

- Laisse dorer 10 à 12 minutes.

- Sers les toasts bien chauds.

## CHOCO PIZZA

***Temps de préparation : 10 mn***

***Temps de cuisson : 15 mn***

**Il te faut :**

- **1 rouleau de pâte à pizza**
- **du Nutella**
- **une ou deux bananes**
- **des amandes effilées**

Déroule le rouleau de pâte à pizza et tartine-le de Nutella en laissant une marge de 2 cm sur les bords.

- Garnis-la ensuite selon ton appétit (et le sien...) de tranches de banane et d'amandes effilées.

- Replie la pâte à pizza et soudes-en les bords de façon à former un demi-disque.

- Enfourne-la dans le four à 180 °C pendant 15 mn.

- Sors-la et laisse refroidir 2 à 3 minutes.

# MÈRE

M

**Pour toujours, elle est la première femme de ta vie… Mais aujourd'hui tu la trouves un peu trop collante et tu aimerais qu'elle comprenne que tu deviens un homme. Même si, pour elle, tu resteras toujours son petit garçon…**

### COLLANTE…

C'est vrai qu'elle est énervante ! Elle agit avec toi comme si tu n'avais pas grandi depuis le CP, range ta chambre façon tornade blanche, ne te lâche pas d'une semelle quand une paire de chaussettes traîne sous ton lit et remonte toujours le col de tes blousons avant que tu ne sortes… Plutôt stressant ! Surtout en public… Du statut de maman adorée elle est passée à celui d'empêcheuse de « glander » en rond et tu te surprends même parfois à te demander ce qui a causé cette métamorphose. Réponse : rien. C'est toi qui as changé. Tandis qu'elle continue de te considérer comme le petit garçon que tu étais il y a encore quelque temps. Comme si de rien n'était.

### … MAIS AIMANTE

Au fond, tu n'as pas à lui en vouloir. Ta métamorphose en jeune homme est tellement progressive qu'il n'est pas toujours facile pour une maman d'intégrer ce changement. Surtout quand, en tant qu'ado, tu oscilles entre le monde des enfants et celui des adultes, opérant parfois de petits retours en arrière… Du coup, elle continue d'agir avec toi du mieux qu'elle pense et fait tout pour toi… Et même parfois un peu trop.

### LA COMPRENDRE POUR LUI FAIRE COMPRENDRE

En fait, la situation est simple : si tu ne lui signifies pas que tu es devenu un jeune homme qui a besoin de plus d'autonomie, de liberté et d'intimité, il n'y a aucune raison pour qu'elle change ! C'est donc à toi de lui expliquer qu'il s'agit là d'un besoin et que certaines choses vont devoir changer. Pour y arriver, jette un œil au mode d'emploi qui suit.

### MODE D'EMPLOI

#### LUI MONTRER QUE TU AS GRANDI

**+ d'autonomie : range toi-même ta chambre et fais-y le ménage correctement. Cela va la conforter dans l'idée que oui, décidément, elle t'a bien élevé et qu'elle a réussi sa mission de maman… Ça, c'est très important.**

**+ d'intimité : informe-la sur le fait que, désormais, il va falloir frapper avant d'entrer. Ta chambre est TON espace… D'ailleurs, c'est toi qui t'en occupes maintenant, non ?**

**+ de maturité : pour lui montrer que tu es responsable, propose-lui de te débrouiller seul pour le lavage de tes vêtements et prends parfois le relais quand il s'agit d'aller faire des courses… Elle finira par comprendre que le petit garçon a fait place à un jeune homme responsable.**

# MOCHE

**Il est arrivé à chacun d'échapper de peu à la crise d'apoplexie devant le miroir en se levant le matin : « Grands dieux ! Suis-je si laid ? »**

### SALE TEMPS POUR NOUS, LES HOMMES

Ne t'inquiète surtout pas : tu n'es pas le premier à te trouver moche et à avoir du mal à te dire qu'une fille pourrait être attirée par toi… À l'adolescence, le corps subit toutes sortes de transformations, et personne n'a dit qu'il était facile de s'arranger quand il faut compter avec l'acné, la barbe naissante et l'appareil dentaire. Le pire est que, dans le même temps, tu te rends peu à peu compte que ton apparence compte à tes yeux et à ceux des autres… Pas facile, dès lors, d'avoir confiance en toi quand tu te considères aussi attirant qu'un nain émergeant chaque matin des marécages !

### DES HOMMES PARFAITS ?

Et, comme si cela ne suffisait pas, les médias nous bombardent de milliers d'images et de modèles masculins parfaits, devant lesquels tes copines ne cessent de s'émerveiller ! Leurs torses musclés, leurs dos musculeux, leurs coupes de cheveux parfaites et leurs barbes de trois jours rasées au millimètre ne te facilitent pas la tâche. Le pire, c'est qu'à force de matraquage, on finit par croire que l'homme, le vrai, vit sur papier glacé et que nous, pauvres petits êtres hideux, devons tout faire pour leur ressembler… sans jamais y arriver, bien sûr. À noter que le même phénomène arrive aux filles… en pire. Les top models de sexe féminin s'affichent encore plus que leurs homologues masculins.

### UNE QUESTION DE CONFIANCE…

Malgré tout, plutôt que de ronchonner dans ton coin en subissant ton adolescence et les caprices de ton corps, sache que tu as la possibilité de t'arranger un peu. Le but ? Prendre confiance en toi en prenant soin de ton corps. Ce n'est pas seulement réservé aux filles et un style qui te plaît, combiné à une coupe qui te va et à une peau saine, chasseront à coup sûr le troll du miroir pour le remplacer par un prince ~~charmant~~ charmeur…

VOIR AUSSI **Modèles (c'est la page d'en face)**

# MODÈLES

M

**Il n'est pas toujours facile de savoir qui l'on devient dans le grand chambardement de l'adolescence. Notre premier modèle (papa) perd progressivement de son influence et l'on aimerait bien s'en détacher un peu. C'est là qu'entrent en jeu nos nouveaux modèles.**

### DES REPÈRES POUR AVANCER

Dans ce grand jeu de piste personnel qu'est l'adolescence, on a parfois du mal à déterminer qui l'on est vraiment. L'enfant que l'on était laisse peu à peu la place à un jeune homme en quête de repères pour avancer. C'est là qu'interviennent les modèles. Ce peut être quelqu'un de célèbre que tu admires pour son parcours, ses performances ou ses idées, mais aussi des personnes de ton entourage dont tu te sens proche et qui t'influencent... Une expression chipée par là, un style vestimentaire emprunté ici, des goûts musicaux copiés là, au fur et à mesure de tes rencontres et des liens que tu tisses, sans t'en rendre compte tu assimiles ces petites choses qui te plaisent chez les autres...

### UNE PERSONNALITÉ EN MOUVEMENT

Mais rien n'est figé. Parce que tu te cherches et que tu es en perpétuelle évolution, ta personnalité se construit peu à peu, se nourrissant de toutes ces influences.

### DES MODÈLES POUR TOUS

Surtout ne crois pas que ceux que tu admires et qui t'inspirent sont aussi parfaits que tu peux le penser. Eux aussi ont leurs petits défauts, leurs soucis et cherchent certainement à s'améliorer... comme toi. D'ailleurs, ils ont aussi, sûrement, leurs propres modèles.

### QUAND TU N'EN AURAS PLUS BESOIN

Il arrivera un jour où, à force d'expériences vécues, tu n'éprouveras plus ce besoin d'admirer et de vouloir être comme untel ou untel. Tous ces modèles qui t'auront influencé auront construit peu à peu l'homme que tu seras devenu et auront fait de toi un être singulier, indépendant, autonome. Bref, un homme qui incarnera sûrement pour quelqu'un de plus jeune... un modèle.

VOIR AUSSI

**Moche (c'est la page d'en face), Mûrir**

# MORT

**Quoique omniprésente à la télévision, au cinéma ou dans les jeux vidéo, la mort, la vraie, reste un des derniers sujets vraiment tabous de notre société… Surtout quand il s'agit de celle d'un proche ou de la sienne.**

### Y PENSER N'EST PAS GRAVE

Ce serait même plutôt normal, de surcroît à l'adolescence ! Au sortir de l'enfance, on se rend compte que l'on grandit, que l'on vieillit, que certains de nos proches deviennent de plus en plus âgés. Alors, au même titre que la question du sens de la vie peut parfois te chatouiller l'esprit, la pensée de la mort te monte au crâne de temps en temps. Ce n'est pas grave.

### ADRESSES UTILES

**Voir p. 244**
*Vivre son deuil.*

**LA MORT, CE N'EST PAS SA MORT...**

Il y a une grande différence entre les deux ! Songer à sa mort, au fait qu'un jour on ne sera plus, que nos obsèques auront lieu et que des gens seront tristes, est quelque chose de tout à fait normal... Ça prouve bien que l'on tient à sa vie ; et cela rassure aussi en posant des images sur l'inconnu. Et puis, songer à la peine de ceux qui pourraient nous avoir perdu, c'est quand même considérer que notre vie a de la valeur ! Là où les pensées de mort tintent comme un signal d'alarme, c'est quand on songe à mourir parce qu'on ne voit pas d'autre solution à ses problèmes. Penser au suicide comme une échappatoire est le signe d'une immense souffrance. Si tu connais quelqu'un dont c'est le cas, parles-en à un adulte et pousse-le à rencontrer un médecin au plus vite.

**EN PARLER, COMME TOUJOURS**

Enfin, indépendamment de toute idée suicidaire, il est possible que tu fasses des cauchemars et que tu sois obsédé par la mort. Ce n'est pas très grave, mais quand même, si tu as besoin d'être rassuré, n'en aie pas honte et va en parler à un parent ou un médecin. Il pourra t'aider à comprendre d'où te vient cette peur et à trouver une solution... Car, à force de penser à la mort, il ne faudrait pas te gâcher la vie.

AUSSI VOIR AUSSI Suicide

**Marre d'écouter toujours le même CD en boucle dans ton discman, faute de penser à le remplacer chaque matin ? Passe à la vitesse supérieure avec le lecteur MP3.**

### UNE DISCOTHÈQUE MOBILE

Pour aller en cours, faire des courses, du jogging, ou tout simplement te balader, le lecteur MP3 a vite fait de devenir ton meilleur ami ! Ses avantages ? Sa taille minuscule et son immense capacité de stockage. Les plus gros modèles te permettent ainsi de conserver toute ta discothèque et d'avoir à portée de main des centaines et des centaines d'artistes. Pratique quand on en a assez d'écouter toujours le même refrain... On trouve des lecteurs MP3 pour tous les budgets. De quelques dizaines d'euros à plus de 300, pas obligatoire de casser sa tirelire pour se faire plaisir...

### ATTENTION À L'ISOLEMENT

Mais, même s'il te suit partout, pas question de passer tes journées le casque vissé aux oreilles sans parler à personne ! Considère ton lecteur MP3 comme une casquette : il y a des circonstances et des endroits qui imposent qu'on le retire... À la caisse d'un supermarché, quand tu entres en classe, à table ou quand tu te balades en famille, mieux vaut sortir de ta coquille musicale. Question de respect pour ceux qui t'entourent. Ne pas leur adresser la parole, confiné dans ton univers musical, revient à ignorer leur présence... Pas très sympa, non ? Bref, ça ne se fait pas.

**PROTÈGE TES OREILLES !**

**Comme tous les appareils diffuseurs de musique, le lecteur MP3 doit se manier avec prudence et il faut modérer le volume de sortie du casque. Car tes oreilles ne peuvent pas se boucher toutes seules quand la musique est trop forte. Alors elles encaissent plein pot les décibels que tu leur imposes ; à la clé : cellules auditives irrémédiablement endommagées, autrement dit perte d'audition définitive. Tu es prévenu !**

**Comme les textos, MSN (pour Microsoft Network) est devenu un média de communication autonome dont tes copains et toi vous êtes emparés illico. Vous en avez fait un vrai salon de discussion, douillet comme la liberté. Attention quand même à ne pas rester scotché devant ton écran ; n'oublie la « vraie vie ».**

### COMME DES TEXTOS GRATUITS !

Pour ceux qui ne le connaissent pas encore, MSN est une application qui permet de discuter avec ses amis en direct... gratuitement ! La gratuité étant ce qui fait l'immense force du concept. Le principe est simple : tu te crées une boîte mail, tu télécharges gratuitement l'application, tu remplis ton carnet d'adresses avec les adresses mail de tes amis et, hop, à toi les heures de chat avec des presque inconnus et les soirées-conférences entre copains !

### LA BARRIÈRE DE L'ÉCRAN

Davantage encore que la planète textos, MSN est le lieu propice à tout un tas de confusions lors de conversations animées. D'abord, vice et vertu à la fois, MSN permet d'indétectables déguisements : tu peux prétendre t'appeler Brad, habiter Hollywood et mesurer 1,87 mètre, qui ira vérifier parmi tes nouveaux « e-potes » ? Et ce qui est vrai pour toi l'est évidemment pour autrui : dans l'absolu, samantha75 pourrait être ta prof de maths...

En outre, il n'est pas toujours facile de faire la différence entre une boutade d'humour noir et un vrai « pic » qu'on lance pour faire mal... Car ce qui manque principalement au *chat* sur le Net (si tu n'as pas de webcam), ce sont les expressions du visage de ton interlocuteur... Alors bien sûr, on peut toujours se servir des fameux « smileys » pour appuyer son propos, mais la palette est quand même un peu limitée quand on veut exprimer des sentiments plus profonds que ;) ou :( ...

### VRAIS AMIS ET AMIS VIRTUELS

Enfin, même si tu passes beaucoup de temps à chatter sur MSN avec tes amis de souris, garde à l'esprit que ce que vous partagez par écrans interposés ne pourra jamais être aussi fort que les moments vécus « en vrai » avec tes copains. Évite donc de laisser tomber ces derniers en consacrant trop de temps à Mikae18 et stef1234...

AUSSI VOIR AUSSI Blog, Internet

# MST - LE SIDA
## (MALADIES SEXUELLEMENT TRANSMISSIBLES)

**Derrière ces quatre lettres effrayantes de SIDA se cache le Syndrome d'immuno-déficience acquise. Celui qui en est atteint voit ses défenses immunitaires détruites par le virus, c'est-à-dire qu'il ne peut plus se défendre contre le moindre microbe. Le sida peut être mortel.**

Le virus du sida, le VIH, ne peut être transporté que par une cellule. Il est donc transmissible par le sang et les sécrétions sexuelles, mais pas par la salive. Le sida peut s'installer dans l'organisme, mais ne pas se déclarer. La personne infectée sera donc déclarée séropositive au VIH, mais ne sera pas malade ; la maladie ne présentera aucun symptôme. Il (ou elle) risque donc de contaminer sans le savoir ses partenaires sexuels. La solution ? TOUJOURS exiger le préservatif lors des premiers rapports avec une nouvelle copine.

**LE TEST**

Il faut six semaines minimum pour que le VIH apparaisse dans le sang. C'est donc au bout de ce laps de temps qu'il faut procéder à un test si on a un doute après un rapport non protégé. Il s'agit d'une simple prise de sang. Un second test sera effectué trois mois plus tard pour confirmer le premier.

**ADRESSES UTILES**

**Voir p. 244**
*Fil Santé Jeunes*
*Sida Info Service*
*CRIPS*

# MST - LES AUTRES
## (MALADIES SEXUELLEMENT TRANSMISSIBLES)

M

**Le sida est loin d'être la seule maladie sexuellement transmissible, même si c'est celle dont on parle le plus souvent. Les autres, pour la plupart moins dangereuses, peuvent être évitées grâce à la même arme de protection massive : le PRÉSERVATIF.**

• **Le trichomonas :** dû à un parasite, il provoque rougeurs et gonflements autour de l'orifice urétral, douleurs au niveau du bassin et écoulement mousseux s'accompagnant quelquefois de pus.

• **Les condylomes :** verrues situées dans l'appareil génital et sa périphérie (anus, testicules, verge), indolores au début, elles finissent par démanger. On les fait disparaître à l'aide d'une pommade ou, comme pour les verrues plantaires, électriquement ou par cryothérapie (destruction par le froid).

• **L'herpès génital (ou de type II) :** très douloureux et contagieux, le virus qui le provoque est un cousin de celui qui donne des boutons de fièvre au niveau des lèvres ou des narines (herpès de type I). Il existe des traitements pour abréger la maladie, mais ça n'empêche pas les récidives : on peut garder longtemps endormi dans le corps le virus de l'herpès.

ADRESSES UTILES

Voir p. 244
*Fil Santé Jeunes*
*Hépatite Info Service*
*Association Herpès*

• **Le chlamydia :** cette bactérie, très commune, provoque une inflammation de l'urètre ainsi qu'un écoulement. Plus tard, elle provoque une épididymite, c'est-à-dire une inflammation des organes (épididymes) situés derrière les testicules. On la soigne par un traitement aux antibiotiques.

• **Le gonocoque :** c'est l'agent responsable de la blennorragie, souvent appelée « chaude-pisse » car elle provoque, outre un écoulement purulent, de fortes brûlures au moment de la miction.

• **Les hépatites B et C :** ces inflammations du foie sont dues à des virus (respectivement HBV et HCV) qui se transmettent par le sang, le sperme et les sécrétions vaginales. Comme c'est le cas pour le sida, on peut avoir contracté ces virus mais ne pas le savoir : on est séropositif (au HBV ou HCV). Ces maladies peuvent être mortelles. Il existe un vaccin contre l'hépatite B, mais pas contre l'hépatite C.

• **La syphilis :** due à une bactérie, le tréponème pâle, cette maladie faisait autrefois très peur, un peu comme le sida aujourd'hui. On sait maintenant bien la soigner grâce aux antibiotiques. Mais attention, la syphilis réapparaît : va consulter ton médecin si tu as un bouton « en creux » indolore sur le sexe.

VOIR AUSSI **Préservatif**

# M

**À l'adolescence, parallèlement à ta croissance physique, tu mûris : tu commences à ressentir ce que le mot adulte veut dire. Comment accélérer le processus ?**

### EN AVOIR HÂTE

Si tu as un grand frère (ou une grande sœur), tu as sûrement dû déjà envier sa position de « grand ». Il (elle) a le droit de sortir le soir avec ses amis, tes parents ne sont pas toujours sur son dos et, en plus, il (elle) va bientôt passer le permis… Pas étonnant que tu sois un peu envieux ! Toi dont la marge de liberté tient encore au bon vouloir de tes géniteurs et qui dois négocier ferme chaque sortie avec tes copains… Grâce à la liberté et la confiance que tes parents t'accordent chaque jour davantage, tu entrevois le bon côté du monde des adultes. Mûrir, tu en as hâte.

### EN AVOIR PEUR

Pourtant, par moments, il est normal aussi de craindre cette nouvelle ère. Car être adulte, c'est aussi assumer un tas de responsabilités ! Tenir ses engagements, mériter la confiance que l'on place en nous, faire preuve d'autonomie, etc. Autant de nouveaux défis à relever, qui peuvent t'effrayer, toi qui te sens bien jeune tout à coup !

### UNE ÉVOLUTION EN DOUCEUR

Pour te rassurer, rappelle-toi que cette mutation psychique ne va pas s'opérer du jour au lendemain. Le processus est si lent que tu ne t'en rends pas compte, comme pour la puberté d'ailleurs. Sache aussi que l'on ne mûrit pas tous au même rythme : personne ne t'attend à l'arrivée avec un calendrier. Tu auras peut-être

remarqué combien les filles de ton âge semblent déjà femmes : beaucoup sont fascinées par la maternité et la plupart ont depuis longtemps troqué leurs jeux contre des séances de shopping acharnées. Cela ne signifie pas qu'elles sont forcément toutes adultes ; simplement, elles délaissent plus tôt que nous, les garçons, les comportements enfantins.

VOIR AUSSI Gamin

# M

**Une *Encyclo des garçons* sans parler de muscles ce serait un peu comme une soirée jeux vidéo sans pizza... Dont acte : topo et conseils.**

## UN PEU DE PHYSIOLOGIE

Le corps humain comprend plus de 650 muscles de tailles différentes suivant leur « utilité ». À eux seuls, ils forment plus de 40 % du poids total de ton corps. Pas étonnant donc que tes copains les plus musclés soient aussi les plus lourds ! Un muscle se compose de fibres qui lui permettent de s'étirer ou de se contracter (façon élastique) suivant les ordres que lui envoie le cerveau ; il est par ailleurs solidement attaché au squelette par des liens appelés tendons.

## LES ENTRETENIR ET LES DÉVELOPPER

Pour développer sa musculature, il y a deux conditions : faire du sport et augmenter sa consommation de protéines (c'est grâce à elles que ton organisme « fabrique » du muscle). Les aliments les plus conseillés si l'on veut suivre un régime hyperprotéiné sont la viande rouge, les œufs et le fromage blanc (bien sûr, cela ne te dispense en aucun cas de continuer à te nourrir de façon équilibrée sous peine de souffrir de carences importantes !).

## EN PRENDRE SOIN

Un peu comme un élastique craque quand il est trop sollicité, un muscle peut s'abîmer si on ne l'entretient pas. Si tu fais du sport, il faut apporter deux choses essentielles à tes muscles pour qu'ils fonctionnent normalement : l'eau et l'oxygène. La première permet à ton organisme d'éliminer les toxines produites par les muscles lors d'activités

physiques ; grâce à elle, tu n'auras ni crampes ni courbatures. C'est pourquoi il est conseillé de boire, avant, pendant et après l'effort. L'oxygène, lui, permet au muscle de maintenir une activité normale et d'éviter les contractures, souvent très douloureuses. Pour apporter de l'oxygène à ton corps, c'est facile : il suffit de respirer ! Bien à fond lors d'un effort prolongé.

VOIR AUSSI Maigre, Sport, Virilité

## MODE D'EMPLOI

### SE MUSCLER À LA MAISON

**• LES ABDOMINAUX**

**Ce sont les muscles de ton ventre. Pour les muscler, allonge-toi sur le dos en regardant vers le haut, jambes pliées à angle droit et pieds posés au sol. Tends tes bras vers l'avant, en faisant passer tes mains entre tes cuisses, jusqu'à ce que tes épaules se détachent du sol. Rentre ton ventre de façon à coller le plus possible ton dos au sol pendant 2 à 3 secondes : tu contractes tes abdominaux. Relâche-les. Recommence une dizaine de fois. Puis relâche ton corps tout doucement.**

**• LES JAMBES**

**Allonge-toi sur le côté, la jambe au sol repliée, en t'appuyant sur l'avant-bras correspondant, tandis que tu poses la paume de l'autre main au sol, bras tendu. La jambe du dessus bien tendue, lève-la, puis baisse-la doucement une dizaine de fois. Relâche-la. Recommence 2 fois. Retourne-toi et fais-en autant avec l'autre jambe.**

**• BICEPS ET PECTORAUX**

**Allonge-toi à plat ventre, les paumes des mains et les pointes des pieds en contact avec le sol. Soulève-toi le plus haut possible et redescends le plus près possible du sol, en restant droit, abdominaux contractés. Recommence l'exercice une dizaine de fois.**

# MUSIQUE : TES GOÛTS

**« Alors, t'écoutes quoi, toi ? »... Un peu comme un gendarme te demanderait tes papiers, on a souvent dû te poser la question. Car, bien plus qu'une distraction ou un passe-temps, la musique devient avec l'âge une véritable carte d'identité qui te rattache à une « famille » de fans.**

### CHACUN SES GOÛTS !

Que tu aimes écouter du rap, de la techno, du métal ou de la pop, tu l'auras certainement remarqué autour de toi : chaque genre musical génère une tribu, avec ses codes vestimentaires, son langage, ses coiffures et ses artistes emblématiques. C'est d'ailleurs plutôt sympa de se retrouver à plusieurs et de discuter à propos des artistes que l'on adore, de suivre l'actualité les concernant, d'aller à leurs concerts et de s'échanger leurs disques. Les problèmes surgissent quand tu te retrouves exclu de certaines conversations, de certains groupes, parce que tes goûts musicaux ne correspondent pas aux préférences dominantes ! Surtout ne te force pas à écouter la même chose que les autres si cela ne te plaît pas, uniquement pour t'intégrer. Et si l'on te demande ce que tu écoutes, ne te démonte pas et réponds la vérité : chacun a le droit d'écouter ce qui lui plaît. Évidemment.

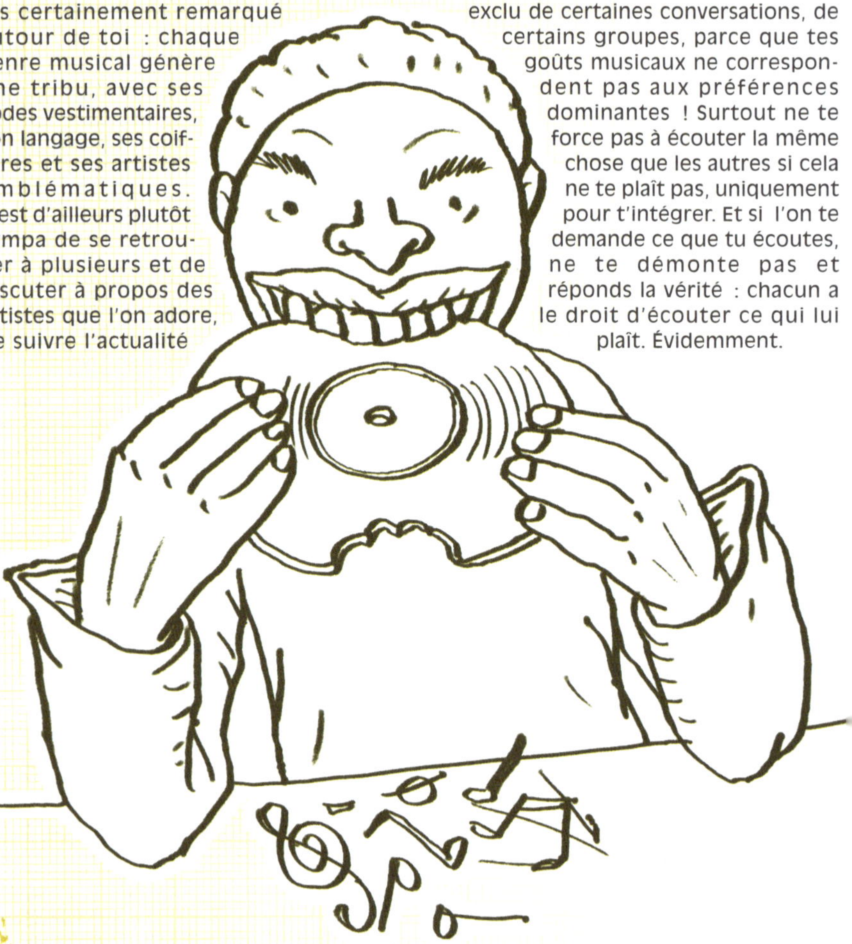

# MUSIQUE : EN FAIRE

M

**C'est le rêve de beaucoup que de jouer leur musique préférée. Mais que l'on ait patiemment appris à jouer d'un instrument ou juste envie de s'époumoner sur du bon rock'n roll, il n'est pas toujours facile de se lancer seul ! Avis aux motivés : pourquoi ne pas monter votre propre groupe ?**

### LE PREMIER CONCERT

N'attends pas qu'un producteur vienne te chercher, ton groupe et toi, pour que vous jouiez à Bercy. Le secret pour commencer, c'est le DIY (prononce « di-aïe-ouaille », pour *do it yourself*, « fais-le toi-même » en anglais). Concrètement, ça signifie que c'est à toi de créer l'occasion de ton premier concert. Un anniversaire, une soirée, la fête de la musique sont de bonnes rampes de lancement. Tu peux aussi organiser un petit concert privé dans un garage pour faire découvrir votre musique !

### MODE D'EMPLOI

#### MONTER SON GROUPE

**Fais le tour de tes amis et cherche parmi tes connaissances ceux qui pourraient être intéressés par ton projet. Passe aussi des petites annonces dans les magasins et les écoles de musique de ta ville. Cite les groupes que tu aimes en référence, cela t'aidera à cibler les bonnes personnes.**
**Trouvez un local pour répéter. Renseigne-toi auprès de ta mairie pour savoir s'il existe un lieu qui loue des locaux de répétition. Si ce n'est pas le cas, négocie avec le propriétaire d'un garage, d'une cave ou d'un local vide (parents, oncles, grands-parents) pour qu'ils te le louent quelques heures par semaine. Les plus grands groupes ont commencé ainsi ! En cave !**
**Répétez d'abord des reprises de vos groupes préférés puis tentez de composer des chansons. Au bout de quelques mois, vous aurez peut-être assez de titres pour monter un premier concert.**

**STATISTIQUES**

25 % des garçons de 15 à 24 ans déclarent que la musique est vitale pour eux.
88 % des jeunes de 15 à 24 ans considèrent que parmi les différentes formes d'art, celui dont ils pourraient le moins se passer est la musique.

# NON (SAVOIR DIRE)

**On a tous été tellement bien élevés par nos parents que dire « non » s'avère parfois impossible. Pourtant, ces trois petites lettres sont vitales...**

### AFFIRME-TOI !

Qu'il s'agisse de tes copains qui te proposent une sortie, ou de tes parents qui s'apprêtent à refaire la décoration de ta chambre en bleu pâle et marron, quand tu n'es pas d'accord, manifeste-le. Dire « non », c'est montrer aux autres que tu existes en tant qu'individu doté d'une pensée qui lui est propre, cela te permet de donner ton avis – et pas seulement quand tout va bien. La possibilité que tu puisses le formuler oblige ton entourage à compter avec toi, bref, à te prendre en compte. Au contraire, si tu as du mal à te positionner, le danger sera le suivant : on finira par ne jamais te demander ton avis et tu deviendras transparent aux yeux de tous, inexistant.

### PLUS FACILE À PENSER QU'À DIRE...

Pourtant, ces trois petites lettres, qui ont le pouvoir de construire ta person-

nalité aux yeux des autres, ne sont pas si faciles que cela à prononcer. On a souvent beaucoup de mal à dire « non » à ses amis et sa famille. Pourquoi ? Par peur du conflit, peur de blesser, peur de décevoir, peur des conséquences, etc. Chacun a ses raisons.

**LE « NON » LÉGITIME**

En fait, il ne faut JAMAIS avoir peur de dire « non ». Si tu le fais avec respect, et pour de bonnes raisons, ce « non » n'aura jamais l'air d'une agression ou d'un accès de mauvaise volonté. Donne (presque) toujours une explication à ton refus, cela montrera qu'il est légitime ; et les autres devront respecter ta décision…

**PLUS FORT QUE LE « NON »**

Parfois, dire « non » ne suffit pas à te mettre à l'abri des actes ou des agressions des autres car ceux-ci ne tiennent pas compte de ton opposition. Il ne te reste alors qu'une seule solution : demander de l'aide à un adulte qui saura obliger ton agresseur à respecter ton « non ».

**MODE D'EMPLOI**

**DU BON USAGE DE LA VIOLENCE**

**Quand le « non » ne suffit pas et que tu es dans l'impossibilité de demander de l'aide dans l'immédiat, il est parfois préférable de laisser s'échapper un peu de la violence que tu as en toi afin de montrer à celui (ou ceux) qui t'agresse(nt) qu'il(s) va (vont) trop loin. Il ne s'agit pas de te lancer dans une bagarre. Simplement, la rudesse du geste peut parfois renforcer la fermeté des mots…**

# NORMAL

**Normal : le suis-je ? À elle seule cette question résume presque toute la complexité de l'adolescence. Comment y répondre sans crainte ?**

### LE TEMPS DES QUESTIONS

Parce que déjà plus enfant et pas tout à fait homme, tes repères d'avant s'effacent peu à peu, tandis que ceux de demain ne sont pas encore définis. Ainsi, ton père, ce héros dont tu vantais la force physique et morale devant tes petits amis, semble avoir perdu de sa superbe pour, finalement, devenir un empêcheur de sortir en rond ! Pas facile de retrouver un modèle en qui placer sa confiance... Et ce n'est pas tout : ton corps, ton apparence, tes copains, tes goûts... Tout change ! Tes nouvelles certitudes tardent à s'arrimer en toi, du coup tu t'interroges : « Suis-je un gars normal ? »

### DE LA NORME À LA RÈGLE

Pourtant, je t'assure que tu n'as vraiment pas de quoi t'inquiéter... Car, au fond, personne n'est vraiment « normal » ! Ou plutôt, si : tout le monde l'est, mais l'ignore. Explication : ce n'est pas parce que la majorité de tes copains portent des *baggy* que c'est normal. Ce n'est pas une règle à suivre, mais plutôt une habitude collective que l'on suit pour être du côté du plus grand nombre – ce qui, quand on n'est sûr de rien, est plutôt rassurant... On pourrait l'écrire autrement : tu n'es pas plus normal quand tu portes un *baggy* que quand tu n'en portes pas. Bref, une norme n'est pas une règle, et tu n'es obligé à rien.

### SE FORGER DE NOUVEAUX REPÈRES

En attendant, pour ne pas te noyer dans cette mer d'incertitudes, le mieux est de te poser des centaines de questions et de confronter tes opinions à celles des autres : c'est ainsi qu'on se forge ses propres repères ; pas en adoptant systématiquement l'avis de la majorité...

# ODEURS CORPORELLES

O

**Semer derrière toi un délicat fumet mêlant rat mort et camembert n'est pas la meilleure chose à faire si tu espères séduire la fille de tes rêves. Pourtant, sache que ton odeur ne laisse pas insensibles ces demoiselles... Jusqu'à un certain point, bien sûr !**

### L'ÉTRANGE POUVOIR DES PHÉROMONES

Kézako ? Ce sont des signaux odorants que tous les mammifères (homme et femme compris) émettent sans s'en rendre compte. Chaque garçon possède les siens, petites cartes d'identité olfactives et sexuelles, auxquelles les filles sont plus ou moins sensibles. Concrètement, certaines seront (inconsciemment, bien sûr...) attirées par ton « odeur » ; d'autres non !

### TON CORPS, TON ODEUR

Sans le savoir, tu dégages donc une fragrance qui jouera un rôle certain dans les alchimies amoureuses de ta vie. Alors plutôt que de vouloir camoufler ton fumet derrière trois litres d'eau de toilette bon marché tous les matins, opte pour un parfum discret qui se combinera bien avec ton odeur naturelle. Tu as dû le constater, un même « jus » peut se révéler délicieux sur untel, tandis qu'il sera nauséabond sur un autre. Conclusion : choisis bien ton parfum en le testant réellement plusieurs jours d'affilée (demande des échantillons).

VOIR AUSSI **Déodorant, Parfum, Propreté**

### SENTIR, OUI ; EXHALER NON !

Mais ne va pas t'imaginer qu'un tee-shirt qui a derrière lui trois heures de skate et deux heures de répétition avec ton groupe de rock a la moindre chance de te servir de « piège à filles » ! L'odeur de ton corps n'a rien à voir avec celle de la saleté. La solution ? Une douche par jour, un peu de déo, à peine une touche de parfum, et hop ! Tu n'as plus qu'à « laisser ton charme agir... »

# ORGANISATION

**Tu as un mal de chien (fou) à boucler tes journées et passes ton temps à courir, de ta chambre au bus, en passant par les salles de cours, les terrains de sport et les cafés ? Pas d'inquiétude, tu souffres d'un mal bien masculin : le manque d'organisation. Pour y remédier, plan d'attaque en trois axes.**

### 1. UN BILAN

Au fur et à mesure de ta semaine, note sur un carnet ce que tu as fait chaque jour et combien de temps cela t'a pris : lever, petit déjeuner, transports, cours, devoirs, distractions, activités, jeux vidéo... Toujours sur ce carnet, note maintenant ce que tu n'as pas eu le temps de faire et qui provoque ce bazar dans ta vie : ménage de ta chambre, devoirs, révisions, rangement, mails à écrire, sport...

Vois ce qui ne va pas : essaie de comprendre pourquoi tu n'as pas eu le temps de tout accomplir, pourquoi tu étais fatigué tel jour et que tu n'as pas pu réviser comme tu aurais voulu le faire...

### 2. ALLER DE L'AVANT !

Avec cet « emploi du temps passé » hautement analysé, décoince maintenant ce qui coince : l'heure de judo, plus les deux heures de transport aller et retour, qui te boulottent intégralement ton samedi ; le bain juste avant d'aller en cours ; les quatre heures de jeux vidéo avant les révisions, etc.

- Aménage ton « emploi du temps futur » de façon à pouvoir « caser » tout ce que tu dois faire. Fais des choix. Autrement dit, renonce à certaines choses.
- Laisse au moins une dizaine de minutes entre le début de chaque « tranche d'activités »... Cela t'évitera de cumuler du retard.
- N'oublie pas les pauses.

### 3. AU BOULOT

Pour éviter de suivre ces conseils un mois puis de reprendre tes mauvaises habitudes, établis une *do it list*[1] hebdomadaire. À la fin de chaque journée, barre les tâches accomplies. Tu verras, c'est jouissif.

*1. En anglais, signifie littéralement : « Liste de choses à faire ».*

**Un peu comme ton « look » te définit à première vue, ton parfum t'annonce au nez des autres. Alors autant bien le choisir et, surtout, ne pas en abuser.**

Tu as de la chance, l'image du mâle viril dégoulinant de sueur après avoir abattu une forêt entière à mains nues a vécu ! Aujourd'hui, on peut se parfumer sans craindre une chute de notre taux de testostérone ni risquer de passer pour efféminé. Ce serait même l'inverse, d'ailleurs ! Les marques rivalisent d'imagination pour nous faire comprendre qu'un homme viril est un homme qui se parfume. Car, au-delà de sa fonction première (sentir bon), le parfum fait partie des armes de séduction que tu te dois de posséder ! Encore faut-il savoir le choisir et l'utiliser…

**MODE D'EMPLOI**

**BIEN SE PARFUMER**

- Prends ton temps pour choisir le tien et réquisitionne une de tes copines pour t'accompagner.
- Évite les parfums trop boisés et piquants qui sont plutôt destinés aux hommes de plus de quarante ans.
- Procède à ton choix final en deux temps :
  - Établis une sélection dans la parfumerie et utilise des testeurs que tu auras imbibés de « jus ».
  - Garde-les avec toi une journée ou deux et élimine ceux dont l'odeur a disparu et ceux qui ne te plaisent plus.
- Retourne ensuite à la parfumerie et teste sur toi celui qui t'a le plus plu, que tu garderas quelques heures.
- Demande un échantillon et achète-le seulement quand tu seras sûr de ton choix.
- Pas la peine d'en mettre des tonnes et de vider la bouteille en un mois ! Tu risques de « cocotter », comme on dit, et de te ruiner, car le parfum est un ex-produit de luxe, encore assez cher.

**Pour l'appliquer, deux méthodes :**

- S'il s'agit d'une bouteille, appliques-en une goutte sous chacun de tes lobes d'oreilles, puis sur tes poignets en les frottant bien.
- S'il s'agit d'un vaporisateur, deux ou trois « pshitt ! » répartis entre ton cou et ton tee-shirt suffiront largement.

VOIR AUSSI

Déodorant,
Odeurs corporelles,
Propreté

# PEAU

**Depuis quelques années, *Homo garçonus* est enfin sorti de sa grotte ; pour séduire il a jeté sabre-rasoir et savon de Marseille au profit de crèmes et lotions…**

Non, ce n'est pas qu'un truc de filles ! Avoir une peau nette, c'est quand même plus agréable qu'un teint « blafardo-rougeaud » ponctué de boutons et de points noirs plus ou moins éclos !

**MODE D'EMPLOI**

**SOIGNER SA PEAU**

- **Prévenir.** Si tu lis ce livre, tu es peut-être concerné par un problème d'acné. Dès l'apparition des premiers boutons, file consulter un dermatologue pour faire un bilan et peut-être suivre un traitement.
- **Nettoyer.** Savonne-toi les mains, puis mouille ton visage à l'eau chaude – pour ouvrir les pores de ta peau. Utilise un gel moussant nettoyant spécial peaux jeunes (ou celui que t'a indiqué ton dermatologue) et rince-toi soigneusement d'abord à l'eau chaude puis à l'eau fraîche – pour refermer les pores. Opération à répéter matin et soir.
- **Hydrater.** Une fois ta peau propre, applique une noix de crème hydratante et masse doucement pour faire pénétrer. Opération à répéter matin et soir.

En tout cas, pour ce qui est de la séduction, crois-moi, tu ferais mieux de suivre le fameux dicton : « Celui qui a une peau saine séduira les filles par dizaines. »

**DES PRODUITS QUI FONT MÂLE**

Depuis quelques années, plusieurs marques ont mis sur le marché différentes gammes de produits destinés aux hommes… Avantage ? Leurs parfums correspondent bien aux fragrances mâles. Aucun risque de te faire huer par tes semblables avec des « Ouh il sent la filleuu ! »… Certains risquent plutôt de te piquer cet attirail. Planque-le !

P

HALTE AU TABAC !

En plus de faire vieillir la peau prématurément, la cigarette la rend jaune, presque verte et à la longue, c'est horrible. Difficile de lutter contre : la nicotine encrasse les cellules et empêche l'épiderme de respirer. En outre, elle altère la circulation cutanée ; dommage ! Le teint frais du type bien dans ses baskets est dû à la circulation du sang dans ces tout petits vaisseaux présents sous la peau. La cigarette ratatine ces vaisseaux : on ne les distingue plus. Encore un argument pour ne jamais commencer la fumette.

PETITE LISTE DES PRODUITS ET ACCESSOIRES INDISPENSABLES POUR ENTRETENIR TA PEAU :

- Du savon (de Marseille) pour te laver les mains,
- un gel ou un pain nettoyant sans savon spécial peaux jeunes,
- une lotion, une crème hydratante (matifiante, ça veut dire que ça t'empêchera de luire, ou spéciale peaux jeunes),
- des mouchoirs en papier blanc (pour te tamponner le visage après l'avoir lavé).

SÉCHER SANS ASSÉCHER

Evite de laisser ta peau sécher à l'air libre : contrairement à ce qu'on pourrait penser, ça la dessèche. L'eau, en s'évaporant, absorbe avec elle l'eau contenue dans les cellules superficielles de ta peau. Le calcaire pourrait aussi être responsable de cette déshydratation. Dans tous les cas, tamponne plutôt ton visage à l'aide d'un mouchoir en papier.

VOIR AUSSI Propreté

# PÈRE

**Il est loin le temps où ton père était « le plus fort de tous les papas » et que tu bataillais pour le devancer de quelques points au tennis. Aujourd'hui, c'est plutôt le monde du silence... sauf quand vous vous disputez. À qui la faute ?**

### TON PÈRE, CE HÉROS

Ça peut te paraître bizarre, mais c'est un fait : sans lui, tu ne serais pas du tout le même. Si tu es fan de foot ou fondu de guitare sèche, que tu adores la compétition et les jeux avec tes copains, c'est un peu grâce à lui. C'est lui qui t'a transmis « tout ça », ces petites choses qui font de toi un garçon, futur homme vrai de vrai. N'empêche, aujourd'hui, tu aimerais bien qu'il te « lâche » un peu, histoire de respirer...

### DES TEMPS QUI CHANGENT

Le problème est que, s'il est toujours le premier à t'encourager à te dépasser en cours, sur un terrain ou une scène, il l'est moins dès qu'il s'agit pour toi d'acquérir un peu plus de liberté. Ta vie n'est plus centrée sur ta famille comme avant. Tu sors avec des amis, pratiques un sport, joues de la musique, bref, tu vis ta propre existence, et ce en t'éloignant peu à peu de ton père... Du coup, il n'est pas anormal que vous vous accrochiez de temps en temps. Il ne s'est pourtant pas transformé en tyran despotique qui refuse que tu grandisses ! Il faut juste que vous appreniez tous les deux à vous comprendre dans ce nouvel ordre des choses. Même si c'est difficile et que tu as parfois l'impression de parler à un mur...

### GRANDIR SANS SOUFFRIR

Ta mission – si tu l'acceptes – est de lui faire comprendre qu'il doit lâcher du lest, tout en évitant disputes et autres accrochages. Pour cela, une seule solution : lui montrer que tu es devenu responsable. Autrement dit, il s'agit d'un marché : si tu veux qu'il t'accorde sa confiance, prouve-lui qu'il ne se trompe pas. Tu veux avoir la permission de sortir avec tes copains mardi prochain ? Rentre tous les jours à l'heure, sois « réglo ». Avec le temps, il comprendra que tu as mûri. Et si, malgré tout, vos disputes persistaient

jusqu'aux clashes qui font mal, ne laisse pas traîner les choses. Prends les devants et cours lui dire ce que tu ressens. Il est sûr qu'il appréciera le fait que tu prennes ton courage à deux mains pour en parler avec lui. C'est aussi « ça », devenir un homme.

VOIR AUSSI

**Autorité,**
**Conflits avec les parents,**
**Famille, Séparation**

**Tu as davantage la stature d'un Hobbit que l'envergure d'un géant et cela te met mal à l'aise ? Normal. Lis ce qui suit.**

### LA TAILLE : UNE HISTOIRE DE VIRILITÉ ?

Eh oui, les petits ont la vie dure dans notre société... Les magazines nous assomment de géants musclés qui regardent les objectifs des photographes de haut, comme s'ils s'apprêtaient à les écraser comme des araignées. Résultat ? On finit par penser que la force physique, le courage, la détermination, bref, tout ce qui est censé incarner la virilité, est fonction de la taille. En clair : en deçà de 1,80 mètre, tout homme de sexe masculin ne serait qu'une pâle copie d'*Homo virilitus*, celui avec des poils et des muscles qui marque les buts, roule en moto et, c'est une évidence, plaît aux filles.

### À CHACUN SA CROISSANCE

Si tu es dans la catégorie B, c'est-à-dire moins de 1,80 mètre, pas de panique ! Et inutile de chercher un moyen de te rallonger les guibolles, cela ne changerait rien à l'affaire. À l'adolescence, en premier lieu, on n'a pas fini de grandir. En ce qui te concerne, ta croissance est peut-être même loin d'être terminée. Le hic est que certains de tes copains (ceux que le coach a intelligemment recrutés dans son équipe de basket...) avoisinent déjà le 1,90 mètre ! C'est normal. La puberté déclenche cette soudaine poussée de croissance digne d'un bambou indonésien. Et comme elle ne commence pas en même temps chez tout le monde, certains prennent de l'avance...

### ET LES FILLES, DANS TOUT ÇA ?

Si tu es irrémédiablement petit, tu t'inquiètes certainement de ce que les filles vont en penser ? Toi, dans l'absolu, du moment que tu peux atteindre le bouton de l'ascenseur, tu t'en fiches, non ? Bon, rassure-toi, si dans notre imaginaire collectif, les filles ne sont attirées que par les gaillards taillés en armoire normande, il n'en est pas de même dans la vraie vie ! Voici un cliché similaire : les garçons ne sont attirés que par les mannequins siliconnés qui courent sur la plage en maillot rouge, une bouée à la main !

VOIR AUSSI Complexes

# PETITS BOULOTS

**Parce qu'il arrive un moment où l'argent de poche versé par les parents ne suffit plus, parce qu'on a des envies de jeune homme, et parce que jouir du fruit de son propre travail est un pas de plus vers l'indépendance...**

### REGARDE AUTOUR DE TOI

Si tu as moins de seize ans, les seuls petits boulots que tu pourras exercer (et ils ne sont pas si petits que ça, après tout...) sont ce que l'on appelle les « tâches de proximité ». En gros, il te suffit de regarder autour de toi et de chercher les personnes auprès desquelles tu pourrais te rendre utile. Tondre la pelouse, ramasser des feuilles mortes, promener des chiens, et faire du baby-sitting (il n'y a pas de raison que les filles soient les seules à occuper ce créneau !)... Tes seules limites sont tes capacités, les possibilités offertes par ton environnement, ton emploi du temps et... ce que t'autorisent tes parents ! Car, bien sûr, il faudra impérativement que tu les informes de ton intention de travailler, ainsi que du lieu et des personnes chez qui tu le feras.

**MODE D'EMPLOI**
**TROUVER UN JOB**

**Se lancer dans le monde du travail, cela ne s'improvise pas. Quelques conseils pour devenir un vrai businessman...**

- Inonde ton quartier de petites annonces précisant tes prénom et nom, ton âge, les travaux que tu te proposes de faire et ton numéro de téléphone.
- Consulte les petites annonces placées chez les commerçants environnants. Il se peut que quelqu'un cherche justement une personne pour effectuer des tâches que tu pourrais prendre en charge.
- Renseigne-toi auprès de ta mairie, car la plupart disposent d'un tableau sur lequel on peut consulter et/ou déposer une petite annonce.
- Enfin, lors de tes rendez-vous, fais en sorte d'avoir une tenue correcte (pas de casquette, ni sweat XXL), surtout s'il s'agit de personnes âgées... Et souviens-toi de ce sésame qui t'ouvrira les portes du monde du travail : NPPS (Neutralité, Ponctualité, Politesse et Serviabilité).

# PETIT DÉJEUNER

P

**Comment ne pas avoir l'air d'une méduse sous tranquillisants en cours ? Comment éviter de ronchonner toute la matinée ? Fais de ton « petit déj' » un repas à part entière.**

### QUI DORT... PETIT-DÉJEUNE !

Quand tu te réveilles, ton corps a absolument besoin d'un petit déjeuner. Pourquoi ? Ton organisme n'a rien absorbé depuis la veille, et pourtant il a fonctionné toute la nuit ! Respiration, digestion, fonctionnement du cerveau, etc., tout cela a consommé de l'énergie et, le matin, il faut absolument que tu recharges tes batteries avant d'affronter une journée de cours. Surtout que, en tant que garçon en pleine croissance, il te faut apporter un maximum d'énergie à ton corps pour lui permettre de fabriquer du muscle et te fournir du tonus.

### DE L'ÉNERGIE POUR TOUTE LA JOURNÉE.

L'idée maîtresse est que ce repas – c'en est un – doit être équilibré : protéines, glucides lents et graisses. Évidemment, cela ne s'improvise pas, et avaler un pain au chocolat en courant derrière ton bus n'est PAS un vrai petit déjeuner. Il va falloir que tu prennes l'habitude de te réveiller plus tôt pour prendre le temps de préparer et déguster ton petit déj'. Un conseil : si tu as du mal à manger le matin, un verre d'eau fraîche au réveil et une douche t'ouvriront l'appétit.

**MODE D'EMPLOI**

**LE « P'TI DÉJ » IDÉAL**

- Des produits laitiers : lait, yaourt, fromage blanc ou fromage tout court.
- Du pain, des céréales (complètes) ou du pain aux céréales (pain complet) : tartines, biscottes, crackers, céréales dans un bol de lait.
- Des fruits frais : à croquer ou en jus, au choix.
- Des œufs, du jambon : je vois déjà ton air dégoûté. Mais bon, essaie le dimanche, quand tu as le temps. Tu verras : une tranche de jambon ou un œuf te feront à coup sûr saliver.

VOIR AUSSI Alimentation

P

**La larme mâle est encore taboue ; et bien peu de garçons osent pleurer en public. Certains hésitent même à confier leur chagrin à leurs amis...**

### « NE PLEURE PAS SI TU ES UN HOMME ! »

Quand tu tombais de ton vélo, que tu faisais une crise chez le docteur ou que tes parents te grondaient, comme tous les enfants, tu pleurais. Et, souvent, il y avait un adulte pour te rappeler qu' « il ne faut pas pleurer quand on est un grand garçon ! » ou encore qu' « il faut être courageux et [que] ce sont les filles qui pleurent ! »... Du coup, à force d'être entendu, ce leitmotiv est devenu pour nous une évidence : les hommes ne doivent pas pleurer. Point. Alors, pour ne pas décevoir Papa (notre premier modèle d'homme), nous, les petits garçons (futurs hommes virils), on a bêtement obéi. Pour être bien sûr de pouvoir un jour dire : « Je suis un homme, un vrai de vrai ! »

### LES HOMMES SE CACHENT POUR PLEURER

Malheureusement, la réalité n'est pas aussi simple et le petit garçon que tu étais est aujourd'hui un jeune homme qui a compris qu'il n'était pas de marbre, et que cette image de dur sous contrôle était impossible à assumer. Aussi, quand la tristesse, la colère ou le chagrin sont trop forts, tu fais tout pour ne pas craquer, et réserves tes pleurs à ton oreiller ou à la froideur du mur de ta chambre... La société admet assez mal de voir un homme pleurer en public. Cela met son entourage mal à l'aise...

### ASSUMER SES SENTIMENTS

Pourtant, pleurer fait office de soupape de sûreté ! Cela fait du bien de l'ouvrir quand la pression est trop forte ; cela fait disparaître cette fameuse boule qui grossit dans la gorge quand quelque chose ne va pas... Quel mal y a-t-il à cela ? Aucun. Surtout que garder son mal-être pour soi et refréner ses sentiments, c'est prendre le risque d'aller encore plus mal et de litté-

ralement « disjoncter » ! Alors, si tu sens que ton envie de pleurer est trop forte, n'en aie pas honte et pleure ! Confie-toi à un ami en qui tu as une confiance totale et qui saura t'écouter et te réconforter... Ainsi tu ne resteras pas seul à ruminer ton chagrin, et tu te sentiras beaucoup plus soulagé que si tu mordais dans ton oreiller pendant des heures ! Quant à craquer en présence d'une fille, pas de problème non plus ! Et, contrairement à ce que tu penses peut-être, elle ne se moquera pas de toi ! Elle peut même mieux t'écouter et te comprendre qu'un garçon. Sans compter qu'un homme qui pleure, les filles trouvent ça terriblement craquant...

# POILS

**Attribut hérité de nos ancêtres préhistoriques, le poil est aujourd'hui l'objet de toutes les attentions. Et pas seulement quand on est une fille...**

### À CHACUN SES POILS !

Les poils surgissent à l'adolescence, en même temps que la mue de la voix et le développement de la musculature. Bien sûr, comme tes copains et toi grandissez à des rythmes différents, certains se retrouvent poilus comme un lapin angora en quelques mois, tandis que d'autres n'ont aucun mal à compter leurs quelques touffes sur les doigts d'une main. N'y vois aucune espèce d'injustice (signe d'un manque de virilité, toujours elle !) si jamais ta pilosité n'est pas celle d'un jeune gorille !

### GÉOGRAPHIE DU POIL

En théorie, les poils se développent sous les aisselles, sur les jambes, les bras, le torse et le pubis. En réalité, tu remarqueras que certains hommes, même adultes, sont très peu pileux au niveau du torse et beaucoup plus aux jambes, ou inversement... D'autres ont même des poils qui leur poussent dans le haut du dos ou sur les phalanges ! En la matière, il n'y a pas de normalité, donc aucune inquiétude à avoir si tu possèdes un torse imberbe ou, à l'inverse, un véritable tapis afghan sur les pectoraux.

### *TO SHAVE OR NOT TO SHAVE*[1] ?

C'est un peu à chacun de voir... Certains préféreront l'option torse imberbe et d'autres pas. Sache toutefois qu'un poil rasé repoussera toujours... plus foncé et plus dru ! Autrement dit, si tu commences à te raser le torse (par souci esthétique) ou les jambes (par esprit pratique, si tu fais du vélo, par exemple), mieux vaut ne pas t'arrêter (et c'est pareil, ou presque, pour l'épilation) ! En tout cas, côté séduction, ne te fais aucun souci ! Il y a autant de filles qui préfèrent les garçons poilus que d'adeptes du glabre !

*1. Raser ou ne pas raser ? en anglais.*

# POPULAIRE (VOULOIR L'ETRE)

P

**Il a de la classe, toujours plein de filles autour de lui, des tas d'amis à la vie à la mort ; bref, tout le monde l'aime, la preuve, il est sans cesse invité à des fêtes. Pas étonnant qu'on l'envie un peu, voire qu'on cherche à lui ressembler...**

### « *ALL YOU NEED IS LOVE* »...

Finalement ce qu'on envie chez ce « people de l'école », ce n'est pas tant son style, ni le fait qu'il est toujours occupé le samedi soir (comme le reste de la semaine, d'ailleurs)... Non, en réalité on lui piquerait plutôt cet amour ou cette amitié que tout le monde semble lui porter. Car, au fond, ce n'est pas le fait de devenir comme lui qui nous intéresse, mais plutôt de provoquer le même effet que lui chez les autres...

### NE PAS EN FAIRE TROP !

Être populaire, ça rassure. On se dit que, si les autres nous apprécient, c'est la preuve qu'on a de la valeur. Le raisonnement est loin d'être faux, mais il n'est pas non plus parfaitement juste. Regarde ce qu'il en est dans le domaine médiatique : certaines personnes, qualifiées de « people », n'ont pourtant ni réelle qualité ni compétence primordiale. Autre pensée fallacieuse : plus on nous apprécie, plus on a de la valeur... Là, tout se complique ! Car à force d'en faire des tonnes pour se faire aimer de tout le monde, certains finissent par produire l'effet inverse. Pire : se forcer à faire rire, ne jamais contrarier personne et sourire béatement à tous est le meilleur moyen de passer pour le lourd de service !

### POPULAIRE ET HEUREUX ?

Enfin, si tu l'observes de plus près, tu t'apercevras que le populaire n'est pas aussi heureux qu'il y paraît. Si tout le monde se presse à ses côtés, c'est souvent bien plus pour être vu en sa compagnie et bénéficier de son « aura » que pour ce qu'il est vraiment ! Un peu comme une cour autour d'un roi...

VOIR AUSSI Lourd, Modèles

# PORNO

**Ce sont sans doute les premières « scènes de cul » auxquelles tu as assisté ; et, il faut l'avouer, c'est ultra-excitant. Grâce aux films X, ta vision de « LA CHOSE » a changé. Justement, réfléchis à ce qui s'en dégage.**

Tard au cours d'une soirée entre garçons, en cachette sur une chaîne câblée, ou encore sur Internet, voir un film X est une chose à laquelle tu risques peu d'échapper… si tu ne l'as pas déjà fait. Mais au-delà des rires, des blagues et des commentaires avec tes copains, voir un porno, ce n'est pas comme regarder n'importe quel autre film. Même si on sait que tout est faux, que c'est une fiction…

### DU SEXE À GRAND SPECTACLE

Un « porno », c'est un peu comme ces films où Bruce Willis sauve la planète à lui tout seul, presque sans égratignure ! Sous des dehors réalistes, il s'agit d'une fiction avec ses effets spéciaux (bien sûr), son maquillage (beurk !), ses trucages (eh oui !), son montage, etc. Il s'agit d'une représentation à grand spectacle de la sexualité, où tout est calculé pour optimiser l'effet sur le spectateur… et masquer la réalité. Or, il existe une différence de taille entre les films de Bruce Willis et les pornos : on sait qu'il est impossible de sauver le monde tout seul (parce qu'on peut le constater tous les jours dans la réalité) ; en revanche, en dehors des pornos, difficile aujourd'hui d'avoir une image « vraie » d'une relation sexuelle quand on

n'a pas encore fait l'amour ! En ce sens, il est important d'avoir à l'esprit qu'un film X n'est qu'une totale fiction.

### ET L'AMOUR, DANS TOUT ÇA ?

Côté sentiments, c'est le désert. Même si l'on sait que l'on n'est pas obligé de s'aimer pour faire l'amour, là, on pourrait presque croire le contraire. Dans la « vraie vie », lorsque deux personnes ont envie de faire l'amour, il s'établit entre elles un jeu de séduction, où mots doux et caresses conduisent à la relation sexuelle en elle-même. Dans un porno, toute cette partie essentielle qui précède l'acte d'amour est zappée ! Dommage, parce que c'est là que désir et plaisir prennent leur source... Un peu comme si tu ratais le début d'un bon film.

### TOUT VOIR... POUR NE RIEN SAVOIR

Par ailleurs, tu pourrais croire que, grâce au porno, tu apprends tout un tas de trucs sur le sexe. Comment est fait le corps de l'autre ? Comment bien embrasser ? Comment BIEN faire l'amour ? Là aussi, attention : les corps des « hardeurs » (comme on appelle les acteurs) ressemblent davantage à ceux d'athlètes de haut niveau ; et leurs galipettes font plus penser à des performances de gymnastes qu'à de réels ébats amoureux ! Les couples enchaînent les positions en suivant un ordre bien établi, un scénario... le tout filmé sous tous les angles.

### UNE IMAGE NÉGATIVE DES FEMMES

Autre principal danger des films X : l'image dégradante des femmes qu'ils propagent... À l'inverse de la réalité (encore une fois...), quand une fille dit « non » dans un porno, elle finit toujours par faire l'amour avec son (ou ses) partenaires. Un comble ! Cela laisse penser que les filles sont : 1) des allumeuses qu'il suffit de forcer un peu, 2) incapables d'exprimer un refus ; bref, dans les deux cas, des objets de plaisir pour homme. À retenir absolument : dans la vraie vie, quand une fille dit « non », c'est « NON ! ».

### LE CHOC DU RÉEL

Enfin, moins grave mais tout aussi dommageable : face au porno, ultra-efficace, il est vrai, le retour à la réalité est rude lorsqu'on fait l'amour les premières fois. Si tu t'attends à ce que ta copine grimpe aux rideaux toute la nuit, tu risques d'être déçu ! Bien faire l'amour n'est JAMAIS une performance. C'est l'inverse du X ! Et peu importe comment tu le fais. L'essentiel est d'avoir donné et pris du plaisir tous les deux.

### PUDIBONDS PAR RÉACTION

**Il y a cinq ans, le journal *Libération* a publié une enquête qui a suscité beaucoup de consternation et de nombreuses réactions. Des professionnels de l'éducation à la sexualité, des psychiatres et des infirmières scolaires y rapportaient que la pornographie sert d'approche à la sexualité de la plupart des adolescents. Or, de nombreux films X sont extraordinairement violents et laids. Résultats : certains jeunes garçons, désemparés, se disent qu'ils n'ont pas du tout envie de « ça » avec la fille qu'ils aimeront ; et, de fait, le jour où ils sont vraiment amoureux, « la seule chose qu'ils peuvent faire avec elle, c'est l'embrasser ». Dommage !**

# PRATIQUES SEXUELLES

**Parce que faire l'amour ne se résume pas à la procréation (et heureusement !)...**

### ON A ENVIE DE TOUT ESSAYER

Alors qu'on part en pleine découverte de notre corps, des sensations qu'il peut nous procurer, on entrouvre peu à peu les portes de notre propre sexualité. On prend conscience que le sexe est partout – émissions de télé, films, Internet, libre antenne – et que faire l'amour ne consiste pas seulement en la pénétration, mais que d'autres caresses, stimulations et acrobaties en tout genre se pratiquent... Logique donc d'avoir envie de tout essayer... et vite !

### CE N'EST PAS SALE !

Malgré tout, beaucoup d'adolescents, et en particuliers les filles, trouvent la plupart de ces pratiques dégoûtantes, et ne se voient absolument pas interpréter le *Kama-sutra* sous la couette. D'autant plus que pour la majorité (garçons et filles confondus), ce ne sont que des trucs de « filles faciles », de dévergondées... Outre le fait qu'ils ne trouvent pas cela très ragoûtant, cela ne serait réservé qu'aux films pornos. En clair, ce ne serait pas « bien »... Si c'est ce que tu penses, autant te le dire tout de suite : tu as tort !

### UNE QUESTION D'ENVIE PARTAGÉE

Ces pratiques ne sont ni répréhensibles, ni sales, ni quoi que ce soit ! Quand elles sont pratiquées par des amants respectueux dans le but unique d'augmenter leur plaisir, il n'y a aucun mal à cela. Les pratiques décrites ci-dessous ne sont jamais choquantes, mais la façon dont les amants se considèrent peut éventuellement l'être. Pour l'écrire autrement, un homme peut faire l'amour à sa femme le plus « classiquement » du monde et la mépriser odieusement ; un homme peut tenter des pratiques exotiques avec sa femme et la respecter infiniment.

VOIR AUSSI
**Amour (le faire), Désir et Excitation**

## ELLE VEUT OU NE VEUT PAS ?

**En ce qui concerne ces pratiques particulières, la règle est la même que pour tout rapport sexuel. Il faut respecter ta partenaire et être attentif à ses réactions – ou à son absence de réaction. Et t'arrêter si jamais tu sens que quelque chose ne « passe » pas. Car ta partenaire, elle, peut se forcer à faire « quelque chose » uniquement par amour, ou pour te faire plaisir… Or, si tu la respectes, tu ne dois pas la laisser faire. En revanche, une fois que vous vous connaîtrez bien et si tu sens ton amie réceptive, n'hésite pas à faire semblant de ne plus penser qu'à toi ! Les femmes adorent sentir leur amant perdre le contrôle de son désir – ou, en tout cas, elles croient qu'elles aiment ça et ne va surtout pas les détromper ! (Sans compter que vous devriez y trouver tous les deux votre compte.) Pour avoir une idée assez précise de « l'acte d'amour parfait », suis le cours que Cécile de France donne à Romain Duris dans le film *L'Auberge espagnole.* Elle a tout compris aux filles ! Euh… normal, non ?**

### LA FELLATION

C'est un LE grand fantasme de tous les garçons… Elle consiste pour la femme à sucer le sexe en érection de l'homme. Elle procure beaucoup de plaisir à l'homme. C'est une sorte de « don » que fait l'amante à son partenaire, et qui doit être respecté. À noter qu'il est essentiel d'utiliser un préservatif durant la fellation, car la moindre minuscule plaie présente dans la bouche peut se transformer en une grande porte ouverte au sida.

### LE CUNNILINGUS

On peut le considérer comme l'inverse de la fellation, puisque c'est l'homme qui procure du plaisir à sa partenaire en stimulant son sexe avec sa bouche. Et, de la même manière, seule la femme peut en jouir. Certaines apprécient beaucoup, d'autres pas. Certains hommes adorent, d'autres non. Il n'y a JAMAIS à juger. Certaines filles sont gênées à l'idée qu'un homme voie leur sexe de très près. Tu dois respecter leur décision et ne les forcer à rien du tout. Là encore, c'est une question de respect.

### LA SODOMIE

Il s'agit d'un rapport sexuel au cours duquel l'homme introduit son sexe dans l'anus de sa partenaire. Là, la jouissance est possible pour les deux partenaires, mais attention : la sodomie peut être très traumatisante et extrêmement douloureuse pour la femme si l'amant n'est pas attentif, patient et ultradoux. Il s'agit d'une pratique encore très taboue dans notre société ; elle est même interdite dans certains pays ou par certaines religions.

# PREMIÈRE FOIS

**Ce moment tant attendu est une sacrée étape dans la vie d'un homme. Pas étonnant, donc, que tu te poses des centaines de questions. Et qu'à l'idée de passer à l'acte, tu ressentes un mélange d'anxiété et d'excitation.**

### À QUOI S'ATTENDRE ?

En fait, tout va se faire tellement naturellement que tu n'auras pas le temps de te poser cette question… Tant mieux, non ? La première fois, c'est un peu comme si on découvrait une dimension de son corps que l'on ne soupçonnait pas. Concrètement, ta partenaire et toi allez tout doucement découvrir le corps de l'autre et, peu à peu, vous passerez du stade des caresses amoureuses à celui des préliminaires. Ne t'attends donc pas à une coupure franche du style : « Et maintenant nous allons faire l'amour ! »

### QU'EST-CE QUE ÇA FAIT ?

Découvrir son corps sous un jour nouveau (alors que l'on croyait tout savoir de lui) est un sacré bouleversement. Le cœur s'emballe, la respiration s'accélère, le désir et l'excitation montent : tous les sens sont en éveil et chaque caresse provoque un déferlement de sensations inédites. Pour autant, ne t'imagine pas des cascades bruyantes et exubérantes, façon porno ! « L'amour en vrai » n'est pas forcément démonstratif.

### COMMENT FAIRE ?

Si c'est votre première fois à tous les deux, vous risquez d'être aussi angoissés l'un que l'autre ! Rien n'interdit de se le dire, d'ailleurs… Il faut que tu sois le plus doux et le plus patient possible. L'étape des préliminaires est primordiale car chacun va pour la première fois de sa vie découvrir le corps du sexe opposé. C'est un moment très intense qu'il serait dommage de ne pas vivre pleinement. Si ta partenaire est plus expérimentée que toi et si elle en prend l'initiative, n'hésite pas à la laisser guider tes mouvements. Le tout est de rester à l'écoute l'un de l'autre.

**MODE D'EMPLOI**

**LES DEUX CONSEILS POUR UNE PREMIÈRE FOIS RÉUSSIE**

- **Prendre son temps.** S'il ne doit y avoir qu'une seule règle c'est celle-là. La patience fait monter le désir et prolonge ce moment important pour les filles, qui ont besoin de tendresse et de douceur : n'oublie jamais que c'est la fille qui est pénétrée ; à cet égard, elle a justement droit à des égards !
- **Être à l'écoute de l'autre.** Ce doit être le fondement de toute relation sexuelle digne de ce nom. Tu dois être attentif à chaque geste de ta partenaire et ne pas hésiter à t'arrêter si tu sens que quelque chose ne va pas… Elle peut très bien ne pas oser te dire qu'elle veut stopper là (pour ne pas te vexer, par exemple, ou parce qu'elle a peur de passer pour une godiche coincée).

**STATISTIQUES**

- L'âge moyen du premier rapport sexuel pour les garçons est de 17,4 ans (17,6 pour les filles).
- Seuls 16 % des garçons ont parlé de leur première expérience avec leurs parents.
- 4 % des garçons disent avoir été déçus de leur première relation ; 11 % déclarent avoir été agréablement surpris.



VOIR AUSSI Amour (le faire), Désir et excitation, Corps (le sien), Préservatif

# PRÉSERVATIF

P

**Qu'on l'appelle capote, chapeau ou tout simplement préservatif, il reste à ce jour le meilleur moyen de te protéger du Sida et des autres MST.**

### UNE RÈGLE, UNE SEULE

N'accepte JAMAIS un rapport sexuel sans préservatif avec une nouvelle partenaire ! Même si tu as confiance en elle, que tu es amoureux et/ou qu'elle te dit que c'est sans risque, c'est une question de respect : vous vous protégez, car vous vous respectez ! Quant à ceux qui prétendent que le préservatif altère la qualité d'un rapport sexuel, ne les écoute pas ! Bien mis, un préservatif est presque indétectable. Et de toute façon, l'enjeu est trop grave.

### UNE ARME DE PROTECTION MASSIVE

Si les politiques de lutte contre le sida ont fait du préservatif leur cheval de bataille, c'est parce qu'il est la meilleure barrière possible contre les maladies sexuellement transmissibles (MST). En revanche, côté contraception, il est loin d'être infaillible et, pour plus de sécurité, il vaudrait mieux que ta copine prenne la pilule. En effet, si le préservatif se déchire lors du rapport sexuel, le risque d'attraper une MST est statistiquement faible. En revanche, celui de la fécondation est nettement plus élevé !

### TA CAPOTE, TON AFFAIRE

Surtout ne demande pas à ta partenaire de te l'enfiler si tu ne sais pas le faire. Elle n'en a peut-être pas très envie et, si elle ne s'y prend pas bien, cela risque de gâcher le moment qui va suivre. Ce serait dommage.

VOIR AUSSI Annexes

**MODE D'EMPLOI**

**METTRE UN PRÉSERVATIF**

**C'est LA grande angoisse lors d'un rapport sexuel, surtout lorsqu'il s'agit des premières fois. Heureusement, il n'est pas interdit de s'entraîner, histoire d'être « prêt » le jour J… C'est-à-dire beaucoup plus détendu.**

- Vérifie la date de péremption. Ouvre-le sur le côté en prenant bien garde de ne pas le déchirer (ne l'ouvre pas avec les dents !).
- Une fois le préservatif sorti, pince le réservoir pour en chasser l'air, et place-le sur le sommet de la verge en érection.
- Tout en pinçant le réservoir, déroule le préservatif avec l'autre main jusqu'à la base de ton pénis en chassant les éventuelles bulles d'air.
- Immédiatement après l'éjaculation, retire-le en le tenant par la base. Fais un nœud pour le fermer et jette-le à la poubelle.

# PROPRETÉ

**Non, cette entrée n'est pas une injure à destination de ton intimité, ni un message subliminal ! Mais quand on sait que seulement 57 % des hommes prennent une douche tous les jours, il y a presque une chance sur deux pour que cette entrée te concerne…**

### POUR TOI, POUR LES AUTRES

Être propre est une question de respect. Pour toi d'abord, car il est quand même plus agréable de se sentir frais, plutôt que d'exhaler le vieux bouc du matin au soir. D'autant qu'un manque d'hygiène favorise la prolifération des microbes et autres bacilles suceptibles de te clouer au lit quelques jours. Mais l'hygiène est aussi une marque de respect envers ceux qui te côtoient tous les jours : voisin d'ascenseur, de classe ou de squash ; parents, frères, sœurs, etc.

### UNE ATTENTION QUOTIDIENNE

Et pas besoin d'occuper la salle de bains pendant une heure pour en ressortir comme neuf ! Une douche quotidienne, un brossage dentaire après chaque repas, un peu de déo et quelques gouttes de parfum suffiront à ton confort, et à celui des autres. L'excuse du manque de temps n'est donc pas valable ! En moins d'un quart d'heure, il est possible de faire sa toilette.

### SOIGNE TES MAINS

Et pour éviter de semer sales bactéries et méchants virus derrière toi, un conseil : lave-toi les main après chaque passage aux toilettes, et avant de passer à table. À lui seul, ce petit geste permet d'éliminer 90 % des microbes responsables des gastro-entérites, rhino-pharyngites et autres réjouissances contagieuses.



VOIR AUSSI Déodorant, Odeurs corporelles, Parfum, Peau

# PUBERTÉ

**Rien qu'en lisant le titre de cette entrée, il y a de fortes chances pour que tu aies envie de tourner la page... Pourtant, sache que la puberté fera de toi ce à quoi tu aspires le plus : être un homme.**

### À CHACUN SON RYTHME

Comme tu l'as remarqué, certains de tes copains ont déjà l'air de « vrais » hommes, alors que d'autres ont encore leur apparence de petits garçons. Ce n'est bien évidemment pas que les seconds sont en retard, ou que les premiers sont en avance... Car cela supposerait qu'il y ait une norme, un moment immuable auquel les garçons commenceraient leur métamorphose en hommes. Faux, évidemment. Certains auront déjà de la barbe à 15 ans alors que d'autres peineront à obtenir un disgracieux duvet à 20... Il en est ainsi : chacun son rythme.

### UNE ENVELOPPE DE PLUS EN PLUS INCONFORTABLE

À l'impatience de grandir se mêlent souvent agacement et mauvaise humeur. La faute à tous ces changements qui chamboulent ta vie... Tu grandis par à-coups, te retrouves parfois avec une face de calculette et, cerise sur le gâteau, ta voix fait le yo-yo dans les graves et les suraigus ! Pas étonnant que tu regrettes parfois un peu ton corps d'enfant, confortable, sécurisant et dont les filles se fichaient pas mal. Eh oui ! Car ce qui rend la puberté encore plus difficile à vivre, c'est qu'elle intervient aussi à l'âge où l'on commence à être attiré par l'autre. On a donc envie de plaire de plus en plus, ce qui, quand on ne se sent pas bien sa peau, est presque mission impossible.

**DÉFINITION :**
**La puberté est l'ensemble des modifications biologiques et anatomiques (apparition des poils, développement musculaire et de la verge, mue, croissance intense...) qui vont faire que tu vas peu à peu devenir un homme et être capable de procréer, de donner la vie.**

### CÔTÉ FILLES...

Rassure-toi, chez les filles, le chamboulement pubertaire est tout aussi grand et les conséquences tout aussi lourdes : certaines assument mal leur nouvelle poitrine et leurs courbes en volume, d'autres ont du mal à garder leur calme ou se mettent à pleurer facilement (la faute aux hormones), tandis que d'autres encore souffrent beaucoup pendant leurs règles.

VOIR AUSSI **Corps (le tien)**

**STATISTIQUES**
L'âge moyen de la puberté masculine se situe un peu avant 15 ans. Ne t'inquiète pas si tu n'entres pas dans cette « norme ». Il s'agit d'une moyenne.

# PUCEAU

**C'est un truisme qui vaut la peine d'être rappelé : puceau, on l'est tous avant notre « première fois ». Pourtant, pas question de se laisser rabaisser par ceux qui prétendent ne plus l'être !**

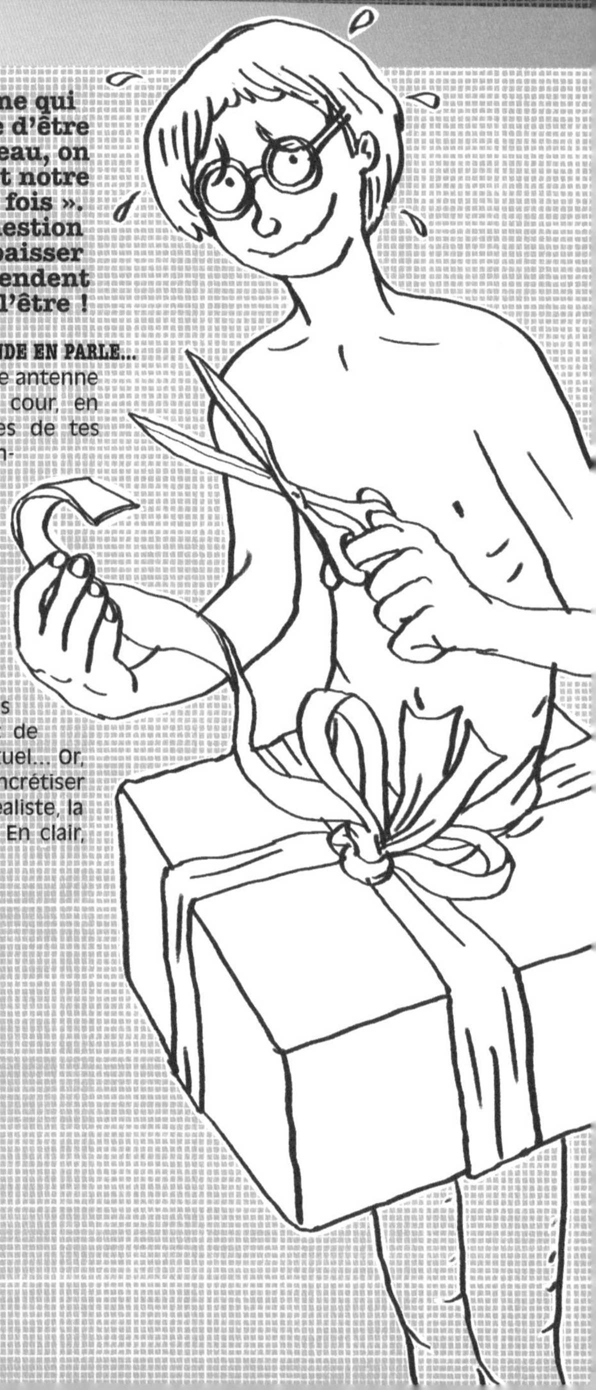

### TOUT LE MONDE EN PARLE...

Des émissions radio de libre antenne aux discussions dans la cour, en passant par les confidences de tes copains et de ceux qui se vantent de « l'avoir fait », tout le monde parle de sexe autour de toi ! Et c'est bien normal quand on est adolescent ! Car, au cours de cette longue période de chamboulements que tu traverses, ton corps change... celui des filles aussi. Bref, tes hormones jouent à plein, provoquant de fortes poussées de désir sexuel... Or, quand la perspective de concrétiser ce désir semble assez peu réaliste, la parole devient un exutoire. En clair, parler de sexe, c'est approcher cet univers nouveau, excitant mais pour l'instant inaccessible...

### ... MAIS QUI L'A DÉJÀ FAIT ?

Certains expliquent, à grand renfort de détails et à qui veut l'entendre, l'étendue de leur expérience en la matière ! Où ? Quand ? Comment ? Dans quelles positions ? Avec qui ? Combien de fois ? Combien de temps ? etc. Ces « experts » te disent tout, à toi, le puceau... Car le monde des garçons se divise en deux catégories : ceux qui disent l'avoir fait et les autres. Rappelle-toi que cette division n'est bien souvent que virtuelle. Donc, premier conseil : méfie-toi de ceux qui se vantent de « l'avoir fait ». Leurs histoires ne servent qu'à deux choses : passer pour de soi-disant « vrais hommes » auprès de leurs copains et tenter (sans succès...) de faire grimper leur cote auprès des filles.... Conclusion et second conseil : que tu l'aies « fait » ou non, ne t'en vante pas.

### LA PRESSION

Problème : à force d'entendre toutes ces histoires, il est possible que tu commences à développer un complexe ! « Pourquoi l'ont-ils tous fait, et pas moi ? », « Qu'est-ce qui cloche chez moi ? », « Si ça se trouve, je ne suis pas normal ! », « Pourquoi suis-je encore puceau à mon âge ? » Pis encore : tes copains peuvent te mettre la pression pour que tu rejoignes le « club de ceux qui l'ont fait », en t'appelant « le puceau » ou en te charriant dès que tu parles à une fille...

### PAS UNE COURSE

Pourtant, s'il y a bien une chose derrière laquelle il ne sert à rien de courir, c'est le sexe ! Cette pression que tu t'imposes, ou que le groupe exerce sur toi, n'arrange en rien tes affaires. Il n'y a pas d'âge « normal » pour sa première fois. Certains le font à 16 ans, d'autres à 18, d'autres encore à 21 ans ou même à 67 ans. Je ne te le souhaite pas, mais, quand bien même, ça ne serait pas un problème. Ça n'est JAMAIS un problème. Chacun est différent et le sexe ne doit absolument pas être une question de compétition entre tes copains et toi, mais plutôt une question d'envie et de désir entre toi et celle que tu auras choisie... quand le temps sera venu.

VOIR AUSSI **Amour (le faire), Masturbation, Porno, Première fois**

# PUDEUR

**Au-delà de la signification qu'on lui attribue habituellement (montrer son corps ou pas), la pudeur touche aussi ce que tu es, penses et ressens. Elle définit ta propension à dévoiler aux autres, ou non, ton être tout entier.**

### PUDEUR ET VIRILITÉ

Si tu pratiques un sport collectif, tu as dû remarquer que les garçons n'ont souvent aucun complexe à se mettre nus lorsqu'ils sont entre eux aux vestiaires. *Idem*, lorsque tes copains et toi abordez le sujet de la sexualité, beaucoup d'entre eux n'hésitent pas à décrire leur intimité, souvent avec des mots crus. Il se peut qu'à l'inverse tu éprouves plus de mal à te mettre ainsi à nu (au propre comme au figuré), alors que tu aimerais peut-être te sentir aussi à l'aise qu'eux dans ton corps et dans ta tête... Tu peux même être tenté de les imiter pour ne pas te sentir à l'écart, et montrer que, toi aussi, tu es un garçon. Comme si ton potentiel de virilité tenait un peu à ce que tu montres de toi. Comme si un garçon, pour devenir un homme, devait montrer et dire sa masculinité.

### À CHACUN LA SIENNE

Pourtant, tu n'as AUCUNE obligation en la matière ; c'est là que la pudeur entre en jeu. C'est à toi, et à toi seul, de décider ce que tu souhaites dévoiler de toi aux autres. C'est une affaire personnelle, qui te regarde et au sujet de laquelle tu n'as aucune raison de te justifier. Ne transige JAMAIS là-dessus.

### PUDEUR DU CORPS ET DE L'ESPRIT

Cela va même beaucoup plus loin. Si tu as des amis qui n'hésitent pas à se montrer nus ou à étaler leur vie sexuelle devant les autres, cela ne veut pas dire qu'ils ne sont pas pudiques ! Au contraire. Cette débauche n'est peut-être qu'une sorte de rideau qui cache leur vraie nature. De la même façon que lorsque quelque chose ne va pas, on la tourne parfois en dérision. Tout dire, tout montrer, est souvent un leurre que les garçons emploient pour mieux garder pour eux ce qu'ils sont vraiment. Et ça aussi, c'est de la pudeur...

# Q QUITTER (QUELQU'UN)

**Lorsque l'amour n'est plus là, qu'elle n'était pas la personne que tu croyais, ou que tout simplement tu t'ennuies avec elle, il faut te rendre à l'évidence : tu vas sans doute la quitter. Et ce n'est jamais une partie de plaisir.**

### UN SALE MOMENT À PASSER

Quand, malgré tout tes efforts, tu ne te sens pas bien avec celle que tu croyais aimer, rompre est un dernier recours pour ne pas sombrer. Tu crains certainement de l'attrister et il est normal de te sentir coupable à l'idée de faire du mal à celle qu'hier encore tu serrais dans tes bras. Pourtant, même si tu as peur de faire souffrir, il est souvent préférable de ne pas laisser traîner les choses.

### Y METTRE LES FORMES

Une fois que tu auras pris ton courage à quatre mains, va droit au but. Évidemment, quand on est un garçon « bien », on rompt en direct ; ni par téléphone, ni par texto, ni par chat, ni par mail ! En tant que personne, elle mérite mieux que ça et éviter ce face-à-face serait irrespectueux, à la fois envers elle, votre histoire et aussi envers toi-même ! Parle-lui en essayant de trouver les mots justes, ceux qui traduisent ce que tu ressens...

# QUITTER (SE FAIRE)

Q

**On a l'impression que le ciel nous tombe sur la tête et, bien souvent, au chagrin se mêlent incompréhension et colère. Dur de respecter sa décision et d'aller de l'avant.**

### LE TEMPS DE LA TRISTESSE

Il est normal de pleurer lorsqu'une histoire d'amour s'achève. N'aie pas honte de craquer au plus profond du désespoir. Si tu connais quelqu'un auprès de qui t'épancher, profites-en. Cette période de deuil amoureux est normale et elle te permettra de bien faire la séparation entre l'avant et l'après-rupture, pour ensuite mieux repartir.

### LA VIE CONTINUE...

Au bout de quelque temps, ton chagrin va s'effacer peu à peu, et ta vie va reprendre son cours normal... sans elle (même si actuellement tu n'y crois pas et que cette pensée te hérisse). C'est le moment d'organiser activités et sorties avec tes copains pour te changer les idées. Ils sont là pour ça ! Et qui sait, après quelques semaines (ou quelques mois selon les cas...), tu te sentiras peut-être à nouveau prêt à aimer...

VOIR AUSSI **Chagrin d'amour, Pleurer**

# RACISME

**R**

**Le racisme est un sentiment de supériorité et d'hostilité qu'éprouve un groupe racial envers un autre. Il est puni par la loi.**

### RESTER ZEN

Les propos et attitudes racistes provoquent, chez celui qui en est la cible, souffrance (bien sûr) mais aussi colère, haine, violence, ou tout cela à la fois. Dans tous les cas, essaie de garder ton calme. Pas facile, mais c'est la seule façon que tu auras de mettre un terme à l'engrenage de la violence dans lequel on a cherché à te faire tomber. Si tu t'en sens le courage, tu peux aussi chercher à répondre au racisme par l'humour, car, instantanément, il impose une distance entre toi et ton agresseur. En outre, il permet de faire comprendre les choses de manière différente...

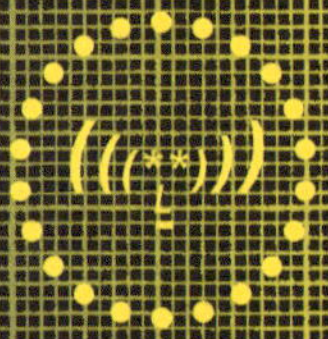

### PARLER

Malgré tout, tu n'as pas à garder cette douleur pour toi tout seul ! D'abord parce que tant qu'elle ne sera pas guérie, elle te fera toujours aussi mal – même si tu penses l'avoir oubliée. Va donc confier ta peine à un ami proche et parle-lui de tes sentiments, de ce que tu as ressenti, de la colère qui t'envahit. Mettre des mots sur ta souffrance évitera qu'elle ne te ronge.

Ensuite parce que, même dans l'enceinte de ton établissement, les propos racistes sont punis par la loi ; il n'y a aucune raison

ADRESSES UTILES

Voir p. 244
*Discriminations raciales*

pour que tes agresseurs y échappent. En parler avec un prof, le principal, tes parents ou un représentant de la loi te permettra de lutter contre l'injustice dont tu as été victime et de te sentir dans ton bon droit.

### FAIRE FACE À SES PRÉJUGÉS

Inversement, accepter l'autre avec toutes ses différences n'est pas toujours aussi facile à appliquer qu'à prôner. Ta meilleure arme pour lutter contre TES préjugés ? La confiance que tu as en toi. Car, lorsque l'on doute, la peur s'instille en nous et ouvre la porte aux ressentiments, aux préjugés. Malgré tout, si par moments tu sens que des idées racistes commencent à t'envahir et à prendre le dessus sur ta mesure et ta raison, surtout ne les refoule pas au fond de toi ! Interroge-toi plutôt sur leur origine et sur les sentiments qui peuvent les avoir fait naître. Le contexte familial, l'éducation de tes parents ou leurs idées politiques peuvent t'influencer, et c'est important de comprendre pourquoi et dans quelle mesure. À force de réflexion, la raison devrait prendre le pas sur la peur misérable.

VOIR AUSSI Critiques et Injures, Violence

# RACKET

**Il fait partie des violences auxquelles tu risques le plus d'être confronté au collège ou au lycée. Même s'il n'est pas question de se laisser faire, évite de jouer les champions de boxe thaï pour un lecteur MP3...**

### COMMENT RÉAGIR ?

Même si tu es bâti comme un grizzli, n'essaie jamais de te défendre par la violence. Si la personne qui t'agresse est seule et bien plus petite que toi, elle est probablement armée pour avoir ainsi confiance en elle.

Si tu cèdes à la demande de ton agresseur, à coup sûr et après coup, tu risques de culpabiliser, de te dire : « J'aurais dû agir autrement », « J'ai été une mauviette », « Je me suis laissé faire... » Tu peux aussi avoir envie de te venger et de retrouver ton agresseur. Mauvaise idée car, plutôt que de régler (légalement) son compte au racketteur, cela risque de te mettre en danger.

La réaction la plus (possiblement) efficace consiste à en parler autour de toi. C'est difficile, car tu peux craindre des représailles et des rumeurs de la part des autres, qui chercheront peut-être à te faire passer pour une victime, quelqu'un de « faible ».

### EN PARLER, POURQUOI ?

Parce que le racket est un **délit** et que tu es une victime qui a droit à réparation. Nous vivons dans un pays où une telle violence est punie par la loi, et il n'y a aucune raison pour que la loi ne te protège pas.

Parce que le racket est un **fléau** et qu'en parler mobilisera les gens. Plus on est nombreux, plus on est forts. Le but : faire savoir aux agresseurs que leurs actes ne resteront pas impunis. En ce qui te concerne directement, le fait de porter plainte te fera prendre conscience que les adultes ont pour rôle de te protéger. Ce qui est rassurant. Même si ça n'est pas immédiatement efficace.

VOIR AUSSI Violence

**Comme 90 % des 13-17 ans, tu allumes certainement ta radio en entrant dans ta chambre. Un réflexe qui ne doit pas t'empêcher d'exercer ton sens critique quand certaines émissions basculent dans le graveleux…**

### LIBERTÉ D'ÉCOUTER…

Ce qui différencie grandement la radio de la télévision, c'est que cette dernière se regarde plutôt en famille, alors que tu as davantage tendance à allumer le poste quand tu fais tes devoirs ou en t'endormant, bref quand tu es seul. Tu as donc moins l'occasion de partager ce que tu ressens à l'écoute des programmes de la bande FM. C'est le soir que tes copains et toi écoutez le plus les radios jeunes. C'est aussi à ce moment que sont diffusées les émissions qui marchent le plus auprès des ados : les « libres antennes ». Pas fatigantes à écouter, et souvent très marrantes, il n'y a pas de mal à les aimer. Mais attention au dérapage : quand ça devient trop vulgaire, branche ton indépendance d'esprit.

### … ET DE ZAPPER !

Car même si tes oreilles ne sont plus si chastes que cela, la diffusion à répétition d'élucubrations sur la fellation ou la sodomie ne doit en aucun cas te faire croire qu'il s'agit là d'une norme. Ce qui est dit le soir sur les radios jeunes n'est qu'une partie de la réalité des ados – et ce n'est pas la plus jolie. Tiens-le-toi pour dit.

# RÂTEAU

**En amour plus que partout ailleurs, le risque 0 n'existe pas. Le râteau, c'est toujours 0,01 % de probabilité d'échec quand tu estimes que Léa est folle de toi à 99,99 %...**

### UN OUTIL QUI FAIT MAL

Se ramasser un râteau est la hantise de tous les hommes qui s'apprêtent à déclarer leur flamme et c'est pareil pour les filles. Alors autant en accepter l'éventualité et se préparer, même si le râteau est une sale affaire. L'ego en prend un coup et on se sent bête d'avoir pu croire que la belle Melinda pouvait s'intéresser à nous. Surtout, le râteau fait mal au cœur et, pour guérir, il n'existe qu'un seul remède : le temps. Le temps de digérer le cataclysme qui met fin à la romance qu'on avait pu se construire, mais aussi le temps de pardonner à celle qui nous a repoussé. Attention d'ailleurs à ne pas nourrir trop de rancœur et de colère contre elle. Après tout, dire non à quelqu'un n'est pas un crime. Après, ça dépend comment elle l'a fait ; si elle ne s'est pas montrée correcte, n'hésite pas à le lui faire remarquer... et ne la regrette pas !

**MODE D'EMPLOI**

**? RÂTEAUX ET DÉGÂTS COLLATÉRAUX**

- **Applique la méthode de l'Échelle des Probabilités Sentimentales (voir l'entrée Aimer [m'aime-t-elle ?]). Tu limiteras ainsi les risques de refus...**
- **Si tu dois te déclarer ou tenter quelque chose, arrange-toi pour que vous soyez seuls. Prendre un râteau en public est toujours plus difficile à digérer que celui ramassé en privé.**
- **Évite de passer par l'intermédiaire d'une copine de celle que tu aimes pour te déclarer, et ce pour deux raisons : 1) si tu te prends un râteau, ça fait une personne de plus au courant, et 2) tu passes pour quelqu'un d'assez peu courageux auprès d'elle et tu augmentes ainsi les risques de te faire rembarrer.**
- **Sache qu'une fille n'est pas obligée de te donner une explication pour justifier son refus de sortir avec toi.**
- **N'insiste jamais auprès d'une fille qui vient de te rembarrer. C'est lourd.**
- **Enfin, ne te moque jamais d'un copain qui ramasse un râteau, car un jour ton tour pourrait venir...**

VOIR AUSSI
**Aimer (m'aime-t-elle ?), Déclaration, « Je t'aime »**

# REBELLE !

R

**Selon le dictionnaire, « le rebelle ne reconnaît pas l'autorité de certaines personnes ou de certains principes ».**

### LE PROPRE DE L'ADOLESCENCE

En fait, rebelle tu l'es forcément à l'adolescence : tu rejettes l'autorité parentale et aspires à plus de liberté, tu confrontes les idées de tes parents à celles que tu découvres et tu te démarques d'eux par tes vêtements, ton style de musique, ou les deux. Après, c'est une question de dosage. Certains jeunes rebelles s'opposent non seulement à leurs parents mais aussi, et surtout, ils rejettent les valeurs de la société (c'est le cas des punks), de l'organisation mondiale dominante (ce sont les altermondialistes), la façon de manger la plus répandue (les végétariens), etc. Bref, être rebelle, c'est être contre, ou se croire contre.

### REBELLE MAIS PAS IDIOT !

Dans le genre opposant, inutile de jouer les Che Guevara de cuisine quand tes parents te demandent de mettre la table ou de faire la vaisselle ! Être rebelle, c'est tout sauf être fainéant ; et, rassure-toi, donner un petit coup de main à ses parents n'entache en rien ta « rebellitude »... *Idem* quand ces derniers te demandent de les suivre à un repas de famille. Faire la tête dans ton coin le MP3 vissé sur les oreilles avec un disque de punk californien à fond, ça ne sert à rien... C'est juste débile, et au lieu de rebelle, tu risques plutôt de passer pour immature !

### QUELLES LIMITES ?

Bref, chez certains, l'attitude rebelle est en fait le symptôme d'un malaise bien plus profond qui mérite certainement de s'y arrêter. Bien sûr, ce n'est pas parce que l'on arbore crête d'Iroquois ou casquette piercée que l'on est en détresse psychologique ! Loin de là. La rébellion fascine beaucoup de ceux (enfants, ados, adultes) qui se cherchent, parce que le rebelle sait où il va, lui : il va contre. Beaucoup d'artistes ont été/sont de grands rebelles qui bousculent, souvent en bien, l'ordre établi. La styliste Vivian Westwood, femme du manager des Sex Pistols et égérie du mouvement punk, le disait joliment : « *No Queen, No punk* » ; autrement dit la rigidité des traditions anglaises a permis aux punks de se positionner « contre » la Couronne. Mais peu de rebelles se rendent compte de l'aspect comique de la situation : à force de tous vouloir sortir du (droit) chemin, tous se retrouvent dans le chemin (tout aussi droit) d'à côté...

VOIR AUSSI **Autorité**

# R — RÉGIME AMINCISSANT

**Si tu te trouves un petit peu trop « enrobé » et que tu en souffres, il est presque sûr que tu as déjà songé à entamer un régime. Peut-être même as-tu déjà essayé ! Attention alors de ne pas commettre d'erreurs alimentaires. À ton âge, tu as besoin de bien manger, de tout.**

### UNE AFFAIRE À PRENDRE AU SÉRIEUX !

Entamer un régime amincissant n'est pas une affaire à prendre à la... légère. Lorsque tu modifies ton alimentation, ton métabolisme doit suivre... Or, l'un comme l'autre a sa logique qui n'est pas forcément celle que tu crois. Un exemple : si tu décides de sauter un repas en pensant perdre quelques grammes, tu te trompes : c'est l'effet inverse qui risque de se produire ! Ton cerveau va interpréter cette micro-diète comme un signe de pénurie alimentaire et il ordonnera à ton corps de stocker un maximum de graisse à la prochaine portion de frites. Résultat : des bourrelets en plus !

### UN PEU DE BON SENS

Deux solutions s'offrent à toi selon le contexte : soit tes kilos en trop proviennent d'une mauvaise alimentation. Procède donc à un rééquilibrage de tes repas, évite de grignoter – mais n'oublie pas de goûter sainement –, et n'aie pas peur d'avaler de tout à chaque repas : légumes et fruits, laitages, viandes, poissons et féculents. Le tout en proportions égales et en quantité raisonnable. Évite donc de te resservir deux fois de frites, et opte plutôt pour une double ration de légumes si la faim te tenaille...

Soit tu as un vrai problème de surpoids, et il est contre-indiqué de te concocter un régime maison ; prends rendez-vous avec un médecin.

### PRENDRE SON TEMPS

Enfin, n'oublie pas que le fait de bien se nourrir implique aussi une modification dans ta manière même de manger. Prends le temps de bien mastiquer chaque bouchée, ne vide pas ton assiette en cinq minutes chrono ! Il faut que tu laisses au moins vingt minutes à ton cerveau pour qu'il enregistre le fait que tu t'alimentes...

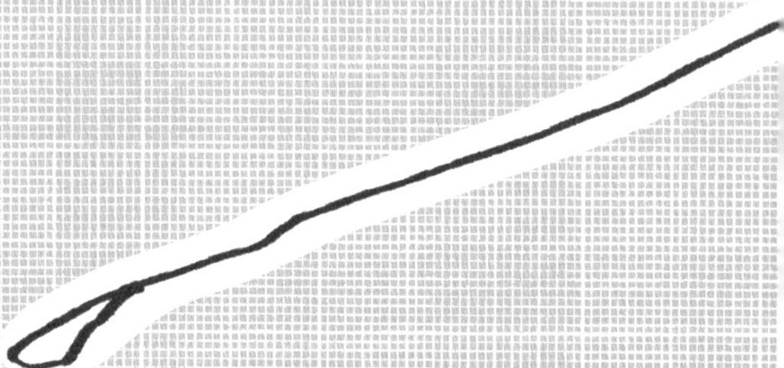

# RÉGIME GROSSISSANT

# R

**Contrairement à ce que laissent penser les dizaines de pages des magazines consacrés aux régimes (amincissants), il existe quantité de maigrichons qui aimeraient bien s'étoffer un peu... Conseils dédiés.**

### É-QUI-LIBRE !

Avant de te jeter sur le garde-manger familial, sache d'abord qu'il est parfaitement inutile de t'empiffrer de kilotonnes de pizzas, sucreries, hamburgers et autres cochonneries surgrasses ! Loin de te donner une carrure de footballeur américain, ces aliments, absorbés en trop grande quantité, ne feront qu'augmenter ton cholestérol, fatiguer ton organisme et provoquer de nombreuses carences... La solution ? Comme pour ceux qui souhaitent maigrir, il faut que tu structures ton alimentation en un tout équilibré : glucides, protides et lipides.

### SE REDONNER LE GOÛT DE MANGER

Si le fait de manger est devenu pour toi une corvée, analyse la situation dans le but de recouvrer l'appétit. Stress, nourriture mal adaptée, menu du self pas à ton goût ou repas expédié..., à quoi associes-tu la nourriture ? Une fois que tu auras trouvé des éléments de réponse, réagis. Tu peux essayer de te mettre un peu à la cuisine. Va faire le marché avec tes parents, essaie de nouveaux produits et achète ceux qui te font le plus envie.

### SUS AUX PROTÉINES !

C'est l'élément sur lequel tu dois insister le plus ! Viandes et poissons en sont les meilleurs pourvoyeurs. Essaie aussi de consommer du pain et des féculents à chaque repas, ainsi qu'un produit lacté et un fruit en dessert.

VOIR AUSSI
**Alimentation,**
**Menu rapide pour épater une fille,**
**Petit déjeuner**

**Pas facile d'y voir clair en matière de religion ces temps-ci : la foi semble être au cœur de nombreux conflits dans le monde. À ton échelle et à celle de ceux qui t'entourent, les enjeux sont moindres et un credo paraît possible : le respect... Plus facile à penser qu'à mettre en pratique ?**

### LA FOI, ÇA NE SE COMMANDE PAS !

Que l'on aille à l'église, à la mosquée, à la synagogue ou au temple, la foi est partout la même. Elle se vit intérieurement et se pratique selon des rites propres à chaque croyance. C'est une affaire personnelle qui ne se commande pas. Cela peut bien évidemment dépendre de la confession et de l'éducation des parents, mais il se peut qu'un individu élevé dans une famille très pratiquante n'ait pas la foi et vice versa. *A contrario*, des agnostiques se sont un jour réveillés croyants.

### EN PENSÉE ET EN PRATIQUE

Chacun a le droit de croire ce qu'il veut. La liberté religieuse est d'ailleurs inscrite dans la Déclaration universelle des droits de l'homme. En réalité, c'est rarement la conviction qui pose problème, mais certains rites. Sans compter les prises de position d'acteurs ou d'institutions religieuses... qui, eux, ne font pas toujours preuve de respect ! Et puis les religions ne sont pas toujours tendres à l'égard des femmes ; autant de cas philosophiques difficiles à résoudre.

### IL ÉTAIT UNE FOI...

**Que tu t'en sentes proche ou non, les valeurs judéo-chrétiennes sont le terreau de la culture européenne : juifs, orthodoxes, protestants et catholiques ont une histoire commune, fondée sur une même foi en un Dieu unique. Pour les chrétiens, Dieu est venu sur la Terre en la personne de son fils Jésus-Christ il y a vingt siècles. Dans les arts, en philosophie, en histoire, en architecture, en psychanalyse, l'Ancien et le Nouveau Testament ont nourri les hommes et les femmes de notre société.**

### À CHACUN SA FAÇON DE FAIRE

Ça n'est pas une raison pour railler les rites en général, cet ensemble de règles, de gestes et de paroles qui sont propres aux religions. Bien sûr, ils peuvent te paraître bizarres, inutiles, voire totalement dingues si tu n'es pas croyant !

Tu n'es pas obligé d'être d'accord avec eux et tu as parfaitement le droit de critiquer une pratique religieuse, à condition de bien la connaître, de ne pas fonder ta réflexion sur un préjugé et de formuler ta critique en respectant chacun et ses croyances.

### GUERRES ET EXACTIONS

**Les hommes commettent parfois des horreurs au nom de la religion. Il ne faut pas se méprendre : ce n'est pas la religion qui est meurtrière, ce sont les hommes. D'ailleurs, les motifs religieux sont souvent des prétextes...**

**Mot-valise à la mode et galvaudé, le respect, aujourd'hui, est mis à toutes les sauces : celle piquante du rap, celle crémeuse des hommes politiques, en passant par celle aigre-douce de tes parents. Dur de s'y retrouver, dans cette cuisine. Qui doit respecter qui ?**

### PRINCIPE UNIVERSEL

La Déclaration universelle des droits de l'homme et du citoyen le mentionne à maintes reprises : chaque être humain a le droit d'être respecté, c'est-à-dire qu'on ne doit pas lui porter atteinte, mais lui témoigner considération et égard. Tu noteras qu'on ne parle pas là d'amour, d'amitié, ni même de sympathie : le respect, c'est un peu le minimum syndical des relations humaines ; sans cette valeur, la société ressemblerait à un champ de bataille sur lequel règnerait la loi du plus fort.

En retour, chaque être humain a le devoir de respecter les autres. Donc, pour que le monde soit vivable, il est préférable d'en respecter les lois, d'y respecter les gens. Grosse précision : ça n'est pas parce que certains membres de la société lui manquent gravement de respect qu'il ne faut plus rien respecter... Au contraire, plus ça dérape, plus il faut rappeler l'absolue nécessité de cette valeur fondamentale ! À distinguer aussi : le respect et l'admiration. Tout le monde a droit au respect ; tout le monde, en revanche, n'est pas digne d'admiration.

### NÉCESSITÉ PERSONNELLE

Ce que la loi ne prévoit pas, et qui compte pourtant tellement : le respect vis-à-vis de toi-même. Le fait de faire attention à toi, prendre soin de ton allure, de ton langage, savoir dire « non » quand il le faut, sont autant de principes qui témoignent du respect que tu éprouves à l'égard de toi-même. À l'inverse, vulgarité, consommation de drogue ou d'alcool, violence ou saleté, sont des signes de négligence, voire d'autodestruction. Ce qui n'incite pas les autres au respect.

Or, quand on n'a pas été respecté petit, on a tendance à ne plus considérer sa personne. On n'en a pas forcément conscience, mais on se laisse marcher sur les pieds, on souffre sans moufter, on ne se positionne pas. Si c'est ton cas, il est fondamental que tu te fasses aider (par un adulte, si possible du corps médical) : le droit au respect s'apprend à tout âge ; mais l'humain n'en a pas la science innée.

# ROMANTIQUE

**Pas besoin de casser sa tirelire et d'emmener la belle Vanille à Venise pour l'être.**

### NE PAS EN AVOIR HONTE

Rêver à l'amour parfait, on l'a tous fait ! Nous en prince charmant, elle dans une tenue magnifique et arborant son plus beau sourire... Ne manquent que les violons et le léger ralenti façon scène d'amour dans les films américains. La différence, si tu es romantique, c'est que, toi, tu y crois ; et, parfois, tu le dis. Un rêve pas facile à avouer quand tes copains sont plutôt branchés plastique de mannequin et scène d'amour torride sur capot de voiture de sport. Pourtant, tu n'as aucune raison d'avoir honte d'être romantique. C'est même plutôt courageux dans un monde où l'amour physique est érigé en thermostat de l'épanouissement personnel. Il faut oser croire en l'amour fou. Et, finalement, si tes copains se moquent de toi, ce n'est sûrement que par jalousie et par peur de croire en quelque chose qu'ils ne pensent pas avoir la chance de connaître un jour...

### MODE D'EMPLOI

**QUELQUES TRUCS ROMANTIQUES**

- **Organise un rendez-vous en amoureux dans un lieu calme où vous ne serez pas dérangés (un parc, une forêt, une plage).**
- **Prépare-lui un dîner fin (voir Menu rapide pour épater une fille).**
- **Si tu es musicien, écris-lui une belle chanson, ou juste une petite mélodie que tu pourras lui interpréter.**
- **Si tu aimes écrire, entame la rédaction d'un poème, ou d'un texte de n'importe quelle autre forme, qui lui dira simplement combien tu l'aimes.**
- **Fais-lui livrer des fleurs recelant un mot doux... Les fleurs sont LE cadeau romantique par excellence !**

### LES FILLES ADORENT !

Si tu as un cœur d'artichaut, lâche-toi auprès des filles : la plupart avouent fondre pour les garçons romantiques ! Tandis que le macho insensible qui tremble d'avouer ses sentiments (sous prétexte de perdre son potentiel de virilité) n'a définitivement plus la cote. Alors, plutôt que de laisser tomber tes rêves d'amour, passe à l'action. En fin de compte, tu ne seras sans doute pas le seul : les hommes sont souvent de grands romantiques qui s'ignorent... jusqu'au jour où ils rencontrent une belle Vanille !

# ROUGIR



**Piquer un fard devant tous ses copains est un véritable calvaire pour ceux atteints de « coquelicot attitude ».**

### UN MANQUE DE CONFIANCE

Si tu rougis chaque fois qu'un professeur t'interroge, qu'on te fait un compliment ou qu'un copain lance une petite blague à ton sujet, tu dois savoir que le « rougissement » est une sorte de cercle infernal. Tu sais que tu vas rougir, alors tu rougis, les autres se moquent de toi à cause de cela, ce qui te fait rougir encore plus, etc. À la source de ce mal qui te frappe (et pourquoi toi, d'ailleurs ?!!) : un manque de confiance en toi. Ce peut être parce que la situation est troublante (LA fille de tes rêves vient de te jeter un regard à faire fondre la banquise) et qu'elle te fait perdre tes moyens... Mais ce peut être aussi parce que tu es comme ça : chaque fois que tu es l'objet de l'attention des autres, tu vires nuance Babybel.

### GÊNANT, MAIS PAS GRAVE !

Il n'est jamais agréable d'essuyer les railleries de ceux qui nous surprennent en plein rougeoiement. On se sent ridicule, on est incapable de rétorquer quoi que ce soit ; bref, on perd tous ses moyens et l'intégralité de sa confiance en soi. Pourtant, leurs moqueries sont vraiment tartes : quel mal y a-t-il à rougir ? Aucun, évidemment. En réalité, c'est ton trouble dont ils se moquent. Comme si tu avais honte de songer à ce à quoi tu songes... Pensées inavouables, peut-être ?

### REPRENDRE LE DESSUS

De là viendra la solution à ton problème : dis et redis-toi que tes pensées t'appartiennent, qu'elles ne regardent que toi – à cet égard, tu as entière liberté. Dans l'absolu, on est tous pareils : certains de nos songes sont abjects et nous jetteraient en taule si on les avouait. Seulement, encore une fois, ce ne sont que des pensées. Personne ne peut les deviner. Alors assume les tiennes, et avec légèreté encore. Tu verras, si tu parviens à te persuader de tout ça, tu ne rougiras pas.

Truc infaillible, enfin, en cas d'urgence : quand tu sens le ketchup te monter au visage, prends ta tête de Hugh Grant (parfaitement), et préviens ceux qui t'entourent de l'imminence du phénomène. « Oh là là, je vais encore rougir... » Cela montrera aux autres que tu n'es pas si intimidé que cela et que tu sais en rire. Et ça, c'est déjà (re)prendre confiance en toi.

# SCOOTER

**Il te permet une très grande liberté de déplacements, mais implique beaucoup de responsabilité de ta part... Un pas (une roue ?) de plus vers l'âge adulte, en quelque sorte. Encore faut-il convaincre tes parents de te laisser jouer les *Easy Rider*.**

### TES MOTIVATIONS, LEURS ARGUMENTS

Explique à tes parents ce qui te motive : tes amis habitent loin de chez toi ; ton quartier est peu ou pas desservi par les transports en commun ; tu as besoin de plus d'autonomie ; cela éviterait à ton père de jouer les taxis de nuit. Tiens compte ensuite de leurs arguments inquiets : sécurité, vitesse, accidents de la route. Comme ils n'ont pas tort, et pour tenter de les convaincre, prouve-leur qu'ils pourront avoir confiance en toi, que tu es responsable.

### LE PRIX DE LA LIBERTÉ

De fait, cette plus grande liberté impose des contraintes que tu dois respecter. Avoir un scooter, c'est déjà être prêt à en assumer le coût. De l'achat (si tu y participes) au carburant, en passant par les leçons de conduite et l'assurance, la facture est salée. Aie à l'esprit qu'un scooter n'est pas un objet anodin : il engage ta responsabilité, envers toi et les autres. Quand on circule, on représente autant un danger pour soi-même que pour les autres usagers de la route et du trottoir. Attention, donc, aux règles du code de la route.

**MODE D'EMPLOI**

**SCOOTER**

- **Le permis** : tu devras suivre des leçons de conduite et de code dans une auto-école qui te délivrera ensuite un permis spécial deux-roues.
- **L'assurance** : elle risque de te coûter cher. Devant l'augmentation du nombre d'accidents impliquant des deux-roues, et le nombre de vols les concernant, de plus en plus d'assureurs pratiquent des tarifs exorbitants. Pense aux petits boulots (voir cette entrée).
- **Le casque** : il est obligatoire d'en porter un. Mais le must est d'en avoir un second dans son coffre au cas où tu voudrais emmener un copain – une copine... – avec toi.
- **L'immatriculation** : faire immatriculer son scooter auprès de sa préfecture est maintenant obligatoire. Le but ? Faciliter les recherches en cas de vol et le travail des policiers en cas d'infraction.

# SECRETS DE FAMILLE

**Pour pouvoir avancer, tu dois savoir qui tu es, et, pour savoir qui tu es, tu as besoin de savoir d'où tu viens. Comment faire lorsque tu renifles un secret de famille ?**

### UNE CONSTRUCTION PROGRESSIVE...

Depuis que tu es tout petit, lors de réunions de famille ou de conversations privilégiées, tu entends des histoires concernant ton père, ta mère, tes grands-parents, oncles et tantes, cousins ou ancêtres ! Sans que tu t'en rendes compte, ton histoire familiale se dessine peu à peu dans ton esprit, illustrée aussi par les photos d'albums feuilletés de temps en temps.

### ... MAIS INCOMPLÈTE

Malheureusement, comme souvent, il manque certains éléments à cette saga. Dans toutes les familles, il y a des souvenirs douloureux, des conflits larvés ou enfouis, des rancœurs que personne n'évoque jamais lorsque tout le monde se réunit. Cette face cachée de ton histoire, tu ne peux pas faire comme si elle n'existait pas ! Car, au fond de toi, ces « trous » instillent en ton esprit un malaise. Tu peux le ressentir lors de certains repas, quand certains se mettent à baisser le ton, ou lorsque que l'on cite le nom de quelqu'un dont on a peu l'habitude de parler... Pourquoi tel oncle n'adresse-t-il plus la parole à telle cousine ? Pourquoi ton arrière-grand-père est-il parti si loin ? Pourquoi grand-mère ne parle-t-elle jamais de son premier mari ?

### DIRE POUR DÉCOUVRIR

Si tu sens qu'un secret plane au-dessus de l'histoire de ta famille, que cela te met mal à l'aise et te préoccupe de plus en plus, ne le garde pas pour toi, prends ton courage à deux mains et mène l'enquête dans les cœurs. Commence par poser des questions aux personnes avec qui tu t'entends le mieux dans ta famille – un grand cousin ou un jeune oncle, par exemple. Sans doute qu'au début ils feront tout pour éviter le sujet – ils te diront que tu te fais des idées... Mais, si tu expliques bien pourquoi c'est important pour toi de savoir, tu finiras par apprendre la vérité. Probablement pas tout d'un coup, comme dans les films, mais au moins quelques bribes qui boucheront quelques « trous » et t'aideront à y voir un peu plus clair. Souviens-toi enfin qu'il est plus important que tu découvres COMMENT le secret a agi sur toi, que le secret lui-même.

# SÉDUIRE

**Tu cherchais cette entrée à « D » comme « draguer » ? Mais non, j'ai plutôt choisi « séduire ». Le terme, plus raffiné, illustre mieux le propos. Car, quel que soit ton but, tout ici est question de finesse...**

### L'AMOUR DU RISQUE

Malgré ce que peuvent te raconter tes copains (ceux qui se disent experts en la matière), il n'y a aucune méthode miracle pour parvenir à tes fins auprès de celle que tu aimes. Car le propre de la séduction est justement condensé dans cette part de hasard avec laquelle il te faut compter quand tu te jettes à l'eau... Un coup de dés – relatif – qui rend la chose excitante et unique. D'ailleurs, il faut bien le dire, dans une relation amoureuse, la période de séduction fait partie des meilleurs moments. Tu trembles de trouille, tu ne sais pas trop comment t'y prendre, mais, en même temps, c'est comme si tu te sentais pousser des ailes. Et tant pis si tu rates ton atterrissage ; au moins tu auras essayé. Séduire implique aussi de te mettre en danger, de te dévoiler peu à peu tout en risquant de te voir rejeté...

### MODE D'EMPLOI

#### LA SÉDUCTION EN CINQ ÉTAPES

• **Rapproche-toi d'elle**. C'est l'étape la plus importante. Il faut que tu t'approches de son cercle d'amis petit à petit. Le but ? Qu'elle remarque ta présence et qu'elle finisse par te sourire quand vous vous croisez ou, mieux, qu'elle te dise bonjour. Sois relativement patient et sache décoder les messages qu'elle t'envoie pour ne pas paraître lourd (c'est le plus gros risque, l'étape la plus délicate).

• **Fais-toi plus présent**. Essaie d'obtenir son numéro de téléphone par un(e) de ses ami(e)s et, une fois que vous serez un peu plus familiers, envoie-lui un texto de temps en temps pour lui emprunter des cours ou lui demander un service...

• **Devenez amis**. Tu es amoureux d'elle, alors devenir son ami ne devrait pas te poser de problème ! Fais-la rire, tente d'établir une complicité, emprunte-lui un disque que tu aimes, etc.

• **Envoie-lui des signaux**. Regarde-la avec un peu plus d'insistance, souris-lui... Bref, montre-lui qu'elle ne te laisse pas indifférent.

• **Fais-lui des petits cadeaux.** Offre-lui une compilation « maison » de chansons qu'elle aime ou que tu aimerais lui faire découvrir, invite-la à boire un pot ou à sortir un après-midi.

### CE QU'IL NE FAUT <u>JAMAIS</u> FAIRE

• **Être lourd**. Pressant, idiot, toujours à côté de la plaque, le lourd n'aura jamais aucune chance avec les filles.

• **Être pressant**. Séduire nécessite finesse et tact. L'appeler tous les soirs pour avoir ses cours est le meilleur moyen de faire tomber ton taux de chance à 0 !

• **La harceler**. Si tu essuies un refus, ne continue pas comme si de rien n'était. Ça témoignerait d'un manque de respect (son avis n'a pas été pris en compte).

• **Être faux**. N'essaie pas de t'inventer un personnage. Rester toi-même est une condition *sine qua non* de ta réussite.

• **Lui mentir**. Tenter de lui faire croire que tu va sortir un album sur une major alors que tu répètes dans le garage de tes parents te fera passer pour un loser.

• **Te mentir**. Si tu sais que tu n'as aucune chance, arrête les frais tout de suite. Cela t'évitera de te faire du mal pour rien en te voilant la face...

VOIR AUSSI Timide

# SÉPARATION

**L'adolescence est le temps de la séparation. Non pas celle de tes parents entre eux, mais celle entre eux et toi. Nécessaire à ton développement, elle n'est, pour autant, jamais facile à vivre. Quoique symbolique, la séparation est souvent source de conflits.**

### UN MAL NÉCESSAIRE...

Encore une fois, devenir un homme ne se fait pas du jour au lendemain. Ta métamorphose de petit garçon en adulte mâle est un processus long et compliqué qui ne se fera pas sans douleur... Explication : même si toi et tes parents n'en avez pas conscience en permanence, chaque jour qui passe t'éloigne un peu plus de l'enfance pour te porter vers le monde des adultes. Cette séparation du cocon familial est nécessaire à ta prise d'indépendance ; ainsi tu te construis en tant qu'être à part entière et comme un adulte en devenir. Cela a sûrement déjà commencé... Tu passes de plus en plus de temps avec tes amis, rechignes quand tes parents proposent un jeu de société, et préfères de loin tes moments de solitude adolescente aux après-midi en famille. Petit à petit, tu prends tes distances. Et tu fais entendre ta voix quand on te considère encore comme le petit garçon que tu étais il y a deux ans...

### ... QUI FAIT DES VAGUES

Tout ça fait que tu te retrouves dans une situation sacrément compliquée ! Parfois, tu as l'esprit et le cœur encore en enfance... dans un corps d'adulte, d'autres fois, c'est l'inverse. Bref, tu n'es pas toujours « raccord ». Et, pour les autres – tes parents notamment –, il n'est pas facile de s'y retrouver ! Conflits, claquements de porte, disputes et autres orages colériques sont alors le signe que la phase de séparation est enclenchée.

### PRENDRE DU RECUL

Ce n'est pas une raison pour t'enfermer dans un mutisme d'ermite en attendant que passe le tsunami ! C'est une période tourmentée à laquelle sont confrontés tous les ados du monde. Et, même si tu as du mal à le croire, n'oublie pas que tes parents aussi sont passés par là... La différence ? Les mœurs ont changé et tu n'as aucun complexe à t'exprimer. Dernière chose : cette séparation n'est bien sûr que symbolique, car tes parents resteront toujours tes parents. Devenu adulte, il est sûr que tu seras heureux de les « retrouver »...

VOIR AUSSI Conflits avec les parents, Famille, Mère, Père

**Avoir une sœur, c'est avoir une fille à la maison. Sauf qu'elle n'est ni ta copine ni une amie et encore moins ta mère ! Comment entretenir de bons rapports avec elle à cette époque de ta vie ?**

### GRANDE ET ÉNERVANTE !

Il est vrai que la cohabitation n'est pas toujours facile. Si tu as une grande sœur, tu peux avoir l'impression qu'elle se prend pour ta mère du fait de sa place d'aînée... mais en plus tyrannique ! Elle te dit quoi faire, tu refuses et hop ! c'est la dispute ! Ta grande sœur a sûrement beaucoup plus de libertés que toi : elle passe des week-ends avec ses copines et n'a aucun mal à convaincre tes parents de la laisser sortir, elle ! Alors, quand elle se met à jouer les chefaillons, il est normal que ça coince entre vous.

### PETITE ET ENVAHISSANTE !

Si c'est toi l'aîné, tout n'est pas au beau fixe ! En tant que grand frère... à toi de montrer l'exemple. Un rôle inconfortable pour lequel tes parents t'ont peut-être désigné volontaire, et qui peut te peser. Car, en plus d'être un bon exemple, tu peux aussi te retrouver « responsable en chef de ta sœur ». En clair, en l'absence de tes parents, à toi de veiller sur elle. Pas marrant. Et je gage qu'elle le ressent.

### VOTRE HISTOIRE

Pourtant, ces querelles de famille sont loin d'être fratricides. Tu le sais bien... Car les liens qui vous unissent sont plus forts que les innombrables disputes devant la télé et les batailles d'oreillers qui finissent en pleurs. D'ailleurs, si tu y réfléchis bien, tu lui dois beaucoup, à ta sœur. Vous vous êtes construits en parallèle, vous renvoyant sans cesse une image qui a contribué à faire de vous deux ce que vous êtes aujourd'hui... Si tu es tel que tu es, c'est finalement aussi un peu grâce à elle.

### CHACUN SON TERRITOIRE

À ton âge, enfin, les disputes « pour un oui ou un non » commencent sérieusement à te peser, et ce autant que l'autoritarisme de ta grande sœur ou les tendances fouineuses de ta petite frangine. Normal, tu as besoin de plus d'indépendance et d'intimité, choses que ne perçoivent peut-être pas tes parents et ta (ou tes) sœur(s) ! Pour y remédier, déclare officiellement le programme suivant : chacun à sa place, interdiction de se prendre pour un sous-parent et respect du territoire de l'autre.

AUSSI VOIR AUSSI **Famille, Frère**

# S

# SOIRÉE (EN ORGANISER UNE)

**Pour devenir le « roi de la nuit », tout est question d'organisation.**

### LIEU D'ENFER

Le secret d'une soirée réussie commence par le choix d'un lieu adéquat. Garage, salle municipale, maison des parents ou d'un ami, l'endroit qui va accueillir ta horde de copains doit être adapté. Une question fondamentale, ensuite : combien de personnes vais-je pouvoir inviter ici en toute sécurité ? En clair, il te faut un maximum de place pour un minimum de risque de dégradation. Évite ainsi le salon de tes parents rempli de bibelots précieux ou leur salle à manger couverte de moquette ! Le mieux est de choisir une pièce (ou plusieurs, si tu en as la possibilité) carrelée et dont les murs sont dépouillés. Ce sera plus facile à décorer… puis à nettoyer !

### SÉCU BÉTON

C'est l'aspect le moins rigolo de l'organisation d'une soirée, mais peut-être le plus important. Dans la mesure où tu es mineur, ta soirée doit être placée sous la responsabilité d'un adulte. Et si aucune grande personne ne peut être physiquement présente, il faut que tu disposes d'un numéro de téléphone où joindre un adulte (un parent) en cas de débordement, d'accident ou d'incrustation de personnes indésirables à ta fête. Si la soirée a lieu chez toi, il va de soi que tu te dois d'en informer tes parents ! Le but de tout cela ? Prévoir le pire AVANT qu'il ne survienne pour pouvoir t'amuser sans crainte PENDANT.

### SON DE PRO

La musique est un des facteurs clés de réussite de ta soirée. Selon la taille de la pièce où se situera la piste de danse, tu devras peut-être louer une sono. Mais s'il s'agit d'un garage ou d'un salon, une bonne chaîne hi-fi fera l'affaire. Pour éviter d'abîmer ou de perdre des disques au cours de la nuit, le mieux est d'utiliser un ordinateur qui diffusera les titres que tu auras sélectionnés au format MP3. Dans ta *playlist*, essaie de mélanger tous les styles de musique. Le but ? Satisfaire tout le monde, et faire bouger chacun de tes invités ! Si tu es du genre perfectionniste, tu peux même télécharger gratuitement (et légalement) un petit logiciel qui te permettra de mixer les morceaux en temps réel, comme un vrai DJ! N'oublie pas un détail : préviens les voisins et prie-les de t'excuser pour le bruit que vous allez faire.

# SOIRÉE (EN ORGANISER UNE)

S

**BUFFET ROYAL**

Prévois un minimum de logistique pour combler les « petits creux » de tes invités. Le plus simple est de préparer à l'avance – vive le congélateur ! – tartes, cakes et gâteaux que tu disposeras sur une table dans un coin de la salle. Demande à quelques-uns de tes amis de t'aider si tu as peur de ne pas t'en sortir seul. Des saladiers remplis de tranches de saucisson, de chips et de dés de fromage ainsi que quelques plats de toasts seront aussi les bienvenus…

**BAR SOUS CONTRÔLE**

Pour parfaire le côté professionnel de ta soirée, le mieux est de mettre en place un bar comme dans les fêtes officielles ! Une table dans un coin avec une ou deux petites lampes fera tout à fait l'affaire. Côté boissons, tu peux même concocter quelques cocktails sans alcool qui donneront à tes invités l'impression d'être dans un grand hôtel américain. Si tu prévois de proposer de l'alcool, préviens la personne adulte responsable de la soirée et surveille la consommation de tes invités. Le plus sûr est de confier le rôle de barman à un grand frère ou quelqu'un qui saura maîtriser la distribution d'alcool…

**UNE LISTE 100 % VIP**

Un mois à l'avance, sélectionne les chanceux qui seront invités à ta soirée. Le plus simple est de préparer un mail dans lequel tu préciseras la date, le lieu, l'heure et le thème de la soirée s'il y en a un. N'oublie pas non plus d'y noter ton numéro de téléphone pour ceux qui auraient besoin de renseignements. Enfin, une semaine avant ta soirée, fais le point sur ceux qui sont sûrs de venir… Cela t'évitera de prévoir trop de victuailles si vous êtes moins nombreux que prévu.

# S

# SOIRÉE ENTRE GARÇONS

**Une soirée entre garçons se prépare comme une opération militaire : plan de bataille, logistique et solution de repli.**

## PLAN DE BATAILLE

Décidez tout d'abord de ce que vous avez envie de faire. Si tes copains et toi partagez une passion commune, profitez-en pour en faire le thème de votre soirée. Vous êtes fans de jeux de rôles ou de jeux vidéo ? Un marathon nocturne pourrait être une idée… Si vous adorez *Star Wars* ou *Le Seigneur des anneaux*, lancez-vous dans un visionnage nocturne jusqu'au bout de la nuit. Si votre truc consiste plutôt à jouer les Indiana Jones, pourquoi pas organiser une nuit de camping dans le jardin d'un de vos parents ? Bref, tu as compris le message : il n'y a qu'une limite, ton imagination… et le respect du voisinage.

## LOGISTIQUE

Où ? Quand ? Comment ? Combien ? À toi de répondre à ces questions. C'est la logistique. Pour mieux t'organiser, note tout ce à quoi tu dois penser sur une feuille. Ce sera ta *checklist* (« liste de vérification », en anglais). Nourriture, matelas, sacs de couchage, boissons, musique, jeux, DVD, etc. Tout doit être prêt pour le jour J. Reprends régulièrement ta *checklist*, barre ce que tu as effectué et vois ce qu'il te reste à faire.

## SOLUTION DE REPLI

C'est ce qui va sauver ta soirée si un imprévu survient. Si vous avez prévu de passer la nuit dehors à observer les étoiles, prévois un abri où vous réfugier en cas d'averse, ainsi qu'une activité secondaire (jeu de plateau, pause pizza, etc.). Si l'un de vous se lasse de l'activité en cours, prévois aussi quelque chose que tout le monde aime faire pour vous changer les idées.

# SOLITUDE

S

**Vécue comme une fatalité par ceux qui en souffrent, elle est synonyme d'ennui pour ceux qui la fuient.**

### PESANTE…

Avec ton emploi du temps de ministre junior, tes activités, les cours, tes sorties entre copains, tu es presque tout le temps entouré. Tu ne vois pas le temps passer, et les rares fois où tu te retrouves seul, ce n'est que pour mieux repartir ! Du coup, quand tu te retrouves vraiment en solo, pour une ou deux journées, il est normal de ressentir ce vide, et de le trouver pesant.

### … MAIS IMPORTANTE !

Pourtant, comme l'ennui, la solitude fait objectivement du bien. Elle permet de te retrouver face à toi-même et de faire le point sur certaines choses, de repenser à ce que tu as fait ou dit, bref, de prendre un peu de recul sur cette agitation qui te tient lieu d'emploi du temps.

### PARFOIS TROP DURE À SUPPORTER

Pourtant, quand tu te retrouves TOUJOURS seul, quand tu as du mal à te faire des amis et encore plus des petites amies, là, la solitude devient vraiment difficile. Peur d'aller vers les autres, peur de leur jugement, manque de confiance en toi, au fond peu importe la raison : avec les autres le contact passe mal ou, à défaut, peu. Progressivement, tu te coupes du monde, quitte à te persuader que ces autres qui ne s'intéressent pas à toi ne sont pas si intéressants que ça finalement… Grave erreur !

### DEMANDER DE L'AIDE

Pour sortir de cette spirale, il n'y a qu'une seule solution : en parler à un adulte. Un membre de ta famille, un médecin ou encore un psychothérapeute. Faire ce pas pour t'en sortir sera déjà une grande victoire car, face à ce mal-être, tu ne seras plus… seul !

VOIR AUSSI Cafard

# S — SORTIR AVEC UNE FILLE

### À partir de quand sort-on avec une fille ?

Il y a 50 ans, lorsqu'un garçon demandait à une fille de sortir avec lui, cela tenait plus de l'invitation au bal ou au cinéma que d'une pré-déclaration comme aujourd'hui. On invitait « à faire » quelque chose dans le but de mieux se connaître, se « faire la cour » comme on disait à l'époque. D'ailleurs, une invitation à sortir ne débouchait pas forcément sur un baiser ou un témoignage d'affection sous la forme d'un contact physique...

### Lui faire la cour...

Aujourd'hui, un garçon demande assez rarement à une fille de sortir avec lui. Concrètement, ils prennent le temps de se connaître, puis de se séduire, enfin de s'embrasser. Ils sortent ensemble, c'est un fait, une évidence colportable dans les couloirs du lycée. Et alors, lorsqu'il lui demandera de sortir avec lui, ce sera pour aller au cinéma ou faire du shopping...

### Chacun son rythme

Cela étant écrit, sache que, en la matière, il n'y a aucune règle, et que si certains considèrent qu'ils ne sortent ensemble que lorsqu'ils se sont embrassés, d'autres préfèrent penser que la période de séduction précédant le fameux baiser constitue déjà le temps où l'on sort ensemble...

# SORTIR LE SOIR

S

**Parce que convaincre tes parents de te laisser sortir le soir, c'est un peu comme jouer les diplomates au Proche-Orient, voici quelques conseils pour devenir un fin négociateur…**

## MODE D'EMPLOI

### CONVAINCRE SES PARENTS

- **Commencer petit.** Si tu leur demandes d'emblée de te laisser partir un week-end avec tes copains à Amsterdam, il y a peu de chances pour que tu obtiennes gain de cause. Comme tu l'as remarqué, tes parents ont du mal à intégrer le fait que tu grandisses. Il faut donc que tu commences par une sortie pas trop tardive, dans un lieu connu et avec des gens connus.

- **Bétonner son argumentation.** Bonnes notes, occasion particulière, anniversaire, vacances, sécurité du lieu, présence d'un ou deux parents sur place, etc. Tout est bon pour montrer que tu y as longuement réfléchi et que cela te tient à cœur.

- **Penser comme eux.** Autre truc infaillible : (tenter de) se mettre à leur place. Pose-toi les questions suivantes : « Est-ce que je cours un risque ? » ou « Cela peut-il mal se passer ? »…
Si tu y apportes les bonnes réponses, il y a de très fortes chances que tes parents s'assouplissent.

- **S'engager.** Pour leur montrer qu'ils peuvent avoir confiance, engage-toi à respecter les termes de la sortie : heure de retour, conditions du retour, appel en cas d'urgence, etc. Tout ce qu'ils exigeront à ce niveau doit être accepté. Là-dessus, tu n'as pas les moyens de négocier !

- **Se montrer responsable.** Pour pouvoir continuer à sortir, mieux vaut respecter tes engagements. Rentre à l'heure prévue par les moyens prévus… Tu leur montreras ainsi que tu tiens tes promesses, et cela les encouragera à te faire de plus en plus confiance. À juste raison.

# SPERME

## Pour tout savoir sur le sujet...

### UN PEU D'ANATOMIE...

Un peu de bio : le sperme est ce liquide blanchâtre qui a la particularité de contenir les spermatozoïdes qui permettront de féconder l'ovule. Il est évacué lors de l'éjaculation au cours du rapport sexuel ou de la masturbation. Chaque millilitre de sperme contient 50 à 150 millions de spermatozoïdes en suspension ! Lors de l'éjaculation, le liquide séminal est éjecté par deux petites glandes, appelées vésicules séminales et situées derrière la vessie. Il se mélange aux spermatozoïdes qui, eux, proviennent des testicules. Et ce mélange forme le sperme.

### LOIN D'ÊTRE SALE !

Sa consistance visqueuse et sa couleur blanchâtre font que certain(e)s trouvent le sperme dégoûtant... Pourtant, c'est un liquide totalement stérile, c'est-à-dire qu'il ne contient aucun microbe ! Attention cependant : le sperme peut être infecté par un agent extérieur, comme le virus du sida.

### LES ÉJACULATIONS NOCTURNES

Tu t'es peut-être déjà réveillé un matin en découvrant des taches de sperme sur tes draps. Ne t'inquiète pas, ce phénomène est tout à fait normal à ton âge. Tu as eu ce que l'on appelle une éjaculation nocturne. Elle peut avoir été provoquée par un rêve érotique qui t'a amené à l'orgasme, mais pas obligatoirement. Rassure-toi, ce phénomène disparaîtra vite.

# SPORT

**Quand tu te sens coupable de jouer les chats d'intérieur en faisant du gras, affalé dans le canapé du salon, quand ta motivation sportive égale celle d'une moule dépressive, sors tes baskets et les grands moyens.**

## CINQ BONNES RAISONS DE PRATIQUER UN SPORT

• **Pour rencontrer du monde.** Même si tu es un adepte des sports individuels, si tu t'inscris dans un club, il y a fort à parier que tu t'y feras plein d'amis.

• **Pour élargir ton horizon.** Commencer une activité physique, c'est aussi changer d'air, entrer en contact avec un nouveau domaine et repartir de zéro. Là, les casseroles que tu peux traîner à l'école ou auprès de tes amis disparaissent complètement.

• **Pour t'ouvrir aux autres.** Faire du sport, c'est bien sûr se confronter à soi, à travers le dépassement physique, mais aussi se frotter aux autres. Si tu es un peu timide mais que tu te sens le courage de changer, la pratique d'une activité sportive te permettra de te trouver dans des situations où tu seras confronté au regard des autres… en toute sécurité, dans un cadre défini par des règles.

• **Pour garder un bon esprit.** S'entraîner, rater, s'entraîner encore, puis réussir, finalement c'est ça, le sport ! Un peu comme dans la vie, le sport te permet de garder à l'esprit que l'on ne réussit pas tout ce que l'on entreprend du premier coup…

• **Pour y prendre du plaisir.** Rien ne t'oblige à te fixer des objectifs de compétition ! Le principal, ici, est que tu prennes plaisir à te remuer. Si t'entraîner une fois par semaine te suffit, c'est bien aussi !

### POURVU QUE ÇA DURE...

Ça y est, tu as réussi à t'y mettre ? Bravo ! Maintenant, le tout est de ne pas te relâcher... S'inscrire dans un club, c'est bien, mais pratiquer son activité régulièrement, c'est encore mieux. Voici quelques conseils pour t'aider à garder ta motivation et ne pas sécher quand un petit coup de flemme fait son apparition !

- Essaie de trouver un copain dans la même situation que toi et inscrivez-vous aux mêmes activités. Ainsi, quand l'un de vous aura un petit coup de mou, l'autre sera là pour le remotiver !
- Après chaque séance, trouvez-vous une sorte de petit rituel pour vous récompenser d'avoir « tenu » cette fois encore.
- Vous pouvez aussi vous fixer des objectifs à atteindre et faire une sorte de pari avec un enjeu qui compte spécialement pour vous.
- Dis-toi que l'heure de l'entraînement est un créneau bloqué dans ton emploi du temps..., pour éviter d'avoir la tentation de sécher une fois, deux fois, etc.

### SPORTSWEAR

Faire du sport implique un minimum d'investissement (surtout au début), histoire de ne pas te retrouver à courir le marathon en jean et Doc Martens...
Par ailleurs, c'est bête à dire, mais en ce qui nous concerne, nous les garçons, s'il y a bien une zone fragile qui mérite d'être protégée lors d'une activité sportive, c'est notre sexe. Un peu comme les filles qui font tout pour maintenir leur poitrine lorsqu'elles gigotent, il est important que les testicules restent en place lorsque tu t'agites sur un terrain de basket ou de foot. Exit donc le caleçon rayé et bonjour le bon vieux slip ou le boxer ! Pas toujours sexy, mais question confort, il n'y a rien de mieux... Le cuissard de cycliste est une bonne option également.
Enfin, si tu aimes la course à pied, renseigne-toi dans un magasin de sport auprès d'un vendeur expert. Il vaut mieux suivre ses conseils plutôt que choisir des chaussures hyper à la mode qui ne correspondront pas à l'activité que tu pratiques.

VOIR AUSSI Football, Forme

# STYLES

**Ton style, c'est un peu ta carte de visite. Musique, vêtements, coiffure, accessoires, bijoux, mais aussi langage, il est ce que tu offres en premier à l'autre comme image de toi. Alors autant faire en sorte qu'il te corresponde…**

### SOCIOLOGIE DES TRIBUS

C'est un fait, et tu l'auras sûrement remarqué, gravitent autour de toi ce que les sociologues ont commencé à appeler des « tribus » il y a quelques années déjà. Mine de rien, avec l'extraordinaire développement d'Internet et les possibilités de communication et d'échange que ce réseau représente, ta classe d'âge s'est morcelée peu à peu en minigroupes socioculturels (c'est-à-dire qu'ils sont composés d'individus aux modes de vie similaires). Chacun possède ses propres codes vestimentaires, son langage, son sport et sa musique favoris.

VOIR AUSSI **Groupe, Look**

### À CHACUN SON STYLE

Du coup, en fonction de ton cercle d'amis, de tes préférence musicales et de l'influence de ton entourage, tu intègres peu à peu, parfois sans t'en rendre compte, l'un de ces groupes. Punkrock US et *baggy* pour les skateurs, reggae et bonnet en laine pour les « apprentis rastas », hip-hop et jogging pour les fans de rap, etc. Quelles que soient tes préférences, tu trouveras toujours une tribu, et donc un « style », qui te convient.

### QUELLES LIMITES ?

Pour autant, cela signifiera-t-il que ton style te ressemble ? Sans être d'une rigidité absolue, les codes musicaux et vestimentaires « enferment » quelque peu ceux qui les adoptent dans une sorte d'uniformité. En clair, s'il est rassurant de savoir que l'on appartient à un groupe, il ne faut pas non plus y laisser tout son être !

### RESTER SOI-MÊME AVANT TOUT

À l'adolescence, il est normal de se chercher stylistiquement car, au cours de cette période où l'on ignore où l'on va, le style permet de se rattacher à un groupe, une manière de penser et d'être. Mais ne te laisse pas enfermer dans toute une série de codes vestimentaires, musicaux ou idéologiques sous prétexte de t'intégrer et être reconnu. Ce serait perdre ta personnalité, c'est-à-dire ta meilleure arme pour dire qui tu es, justement, et exister en tant qu'être à part entière…

# SUICIDE

**Si l'adolescence est le temps des découvertes exaltantes, il est aussi le temps du doute, de l'inquiétude et des idées noires. Trop noires.**

### LA VIE, LA MORT

En grandissant, on se rend peu à peu compte que l'on n'est plus ce petit garçon qui vit dans un monde figé, douillet, entouré de ses parents, mais un jeune homme en devenir. On prend de plus en plus de recul sur sa vie et il est donc normal d'envisager sa mort. Non comme une chose attirante, mais comme ce qui est sûr d'arriver... un jour. C'est normal d'y songer et même d'en avoir peur. Aucune inquiétude à avoir : de telles pensées ne sont pas graves.

### LE SUICIDE, C'EST AUTRE CHOSE

En revanche, songer au suicide et se dire qu'on serait mieux mort, ça n'a rien à voir ! Même si tu as d'énormes soucis qui te minent la vie et te bouchent l'horizon, même si tu es désespéré, envisager le suicide comme solution est une erreur, car cela ne règle aucun problème ! Se tuer n'est pas une solution, c'est une fuite.

### EN PARLER !

Si ces idées noires te trottent trop souvent dans la tête, c'est que tu vas très mal. Peut-être vis-tu des choses très graves ? Peut-être ressens-tu un mal-être dont tu ignores la cause ? Au fond, peu importe, car le résultat est le même : tu souffres. La seule solution ? En parler à un adulte. Médecin, infirmière scolaire, parent proche, il saura t'écouter et t'aidera à trouver des solutions à tes problèmes, des remèdes à tes souffrances.

**STATISTIQUES**

Près de 40 000 jeunes de 15 à 24 ans font chaque année une ou plusieurs tentatives de suicide. 530 jeunes se sont donné la mort en 2002 : parmi eux, 469 garçons.

**ADRESSES UTILES**

**Voir p. 244**
*SOS Suicide Phénix*

VOIR AUSSI **Dépression, Mort**

# TABAC

**Elle est loin, l'image du cow-boy viril qui fumait sa cigarette en s'en allant vers de nouvelles aventures... Aujourd'hui, la clope n'a plus la cote, et bientôt (en janvier 2008) il va falloir choisir entre fumer et sortir avec ses copains. Raison de plus pour ne JAMAIS commencer.**

### UNE DÉPENDANCE AUSSI FORTE QUE CELLE DE L'HÉROÏNE !

Ce n'est pas une blague ! Des études toxicologiques ont montré que la nicotine, principale substance active de la cigarette, provoque une dépendance aussi forte et immédiate que cette drogue dure. La quantité de nicotine contenue dans dix cigarettes suffit à rendre un adolescent « accro » pour longtemps. Et plus l'on commence jeune, plus il sera difficile d'arrêter.

### TOUJOURS PLUS

Ne fumer que quand on le souhaite et sans ressentir de dépendance est une chose extrêmement rare... D'ailleurs, la plupart des fumeurs l'avouent : sur un paquet, il n'y a que quelques cigarettes qui leur procurent un réel plaisir. La faute aux substances contenues dans le tabac qui provoquent ce fameux manque, poussent à une consommation sans cesse accrue et font baisser la sensation de plaisir. Au bout du compte, on ne maîtrise plus sa consommation et c'est la cigarette qui a pris le contrôle : on en est esclave.

### FUMER TUE... L'AMOUR

Aussi sûr qu'une paire de baskets sales est un bon répulsif anti-filles, la clope aurait tendance à réduire tes chances de sortir avec la belle Cynthia. Dents jaunes, haleine de gnou, teint cireux et capacité

**STATISTIQUES**
La consommation de tabac a baissé de 41 % chez les 12-15 ans après l'interdiction de la vente de tabac aux moins de 16 ans, en septembre 2004.

pulmonaire de moineau sous respirateur, le tabac est loin de te rendre désirable auprès de ces dames. C'en est fini du stéréotype de rebelle à la James Dean qui fumait sa clope, le regard au loin, la mèche au vent et les muscles saillant sous le blouson de cuir… D'ailleurs, si tu dois sortir du lycée pour fumer à chaque pause, il va être difficile de prendre contact avec Cynthia entre deux cours, non ?

# TÉLÉVISION

**Si tu as tendance à rester scotché devant le petit écran et que cela agace tes parents, voici un plan de bataille pour leur montrer que tu contrôles ta consommation d'images.**

### 1) PLANIFICATION

Fais-toi un planning de ton temps passé devant le petit écran. Il va vite te permettre de mesurer tes « heures de télé » par jour et par semaine. Le but ? Te rendre compte des éventuels moments perdus face à la pub ou devant un programme débile.

En t'aidant du programme télé, concocte-toi ton propre zapping, à l'avance, en le répartissant dans ton emploi du temps.

Si tu es fan de football, prévois plusieurs semaines à l'avance les matchs que tu pourras regarder, et les autres – ceux que tu devras enregistrer.

### 2) JUSTIFICATION

Présente ensuite cette grille télé personnelle à tes parents, en leur expliquant les raisons de tes choix, et en insistant sur le fait que cela ne va pas t'empêcher de travailler.

Explique-leur les raisons qui te poussent à regarder telle série ou telle émission. Les sujets t'intéressent ? Toi et tes copains en êtes fans ? Tu dois préparer un exposé sur un thème développé dans une émission ? etc. Ils remarqueront que ton comportement devant le petit écran est sage. Comme une image.

**LES PÉRILS DE L'ÉCRAN**

- **Évite de regarder la télé (ou un écran d'ordinateur) juste avant de te coucher : le cerveau, excité, a du mal à s'apaiser. Ton endormissement risque d'être retardé.**
- **Mange le moins possible devant la télé : ton cerveau, encore lui, ne parvient pas à faire deux choses à la fois (se concentrer sur l'écran et analyser ce que tu avales). Résultat : ton organisme ne sait pas repérer le moment où il a eu assez de nourriture… et tu manges deux fois plus.**

VOIR AUSSI Jeux vidéo

# TEXTOS

**Rapide, simple d'utilisation, discret et moins cher que le téléphone traditionnel, le SMS (« Short Message Service », en anglais) a tout pour (te) plaire. Attention cependant à l'utiliser à bon escient et à ne pas en abuser...**

### UNE SECONDE NATURE...

Le texto est presque devenu un réflexe. Pour donner rendez-vous à tes copains, prévenir tes parents d'un retard, souhaiter un anniversaire ou même tenter une approche furtive de celle que tu aimes (voir Mode d'emploi ci-contre), le texto est le mode de communication idéal...

### ... QUI COÛTE CHER !

Tu le maîtrises d'ailleurs tellement bien qu'en envoyer est devenu pour toi aussi évident que de converser au téléphone... Comme, en plus, un seul texto ne coûte pas cher, chaque début de mois, tu penses pouvoir en inonder toute ta bande de dizaines sans boulotter tout ton forfait. Grave erreur qui se répercute sur cette satanée facture de portable que tes parents inspectent chaque mois un peu comme ton bulletin scolaire. Bref, les opérateurs ont bien compris qu'en proposant ce service peu cher à l'unité, l'utilisateur (toi !) surveillerait moins sa consommation ! Un conseil : opte pour un forfait de textos bloqué, ça t'évitera des dérapages financiers.

### SURVEILLE TON LANGAGE

Enfin, réserve l'utilisation du langage texto à ceux qui le comprennent. Même s'il est plutôt chouette à écrire, pour beaucoup, déchiffrer un message tel que

« RDV o 6né avek lézotres. on va voir le sénieur dé zano à 8 h » est une véritable torture... en particulier pour les adultes qui voient souvent d'un mauvais œil cette déformation du « bon français », celui qu'on t'a appris à l'école et en famille.

**MODE D'EMPLOI**

**L'APPROCHE FURTIVE PAR TEXTOS**

**L'envoi de textos est un très bon moyen de montrer à une fille que tu t'intéresses à elle sans trop te mouiller.**

- **Envoie-lui des textos pour l'inviter à une sortie avec ta bande, ou la prévenir qu'un cours est annulé : ça crée des liens.**
- **Si une chanson que vous adorez tous les deux passe à la radio, envoie-lui un texto pour la prévenir... Pour elle ce sera un moment de complicité à distance qui lui montrera que tu penses à elle.**
- **Envoie-lui des textos le soir, façon message de bonne nuit par exemple. Car, évidemment, un texto de nuit n'a rien à voir avec son homologue diurne ! Il montre que tu penses à elle la nuit, donc quand tu es seul et, ça, c'est extrêmement important.**
- **Écris-lui toujours en respectant la syntaxe et la grammaire française. Ça lui montrera que tu n'es pas un ami comme un autre...**
- **Si elle te répond, mesure bien le temps de réponse... Un temps assez long peut signifier qu'elle n'a pas son téléphone avec elle, mais aussi qu'elle réfléchit longuement à ce qu'elle veut t'écrire. À toi d'interpréter, notamment en fonction du message qu'elle t'a envoyé !**
- **Pour la tester, lance-lui un petit « Bonne nuit, je vais dormir maintenant. Bisous » en pleine conversation nocturne. Si elle te lance un « Dommage, bonne nuit à toi aussi. Bises »... Là, c'est bon !**

**STATISTIQUES**

97 % des 12-17 ans envoient environ 28 textos par semaine (soit 4 par jour).

# TIMIDE

**Parce qu'il a l'impression d'être transparent aux yeux de ses copains et totalement inexistant pour les filles, le timide souffre le martyre social. Quelques trucs pour t'en sortir si, le roi de la timidité, c'est toi.**

### UNE SPIRALE INFERNALE

Que tu peines à t'imposer dans une discussion, prendre la parole en cours ou sourire en coin à celle que tu aimes (en secret, bien sûr), tu te sens trop timide pour être heureux et tu en souffres... Résultat, à force de t'effacer, tu perds peu à peu confiance en toi et, loin de régler le problème, tu t'enfonces au contraire dedans. Au fait, pourquoi toi et pas les autres ?

### QUESTION D'IMAGE

La différence avec les autres, c'est que tu as une assez mauvaise image de toi-même. Tu te dévalorises facilement, alors que tu aimerais avoir la spontanéité des autres et leur aisance à s'exprimer. Du coup, ton manque de confiance en toi se transforme peu à peu en mutisme...

### PASSE À L'ACTION !

Pour te sortir de ce cercle vicieux, essaie ce programme d'entraînement antitimidité. Établis-toi une liste de petites choses à faire chaque jour qui t'obligent à t'imposer : prendre la parole en cours, prendre part à une discussion dans la cour, etc. Le but ? Te faire graduellement passer des étapes qui, une fois franchies, te redonneront peu à peu confiance en toi... Le secret est de commencer par des choses faciles pour aller vers des actions de plus en plus difficiles (comme adresser la parole à celle que tu aimes – en secret, mais plus pour longtemps).

VOIR AUSSI Critiques & Injures, Violence

**Au même titre que la voix grave ou la barbe de trois jours, le torse est un de ces attributs physiques qui, s'il est à la hauteur, fera tout de suite son petit effet...**

### UN ATOUT QUI FAIT MÂLE

De même que longues jambes et taille de guêpe sont indispensables à la bimbo de magazine, le torse masculin est l'atout viril par excellence... Ce n'est pas nouveau ! Au cinéma, on ne compte plus les scènes d'amour se terminant par l'inévitable repos des amants, Bombina Jolie caressant d'un air rêveur le torse musclé de Bombino Pitt. Derrière ce stéréotype se cache toute une symbolique liée au torse ! Large, musclé et souvent poilu, il incarne la force tranquille, la sécurité, la protection, bref, tout ce qui fait que les héros finissent toujours par embrasser la jolie fille à la fin du film !

### LES MUSCLES

Tout d'abord, inutile d'espérer arriver à la formule « Pectoraux d'acier + tablettes de chocolat » sans pratiquer assidûment la musculation plusieurs fois par semaine. Autant dire des heures de douleur pour un résultat non garanti... Car beaucoup de filles sont très loin d'apprécier le genre bodybuildé... Bref, pour entretenir ton torse, tu peux aller à la piscine deux fois par semaine pour faire des longueurs et/ou pratiquer une séance d'abdos quotidienne dans ta chambre. Pas besoin d'aller s'inscrire à un club pour ça ! Quinze minutes par jour et, en quelques semaines, tes efforts vont payer. Et puis, ça n'a l'air de rien, mais tiens-toi droit : c'est toujours ça de pris.

### LE METTRE EN VALEUR

Une fois ton torse honnêtement musclé, inutile de sortir le « marcel » taille S pour exhiber le résultat ! C'est ringard à souhait et pas très discret... Évite aussi la chemise ouverte, surtout si tu es très poilu. Et bannis de ta panoplie de séducteur la chaîne dorée ou argentée ! Le style mafioso néandertalien est passé de mode depuis à peu près vingt ans. Opte plutôt pour un tee-shirt ajusté, tout au plus un peu cintré, qui soulignera tout juste ta nouvelle musculature.

VOIR AUSSI Muscles, Sport

# TRUCS UTILES

**Parce qu'un garçon qui s'assume, c'est déjà presque un homme, voici quelques trucs à savoir pour ne pas avoir à toujours demander de l'aide à ta mère ou ta copine...**

## 1. COMBATTRE UNE TACHE DIFFICILE

**SUR UNE TACHE DE :**

**Gras** : frotte ton vêtement taché directement avec du savon de Marseille sec, fais ensuite mousser avec une brosse et de l'eau chaude, puis rince. Autre solution : dépose de la terre de Sommières (c'est une poudre, vendue en droguerie) sur le tissu, laisse agir un quart d'heure puis brosse à sec. Radical.

**Café, thé ou chocolat** : pas d'eau trop chaude ! Brosse le tissu avec de l'eau savonneuse tiède puis, quand la tache est partie, avec de l'eau plus chaude.

**Boue** : fais d'abord sécher la tache, puis brosse-la à sec. S'il reste une trace, tamponne-la avec de l'eau vinaigrée (attention : du vinaigre blanc, surtout pas du rouge).

**Fruit** : là, il faudra absolument laver ton vêtement à la machine ; mais, auparavant, tamponne la tache d'un coton imprégné de vinaigre (du blanc, comme ci-dessus).

## 2. COUTURE

**ARRÊTER UNE MAILLE QUI FILE...**

Afin qu'un petit trou ne se transforme pas en grand canyon :

1- Prépare 15 cm de fil sur une aiguille sans faire de nœud au bout.

2- Noue le fil qui dépasse du pull avec les 15 cm de fil.

3- Pique vers l'intérieur du pull pour y faire passer le fil qui dépasse, puis pique l'aiguille le plus possible dans l'épaisseur du pull.

4- Ressors l'aiguille, coupe ce qui dépasse. C'est fini.

*Pour recoudre un bouton ou reprendre un ourlet, voir conseils de couture en annexes*

**DÉFROISSE**

**Pour défroisser ton sweat préféré avant une soirée, suspends-le à un cintre au-dessus de la baignoire dans laquelle coule un bain très chaud – celui que tu vas prendre avant d'aller swinguer. La vapeur d'eau ôtera tous les plis.**

## 3. FAIRE UN NŒUD DE CRAVATE

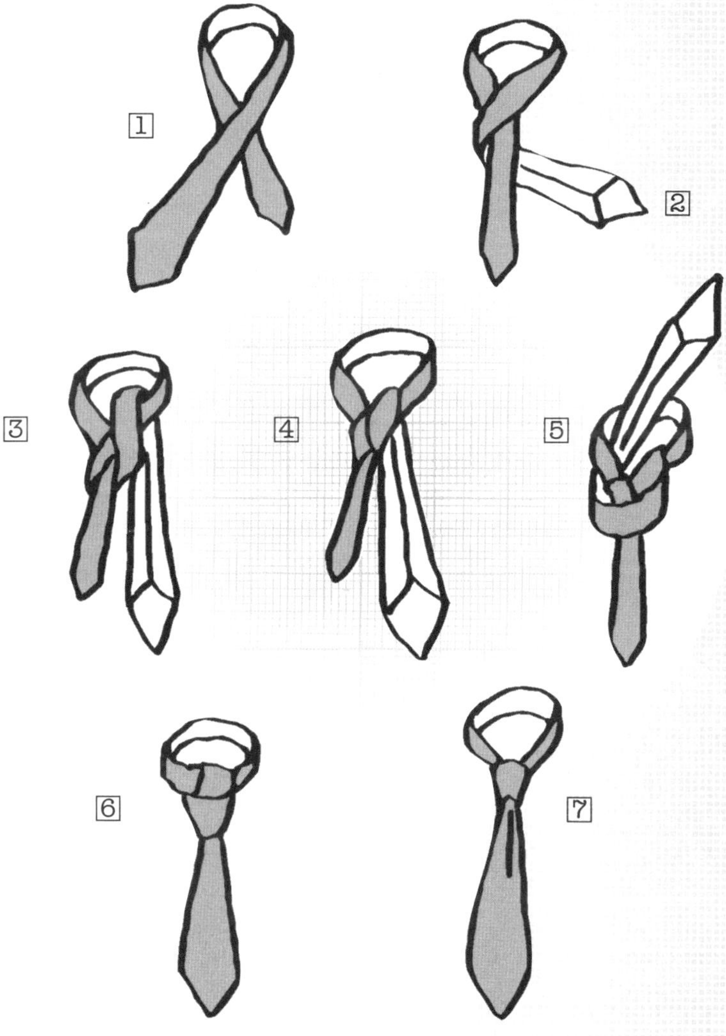

# V

# VERGE

**Mesurée, comparée et examinée sous toutes les coutures, la verge est certainement l'organe de notre corps que l'on croit le mieux connaître. Et pourtant…**

### UN PEU D'ANATOMIE…

Pour commencer, tordons le cou à deux idées reçues au sujet du zizi. Non, ce n'est pas un os, et non, ce n'est pas un muscle ! La verge se compose de trois parties : la racine, la partie intermédiaire et le gland. La racine est la partie qui rattache la verge à l'intérieur du corps, elle n'est pas visible. La partie intermédiaire est celle qui pend quand le sexe est au repos. Enfin, le gland est le renflement situé à l'extrémité de la partie intermédiaire. Au repos, il est recouvert par une fine membrane de peau appelée « prépuce ».

### COMMENT ÇA MARCHE ?

La partie intermédiaire du pénis est traversée dans toute sa longueur par l'urètre, un petit conduit par lequel passent l'urine et le sperme. Pour info : les deux ne peuvent en aucun cas se mélanger. À cet urètre sont fixés trois corps caverneux, aussi appelés « corps érectiles ». Leur rôle ? Assurer l'érection de la verge et permettre ainsi la pénétration pendant l'acte sexuel. Leur fonctionnement est un peu semblable à celui d'une éponge. Quand l'homme est excité, ils se remplissent de sang et augmentent de volume. Ils s'allongent, leur diamètre augmente, assurant ainsi l'érection. Mais ce qui maintient la verge aussi dure pendant l'érection, c'est l'albuginée, une sorte de membrane qui entoure les corps érectiles. Lorsque ces derniers gonflent, l'albuginée se dilate. Quand sa limite est atteinte, elle ne se dilate plus, mais rigidifie la verge. Au bout de la verge, le gland lui aussi se gorge de sang au moment de l'érection. Il augmente de volume et devient très sensible en raison des nombreuses terminaisons nerveuses qui le composent. Voilà pour la physiologie.

### « QUI A LA PLUS GRANDE ? »

La taille de la verge est un grand sujet de préoccupation, chez les garçons en général… et les adolescents en particulier. Est-elle assez grande ? Est-elle normale ? Pourquoi celles des autres ont-elles l'air plus grandes ?, etc. Sache que, si toi aussi tu te poses ces questions, c'est normal ! Ne te crois pas obsédé ! En comparant la taille de leur verge à celle des autres, la plupart des garçons tentent de se rassurer sur ce qu'ils sont, à un moment où leur corps change et où la sexualité prend une place grandissante dans leur vie.

### PEU IMPORTE LA TAILLE…

En la matière, performance et compétition sont carrément hors sujet ! Ainsi, si tu t'inquiètes de la taille de ta verge, sache trois choses :

- Il n'y a aucun rapport entre la taille de la verge au repos et en érection.
- Pour les femmes, il y a d'autres facteurs, bien plus importants que la taille du sexe de leur amant, qui concourent au plaisir durant l'acte sexuel.
- Être bien membré, c'est un peu dans la tête… de l'homme, mais aussi de sa partenaire. Rassuré ?

AUSSI VOIR AUSSI **Annexes, Corps (le tien), Sperme**

**Toute pénétration sexuelle subie ou obtenue sans consentement est un viol. Point. Et ça ne concerne pas que les filles, loin de là…**

### UNE VIOLENCE DESTRUCTRICE

Être victime d'un viol, c'est endurer une souffrance inimaginable… Car, en plus d'infliger une souffrance physique, le viol détruit psychologiquement celui ou celle qui en est victime. L'agresseur a fait du corps de sa victime un objet sexuel dont il a pu disposer à volonté. La victime se sent humiliée par cette instrumentalisation ; elle en ressent une grande honte.

### LA HONTE POUR UN GARÇON

D'autant plus lorsque l'on est un garçon ! Car, en tant que garçon, il est très difficile de se sentir impuissant physiquement face à un agresseur. Enfin, la pénétration forcée peut aussi être ressentie comme une violation de la virilité, ce qui contribue encore plus à la destruction psychologique de la victime…

**SI TU EN ES TÉMOIN**

**Dans tous les cas, ta première réaction doit être d'appeler la police ou la gendarmerie. Selon la situation à laquelle tu assistes, tu peux tenter d'intervenir, de loin, sans pour autant te mettre en danger. Si l'agression a lieu dans un endroit fréquenté, va immédiatement chercher de l'aide et demande à plusieurs personnes de te suivre sur les lieux de l'agression. Si l'endroit est tout à fait désert, de loin et presque caché, tu peux crier à l'aide sans te faire repérer par l'agresseur. Le but est de lui faire prendre peur : il a été vu ; peut-être va-t-il s'enfuir.**

### PARLER POUR SE RECONSTRUIRE

Quand on se sent détruit et humilié, on peut refuser d'en parler aux autres… Pourtant, c'est la seule solution pour pouvoir obtenir justice, tenter de se reconstruire et entrevoir l'avenir avec espoir. Il faut en parler d'abord à ses proches (parents ou amis), car on a immédiatement besoin d'être entouré. Ensuite, il faut alerter la gendarmerie ou la police. Là, encore, il va falloir parler, et dire aux enquêteurs ce que l'on a subi précisément ; c'est une épreuve en soi. La première étape est celle de la reconnaissance de ce que l'on a subi comme un crime qui doit être puni, en tant que viol ou agression sexuelle – selon qu'il y a eu ou non pénétration. Après, le jeune homme peut consulter un professionnel (médecin ou psychologue) pour l'aider à se reconstruire. Cela prend souvent plusieurs années, mais, au bout, si l'on n'oublie jamais sa blessure, on apprend à vivre avec.

**ADRESSES UTILES**

Voir p. 245
www.enfance-et-partage.org
www.justice.gouv.fr

VOIR AUSSI Attouchements

# VIOLENCE

V

**Toujours destructrice, la violence est souvent associée à l'usage de la force physique et donc considérée comme majoritairement masculine. À tort.**

### ELLE EST EN CHACUN DE NOUS

On a beau vouloir être le plus sympa possible avec tout le monde, arrangeant avec ses copains et à l'écoute avec ses copines, il arrive toujours un moment où l'on en a assez, où la vie nous fait du mal et où l'on n'en peut plus de jouer les bons Samaritains... On ressent le besoin d'exprimer violemment ce qui nous fait mal, nous énerve, ou nous révolte. Cette violence est en fait le symptôme d'un trop-plein de sentiments négatifs, d'un ras-le-bol. C'est en cela qu'on peut dire que l'on a tous en nous une part de violence. Quel que soit notre caractère...

### UN TRUC DE GARÇONS ?

C'est vrai qu'on est plus habitué à voir se montrer violents des garçons que des filles... Peut-être est-ce parce que les garçons font plus volontiers usage de leur force physique ? Ou que les filles préfèrent régler leurs différends plus discrètement ? En tout cas, la violence concerne autant les filles que les garçons. Simplement, la manière dont elle s'exprime chez les unes ou chez les autres est totalement différente. Elle est peut-être plus psychologique côté femmes alors que nous aurions plus tendance à jouer les gros bras ! Le résultat est en tout cas toujours le même : elle n'arrange rien, au contraire...

### LA NÉCESSITÉ DE LA CANALISER

Ton rôle à toi, comme aux autres, est de canaliser la violence que tu ressens. Attention : il ne s'agit pas de faire comme si elle n'existait pas et de refouler colère ou douleur. La violence qui résulte de ces sentiments doit pouvoir s'exprimer dans un cadre régi par des règles. En bref, tu n'as pas à avoir honte de ta violence : elle fait partie de toi... Mais, que tu en aies un peu ou énormément, dompte-la. En clair, sur un terrain de foot, un trottoir, un ring ou un skate, cette énergie négative doit être transformée en force physique positive... Message reçu ?



VOIR AUSSI Critiques & Injures, Non (savoir dire)

**Un peu comme le gorille qui se frappe la poitrine pour se faire respecter, es-tu censé faire preuve de virilité pour prouver que tu es un homme ? À l'adolescence, la question se pose et... inutile de te mentir, la réponse n'est pas aisée : certains ne la résolvent jamais. Bref, autant te frotter rapidement à ce qui suit.**

### UN PEU DE SOCIOLOGIE...

Pour le dictionnaire, pas d'ambiguïté : « La virilité est l'ensemble des attributs, des caractères physiques de l'homme adulte. » En clair, ce sont les poils, les muscles, la voix grave, la barbe et toutes les nouveautés physiques survenues à l'adolescence qui font de l'homme ce qu'il est. Simple, mais un peu réducteur, non ? Comme si seuls les poilus façon King-Kong et autres Mr Muscle pouvaient se targuer de bénéficier de l'Appellation d'origine contrôlée « Homme viril 100 % testostérone » ! Être viril, c'est aussi faire preuve de qualités admises comme typiquement masculines : courage, fermeté, force de caractère, persévérance, etc. Bref, dans notre société, c'est avoir un peu de ce côté « superhéros » en chacun de nous.

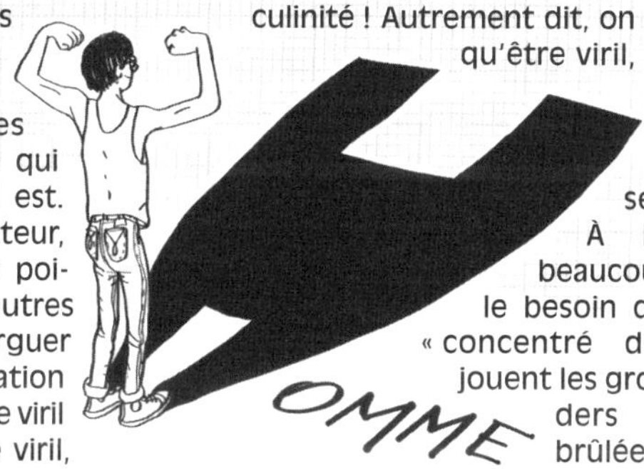


### UNE VISION PRIMITIVE ?

Pourtant, ces attributs sont très loin d'être les seuls qui font de toi un homme. En y réfléchissant bien, ils ont même quelque chose d'un peu primitif ! Et le cliché est plutôt injuste pour le sexe féminin, car il sous-entend que les femmes seraient incapables de faire preuve de courage ou de fermeté...

### UN PETIT QUELQUE CHOSE EN NOUS

Heureusement, la réalité est un peu plus subtile que cela ; être un homme aujourd'hui est plus complexe que de défendre son scooter gourdin en main. La virilité n'est qu'un des nombreux ingrédients qui composent l'homme moderne. Capacité d'écoute, de dialogue, empathie sont autant de qualités dites « féminines » qui entrent dans la composition de l'*Homo virilitus* et qui ne lui enlèvent en rien sa masculinité ! Autrement dit, on pourrait écrire qu'être viril, c'est accepter sa part de féminité... et lutter contre ses faiblesses.

À l'adolescence, beaucoup ressentent le besoin d'exacerber ce « concentré d'homme » et jouent les gros bras, les leaders ou les têtes brûlées. Car, finalement, non seulement on veut tous être un homme, mais, en plus, on veut en être sûr ! Du coup, à un âge où se construit l'identité sexuelle, on cherche à se démarquer du sexe féminin... quitte à parfois en faire des tonnes.

**MODE D'EMPLOI**

**10 CONSEILS POUR ÊTRE VIRIL (EN COMPAGNIE DES FILLES... ET AILLEURS)**

- Savoir écouter.
- Réfléchir avant d'agir.
- Acquérir confiance en soi.
- Ne pas trop parler de sexe.
- Regarder les films de Clint Eastwood.
- Tenir ses promesses.
- Se montrer – légèrement – protecteur avec les filles.
- Être serviable.
- Défendre ses opinions.
- Connaître ses faiblesses et lutter contre.

# VOIX

# V

**Entre Titeuf et Joey Starr, il y a certes une différence de tonalité… mais aussi d'âge. C'est tout l'enjeu de la mue : la transformation de ton timbre d'enfant en voix d'homme, plus grave.**

### VERS TA VOIX D'HOMME

Le siège de la voix se situe dans le larynx, cet organe situé dans la gorge et qui abrite les cordes vocales. À l'adolescence, au même titre que le reste de ton corps, ton larynx va grandir et se développer jusqu'à atteindre sa taille adulte. C'est ce que l'on appelle la mue. Tes cordes vocales vont accompagner cette croissance et grandir elles aussi. Résultat, en s'allongeant et en s'épaississant, elles vont vibrer plus lentement et produire un son plus grave qu'auparavant, lequel sera amplifié par un larynx plus vaste. Cela te donnera ta voix d'homme.

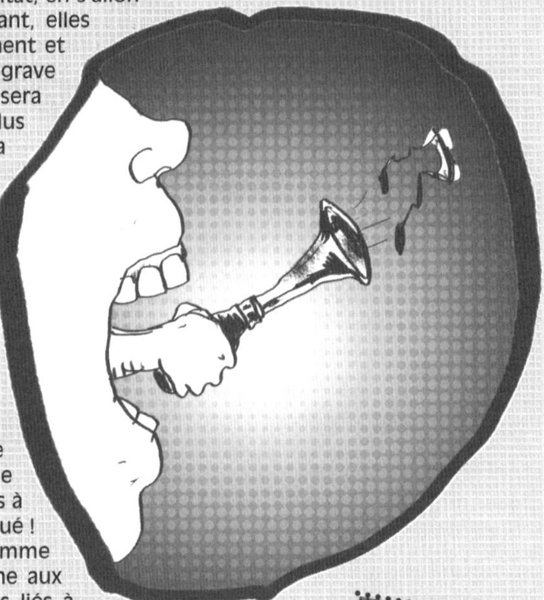

### LE TEMPS DES « COUACS »

Généralement, cette mutation survient vers l'âge de douze ans en même temps que l'apparition des poils et le développement de la musculature. Mais ne t'inquiète pas si tu t'aperçois que tu es le seul de tes amis à ne pas avoir encore mué ! Dans ce domaine, comme dans tout ce qui touche aux changements physiques liés à la puberté, chacun va à son rythme ! Le processus est long et peut prendre jusqu'à un an avant que ta voix se stabilise… Pendant cette période, ta voix va donc osciller sans cesse entre tes intonations habituelles et celles, plus graves, provoquées par la mue. Ne t'étonne donc pas si, au détour d'une phrase, ta voix s'emporte vers les aigus pour redescendre aussitôt dans les graves ! Comme un instrument, il faut un peu de temps pour l'accorder avant d'en jouer. Pour l'aider, tu peux entraîner ta voix en chantant ou en lisant à voix haute… Histoire de virer Titeuf et garder Joey Starr.

**Les filles aussi muent… Mais, chez elles, le phénomène est bien moins perceptible !**



AUSSI VOIR Puberté

**Les gros mots, injures et autres insultes, on les découvre dès le plus jeune âge. Les pipi, caca et autres zizi font d'ailleurs toujours rire les parents quand le bébé les prononce, l'œil malicieux… Mais il arrive un âge où cela ne fait plus rire personne. Au contraire… C'est ce que l'on appelle être vulgaire.**

### LES GROS MOTS, C'EST RIGOLO…

Depuis qu'on est tout petit, la cour de récré, c'est un peu comme l'Académie française version trash ! C'est entre deux pâtés de sable et le goûter que l'on a appris que le langage de papa-maman était quand même nettement moins drôle que celui de nos petits camarades. Depuis, on a bien compris que « les-gros-mots-c'est-vilain ! », ce qui ne nous empêche pas pourtant d'employer tout un vocabulaire fleuri et très imaginatif quand on discute entre copains… Qu'il s'agisse de sexe, des filles, de musique, de sport, de films ou de la prof de biologie, le garçon basique déploie ainsi des trésors linguistiques pour illustrer son propos ! Et c'est vrai que c'est marrant ! On apprend de nouvelles expressions farfelues, sur-imagées, on se les approprie, on les fait partager, jusqu'à ce qu'elles deviennent une marque de fabrique de notre groupe de copains… Une manière de se différencier des autres aussi.

### … JUSTE QUAND IL FAUT…

Jusque-là, aucun problème. Tout se complique quand on fait de ce vocable fleuri un quasi-tic de langage. En clair, pour ne pas tomber dans la vulgarité, tu dois pouvoir adapter ton langage aux multiples situations que tu rencontres. Finalement, c'est un peu comme l'humour, on peut tout dire, mais pas avec tout le monde.

### … AVEC LES FILLES, C'EST ZÉRO !

Autre gros problème de la vulgarité : elle donne une image de « bourrin » à celui qui en fait usage. Les filles fuient alors aussi vite que devant un match de Coupe de la Ligue. Malgré tout, si tu es très complice avec une fille et que le langage fleuri vous fait passer de bons moments de fous rires, il n'y a aucun problème… C'est à toi de jauger ton langage en finesse : Quoi ? Pourquoi ? Devant qui ? Quand ?

AUSSI VOIR AUSSI **Humour, Lourd**

# ANNEXES

## I- CONSEILS DE COUTURE

## II- SCHÉMAS DIDACTIQUES

# I- CONSEILS DE COUTURE (TRUCS UTILES) RECOUDRE UN BOUTON

1

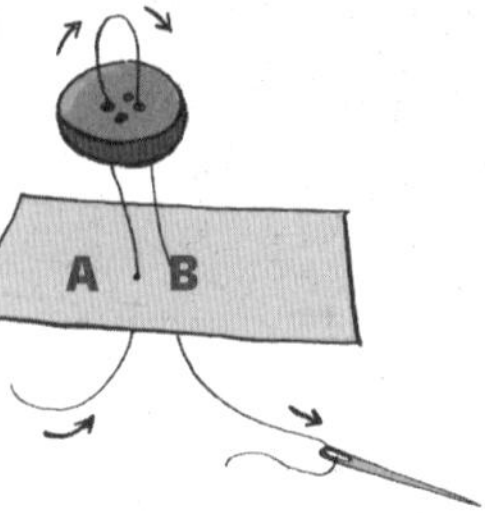


2

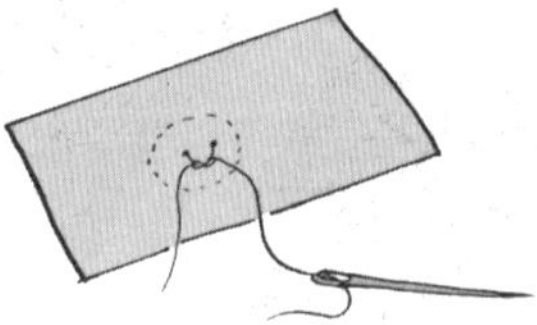

Dessins : © Catel.

3

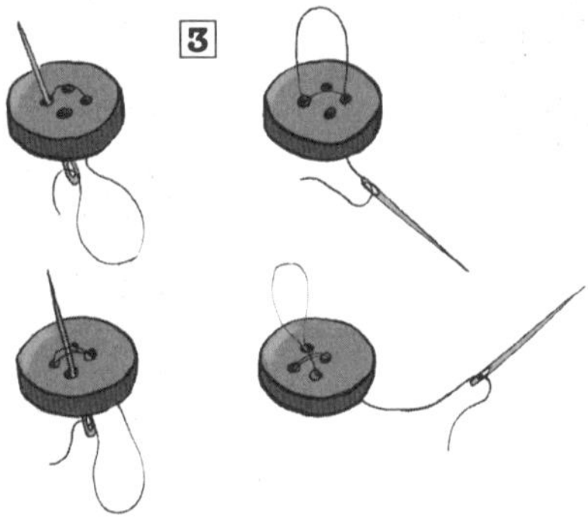

4

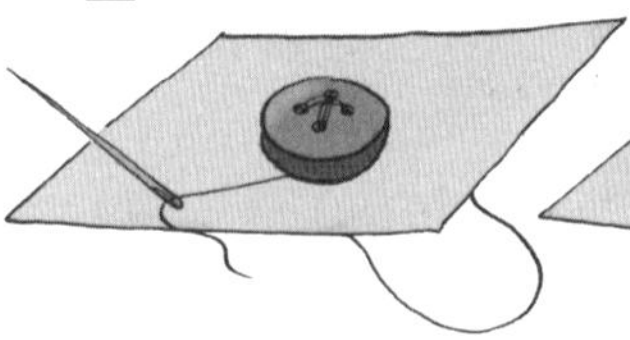

5

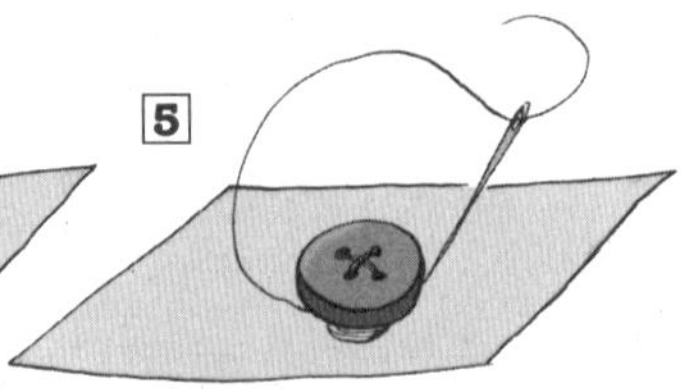

**1-** Prépare un fil enfilé dans une aiguille, sans faire de nœud au bout. Puis pique comme sur le dessin.

**A** La première piqûre se fait à peu près à l'endroit où tu souhaites placer ton bouton.

**B** La deuxième piqûre positionne définitivement le bouton.

**2-** Fais un nœud puis un double nœud en gardant bien l'aiguille enfilée.

**3-** Passe successivement le fil dans les quatre trous du bouton, comme sur le dessin. Recommence jusqu'à ce que le bouton soit solidement fixé au vêtement.

**4-** Pique l'aiguille comme sur le dessin.

**5-** Et enroule le fil autour du bouton pour lui donner de l'épaisseur. Pique sous le bouton pour faire sortir l'aiguille à l'envers du vêtement. Fais un nœud, coupe, c'est fini.

# I- CONSEILS DE COUTURE (TRUCS UTILES)
# REPRENDRE UN OURLET

**1-** Plie l'ourlet pour bien positionner le tissu et glisses-y une épingle pour tenir l'ensemble. Prépare un fil enfilé dans une aiguille et fais un nœud à l'autre bout.

**2-** Passe l'aiguille sous l'ourlet comme sur le dessin **(a)**, puis tire le fil pour positionner le nœud **(b)**.

**3-** Pique comme sur le dessin. Voici un point d'ourlet.

**4-** Réalise autant de points qu'il est nécessaire. Retire l'épingle. Voici ton ourlet.

**5-** Pour arrêter l'ourlet, passe l'aiguille dans le point précédent, puis repasse-la dans la boucle ainsi formée. Fais un nœud. Pique l'aiguille dans l'ourlet, ressors-la et coupe le fil. C'est fini.

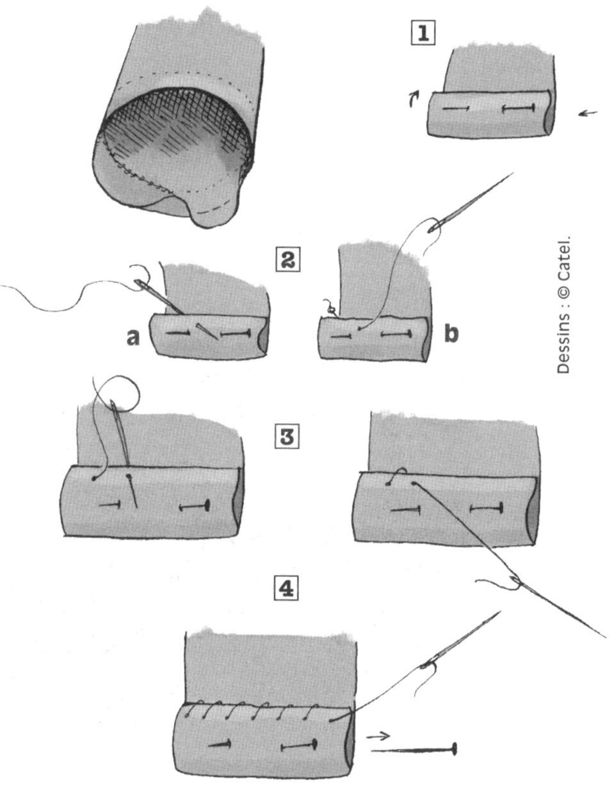


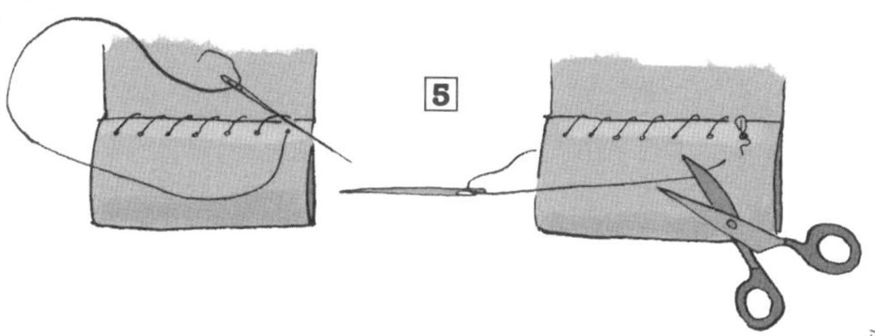


Dessins : © Catel.

# II- SCHÉMAS DIDACTIQUES APPAREIL REPRODUCTEUR MASCULIN

Dessin : © Catel.

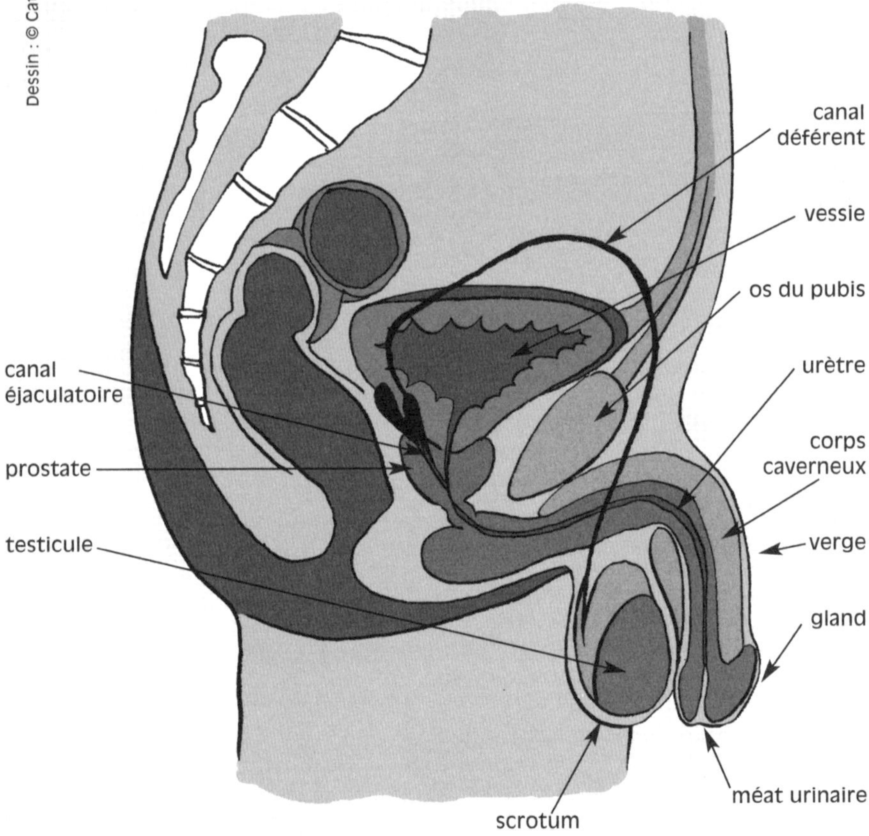

# II- SCHÉMAS DIDACTIQUES APPAREIL REPRODUCTEUR FÉMININ

## ORGANES GÉNITAUX EXTERNES

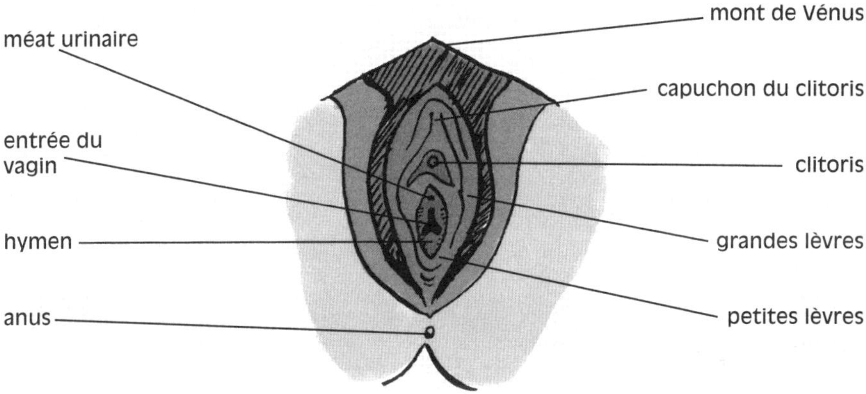


Dessins : © Catel.

## ORGANES GÉNITAUX INTERNES

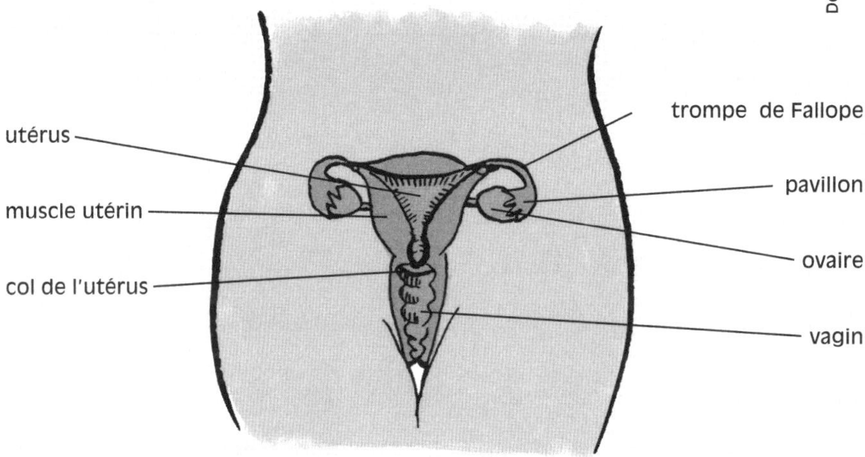

# II- SCHÉMAS DIDACTIQUES FÉCONDATION

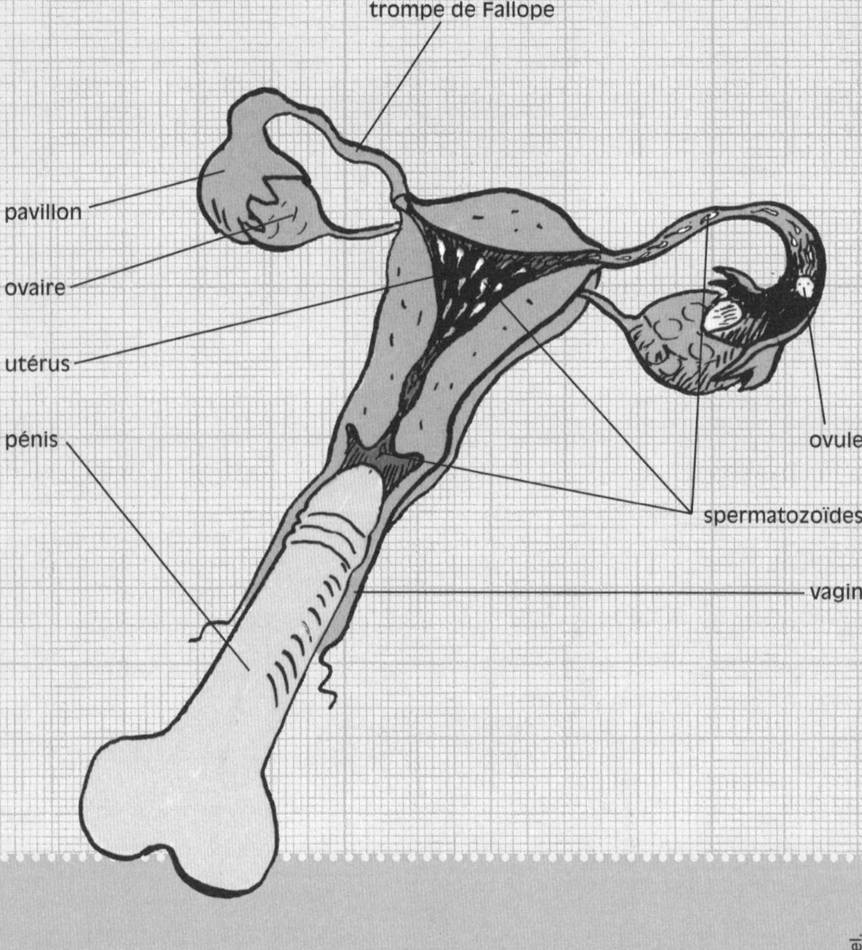


Dessin : © Catel.

# II- SCHÉMAS DIDACTIQUES METTRE UN PRÉSERVATIF

1

**1-** Déchirer l'emballage en prenant soin de ne pas abîmer le préservatif.

**2-** Le retirer de son enveloppe.

2

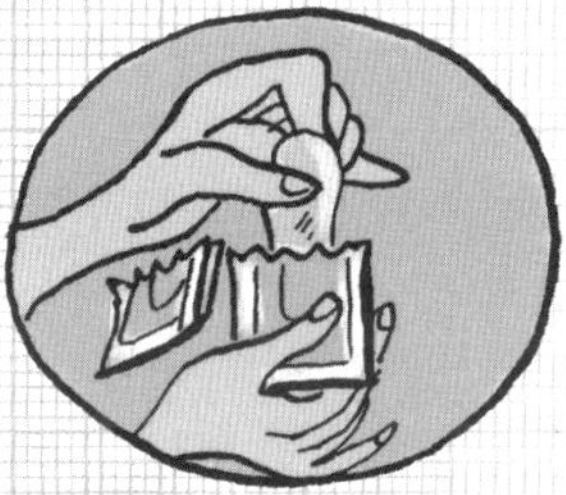

**3-** Tout en pinçant le réservoir, placer le préservatif au bout du pénis.

**4-** Le dérouler doucement le long de la verge jusqu'à la base du pénis.

3

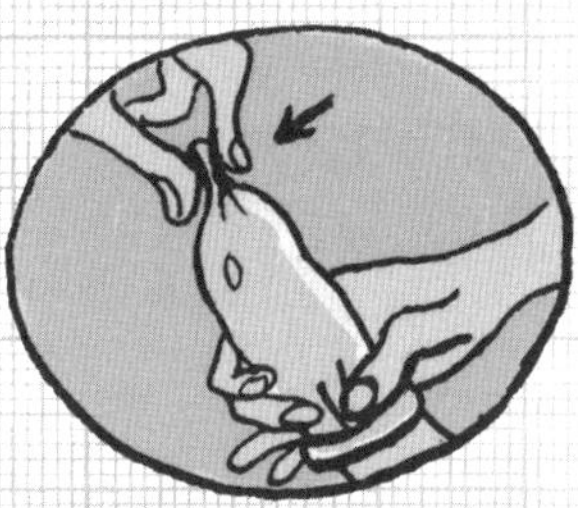

**IMPORTANT : Afin d'éviter que du sperme ne s'écoule dans le vagin, le garçon doit se retirer de sa partenaire immédiatement après l'éjaculation en tenant bien le préservatif à la base du pénis.**

4

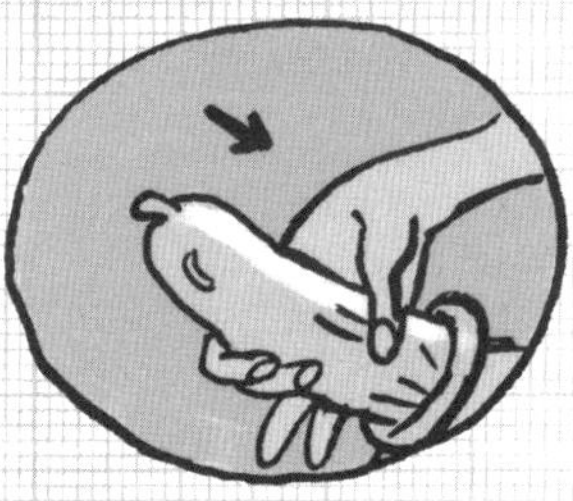

Dessins : © Catel.

# ADRESSES UTILES

## LES NUMÉROS VERTS...

• **Croix-Rouge Écoute** :
0 800 858 858, du lundi au vendredi de 10 h à 22 h et le week-end de 12 h à 18 h. Pour toutes les souffrances (angoisses, dépendance, dépression, solitude...).

• **Discriminations raciales** :
08 1000 5000, Haute autorité de lutte contre les discriminations et pour l'égalité (HALDE).

• **Drogue Alcool Tabac Info Service** :
0 800 231 313, de 8 h du matin à 2 h du matin, 7 jours sur 7.

• **Enfance maltraitée** :
119, 7 jours sur 7, 24 h sur 24.

• **Sida Info Service** :
0 800 840 800, 7 jours sur 7, 24 h sur 24.

• **Fil Santé Jeunes** :
0 800 235 236, 7 jours sur 7, de 8 h à minuit.

• **Hépatite Info Service** :
0 800 845 800, 7 jours sur 7, de 9 h à 23 h.

• **Jeunes Violence Écoute** :
0 800 20 22 23, 7 jours sur 7, de 8 h à 23 h.

## ... ET SPÉCIAUX

• **Ligne Azur** :
0 810 203 040, prix d'une communication locale, lundi, mercredi, vendredi de 14 h à 19 h ; mardi et jeudi de 17 h à 22 h.

Pour toutes les questions concernant l'orientation sexuelle.

• **Association Herpès** :
0 825 800 808 (n° indigo : 0,15 euro/min) et sur Internet :
**www.herpes.asso.fr**

• **Écoute Cannabis** :
0 811 91 20 20. Des appels au coût d'une communication locale depuis un poste fixe. Ouvert tous les jours de 8 h à 20 h.

## LES ORGANISMES PUBLICS ET LES ASSOCIATIONS

• **Association nationale des centres médico-psycho-pédagogiques (A.N.C.M.P.P.)** :
01 46 33 10 60. Adresse : Chez C.M.P.P. La Passerelle 5, rue des Beaux-Arts, 75006 Paris. Sur Internet :
**www.ancmpp.free.fr**

• **Centre Abadie** : 05 56 79 58 67.
Adresse : Centre hospitalier universitaire de Bordeaux, 89, rue des Sablières, 33000 Bordeaux.

• **SOS Suicide Phénix** : 01 40 44 46 45, 7 jours sur 7, de midi à minuit.

• **Info IVG** : 01 47 00 18 66, du lundi au vendredi de 12 h à 19 h. Pour se renseigner sur les interruptions volontaires de grossesse.

• **Vivre son deuil** : 01 42 38 08 08, horaires variables, répondeur et, sur Internet : **www.vivresondeuil.asso.fr**. Pour être écouté, soutenu, informé lors d'un deuil.

## LES SITES INTERNET

• **SANTÉ**

**www.anpaa.asso.fr**
Pour s'informer sur l'alcool, sa consommation et sa dépendance, le site de l'Association nationale de prévention de l'alcoolisme.

**www.contraceptions.org**
Le site de l'Association française pour la contraception. Une mine de renseignements.

**www.lecrips.net**
Les Centres régionaux d'information et de prévention du sida (CRIPS) t'informent sur la sexualité, la drogue, le sida, etc. Tu pourras trouver sur ce site les coordonnées du centre le plus proche de chez toi.

**www.drogues.gouv.fr**
Un site qui répond clairement aux questions sur les problèmes de drogue.

**www.mda.aphp.fr**
« Une porte ouverte sur les petits et grands problèmes des adolescents. » La Maison des adolescents (MDA) t'accueille dans un grand bâtiment où tu sera écouté. Le site te présente le lieu et son fonctionnement ; il te donne aussi des coordonnées dont tu peux avoir besoin.

**www.sante.gouv.fr**
Le site du ministère de la Santé. Des dossiers qui peuvent t'être utiles et un moteur de recherche efficace.

• **Droit**

**www.defenseurdesenfants.fr**
Pour connaître les droits des mineurs et les différents types de médiateurs.

**www.droitsdesjeunes.gouv.fr**
Un site qui t'informe sur les lois, les droits et les devoirs du jeune citoyen. En cas de besoin, tu peux aussi y trouver les coordonnées des organismes juridiques de ton département.

**www.adoptionefa.org**
Enfance et famille d'adoption. Pour en savoir plus sur ce sujet complexe, ce site, qui fédère 90 associations, informe sur la loi, les difficultés, les débats autour de l'adoption. La recherche par mots clés est simple et utile, des pistes de lecture sont proposées, le forum est riche... Un site très complet.

**www.enfance-et-partage.org**
Tu trouveras sur ce site de l'association Enfance et Partage des explications concises sur les droits des enfants (autrement dit des mineurs), la maltraitance, les violences sexuelles. L'interface est un peu « bébé », mais les informations sont présentées de manière claire et précise.

**www.internet-mineurs.gouv.fr**
Ce site de protection des mineurs sur Internet est dédié à la lutte contre la pédophilie sur le web. Tu y trouveras des conseils concernant l'utilisation d'Internet, les procédures à suivre en cas de problème, des informations sur la législation en vigueur...

**www.justice.gouv.fr**
Le site du ministère de la Justice. La partie « Services » comporte des rubriques comme « Vos droits » ou « Aide aux victimes » au sein desquelles certaines fiches concernent les mineurs.

• **Passions**

**www.marmiton.org**
Un site extrêmement complet pour qui souhaite se mettre à la cuisine ou tout simplement trouver une recette.
Des plus simples aux plus compliquées, il y en a pour tous les goûts. Le moteur de recherche te permet de trouver la recette que tu cherches parmi les milliers que recense le site.

**www.paroles.net**
Pour trouver les paroles de milliers de chansons françaises. Le moteur de recherche est simple d'utilisation et efficace.

**http://autoproduction.online.fr/**
Un site amateur très complet si tu veux passer à la vitesse supérieure avec ton groupe : produire ton propre disque.
Tout sur les formalités administratives, les coûts et les démarches.

**www.sport.fr**
Le portail des fous du sport. Tous les résultats, des informations sur les sportifs français, des dossiers thématiques et des adresses de clubs.

# INDEX

# BIBLIOGRAPHIE


Alain Braconnier & Philippe Jeammet,
*Adolescences*,
La Découverte, 2004.

Daniel Coum, *Des parents ! A quoi ça sert ?*
Eres, 2001.

Françoise Dolto & Catherine Dolto-Tolitch,
*Paroles pour adolescents ou le Complexe du homard*,
Hatier, 1989.

Gonn & Hall Iggulden,
*The Dangerous Book for boys*,
Harper Collins, 2006.

Jean Le Camus,
*Le Vrai Rôle du père*,
Odile Jacob, 2000.

Oscar Lenius,
*A Well-Dressed Gentleman's Pocket Guide*,
Prion, 1998.

Maryse Le Vaillant,
*L'Adolescence au quotidien*,
Pocket, 2003.

Gérard Mermet,
*Francoscopie 2007*,
Larousse, 2006.

Xavier Pommereau,
*L'Adolescent suicidaire*,
Dunod, 2001.

Denise Stagnara,
*Aimer à l'adolescence*,
Dunod, 1998.

# REMERCIEMENTS

Merci à tous ceux qui m'ont offert leurs conseils et leur disponibilité :
Sabine Bidault, *chirurgien-dentiste*,
Alexis Feertchak, Nathalie Feertchak, *avocate*, Émilie Gicquel, *psychologue*,
Elsa Jeannin, Hervé Josse, *médecin généraliste-médecin du sport*,
Jean Le Camus, *psychologue et spécialiste du développement de l'enfant*,
Marcel Rufo, *pédiatre et pédopsychiatre*.

Merci à Catel de nous avoir autorisé à reproduire certains de ses dessins en annexes.

Merci à ces garçons qui ont nourri ce livre de leurs opinions et expériences :
Thomas, Julien, Arnaud, Thibault, Vincent, Boris, Martial, Stéphane, Olivier, Sébastien et Mathieu.

Merci aussi à quelques filles : Sabrina, Charlotte, Nolwenn, Maud, Anne et Émilie.

Merci enfin à l'équipe des éditions Plon pour son soutien lors de l'écriture de cette *Encyclo*, et à Pauline, ma première lectrice.

# NOTES

# NOTES

# NOTES

# NOTES

# NOTES

# NOTES

« Loi n°49-956 du 16 juillet 1949 sur les publications destinées à la jeunesse »

Achevé d'imprimer en mars 2007
Dépôt légal : avril 2007 - N° édition : 14153
Imprimé en France